顧客の成功を支え、
持続的な利益成長をもたらす
仕事のすべて

THE CUSTOMER SUCCESS
PROFESSIONAL'S
HANDBOOK
How to Thrive in One of the World's
Fastest Growing Careers—
While Driving Growth for Your Company

ASHVIN VAIDYANATHAN | RUBEN RABAGO
FOREWORD BY BRIAN MILLHAM
TRANSLATION BY HIROKO RAZAVI

カスタマーサクセス・
プロフェッショナル

アシュヴィン・ヴァイドゥヤネイサン ＋ ルーベン・ラバゴ
［序文］ブライアン・ミルハム ［訳］弘子ラザヴィ

英治出版

ゲインサイトのプロダクトチーム、
エンジニアリングチーム、
そして我々の家族と友人に

THE CUSTOMER SUCCESS PROFESSIONAL'S HANDBOOK
How to Thrive in One of the World's Fastest Growing
Careers - While Driving Growth for Your Company
by
Ashvin Vaidyanathan, Ruben Rabago

訳者まえがき

「これこそ、日本の皆さんが待ち望んでいる本だ」。発売直後の原書 *The Customer Success Professional's Handbook* を手にした瞬間、私は強く確信した。

　弊社は日本初のカスタマーサクセスカンファレンス、Success4（サクセスフォー）を 2019 年 12 月に東京で主催した。初開催かつ有料イベントにもかかわらず、800 名を超える日本のビジネスリーダーが 2 日半にわたって貪欲に学び、大いに交流された。会場に溢れる想像以上の熱気を肌で感じた私は、「日本のカスタマーサクセスは既に始まっている。誰もがいま、具体的な方法（How）を求めている」と痛感した。その余韻がまだ強く残る翌月の 2020 年 1 月に本原書が米国で発売されたのだ。

　日本のビジネスリーダーにとって、本書の価値は 3 つある。

　1 つ目、そして最大の価値はそのコンテンツだ。本書は質・量ともに最大級の、カスタマーサクセス実践者のリアルなストーリーが溢れている。ゲインサイトのチーフカスタマーオフィサー（CCO）、およびチーフストラテジスト（原書発行当時）である共著者の経験や洞察に加え、ボックス、スプランク、PTC など、成功している米国企業の CEO や CCO、カスタマーサクセス統括副社長ら総勢 16 名が、彼らの成功談や失敗談、学びと知恵を惜しげなく本書で披露している。

　誤解しないでほしい。リアルなストーリーが溢れていることの価値は、事例の数が多ければその中から自社の正解が見つかるから、ではない。では真の価値は何か？　それは、自社のカスタマーサクセスの正解は最終的に自分たちで見つけなければならない上で、多様な事例を知るほど、自社の正解を見つけるためのヒントがつまった引き出しが充実するからだ。芸術の世界で例えよう。ソリストとして名を残す音楽家は、まずは優れた先人を真似て、楽譜の解釈や表現法を自分の引き出しにためることから始める。しかし「うまく真似る」ことがゴールではない。引き出しの先例を糧に、自分なりの

独自の表現法を見出すことが最終ゴールだ。カスタマーサクセスの実践はそれに似ている。加えて、カスタマーサクセスは正解も変わり続ける。ゲインサイトのCEOニック・メータ氏の言葉、「カスタマーサクセスは永久β版」がまさに言い当てている。要は、引き出しは最新情報で充実しているほどよい。本書はそのために絶好の本である。

2つ目は、カスタマーサクセスを実践するための勇気をもらえる点だ。勇気づけが価値だと聞くと、少し意外に聞こえるかもしれない。しかし、カスタマーサクセスという職種はまだとても新しいため、意欲的にカスタマーサクセスを実践する人ほど、孤独感や徒労感に襲われることが多い。日本より数年は先行する米国でも、「経営陣のカスタマーサクセスへの理解がなくて、もうギブアップしたい！と思うこと、あるよね？　でも諦めずに頑張ろう！」といったSNSへの投稿に多数の共鳴コメントがつくことは、実は2020年の今でもよくあることだ。

リアルなストーリーとは、言い換えれば、失敗と迷いのストーリーだ。絶対の正解はなく、正解も常に進化を求められるカスタマーサクセスの世界で、「これではうまくいかなくて、こう考えて、こうしてみた」という話は、実は失敗と迷いのストーリーなのだ。実践者ほど、その行間に潜む苦悩に共感し、同時に勇気を得るだろう。私は、Success4に参加された皆さんに、「I'm not alone（悩んでいるのは私一人ではない）、I'm not stupid（上手くいかないのは私のせいではない）、I'm not behind（できてないことばかりなのは皆同じ）という想いを、ぜひこの場でかみしめてほしい」とお伝えした。全く同じことを、本書を手にされた皆さんにもお伝えしたい。

3つ目の価値は、カスタマーサクセス仲間に出会う機会を得られる点だ。先ほど、自社のカスタマーサクセスの正解は最終的に自分たちで見つけなければならないと述べた。少し乱暴に言い換えると、本書にあなたの正解は載っていない。正解は、本書の内容を咀嚼し、実践し、それを何度も繰り返す中から自分で見つけるものだ。簡単なことではない。そこで大切なのは「仲間」の存在だ。同じ課題意識、同じ試行錯誤の経験からの学びを共有、共鳴できる存在。そうした仲間を見つけることがとても大事だが、実は割と難しい。そこで本書が役に立つと思っている。

最近は、読書会がオンラインでも開催されるようになった。私も、本原書を題材とするオンライン読書会に参加し、1冊の本をきっかけに活発な議論が生まれ、新たな出会いにつながる様子を目のあたりにしたことがある。そうした経験からぜひお願いしたい。本書の読後感を周囲の知人やSNSに発信してほしい。そうすれば、あなたの意見に共鳴する人から反応があり、新しい出会いや対話が生まれるだろう。それが「本」の持つ魅力の1つだと思っている。さらに、本書を縁にカスタマーサクセス仲間に出会う方法の1つとして、ハッシュタグの活用も提案したい。SNSで意見を発信するときはぜひ「#カスタマーサクセスプロフェッショナル」と添えてほしい。また、SNS内で同ハッシュタグを検索してみてほしい。そうすれば、オンラインで思いもよらない魅力的な出会いがあなたの元に訪れるだろう。

　最後に、本書の読み進め方について少し書き添えたい。なぜなら、本書の内容はとても幅広く、かつ本書を手にされる皆さんのカスタマーサクセス実践歴も多様だと思うからだ。実は本書は、各章単位で内容が完結しており、どこからどう読み進めても迷うことがない。それを踏まえて、より効率的な読み進め方の例を以下に提案する。

　カスタマーサクセスの実践歴が浅い、ないしこれから着手しようという方は、第1部「カスタマーサクセスとは何か、なぜそれは素晴らしい仕事なのか」から本書の構成に従って順に読み進めることをお勧めする。なぜなら、カスタマーサクセスの登場背景から学ぶことができ、何より原書の著者が最もお勧めする読み進め方だからだ。

　カスタマーサクセスを既に数年実践している方は、第3部「カスタマーサクセスの実践」から読み始めるのがよさそうだ。なぜなら、第3部こそリアルな実践ストーリーが溢れ、明日から即役立つヒントに出会える可能性が高いからだ。第1部と第2部は、既視感ある話としておさらいするのに役立ちそうだ。

　カスタマーサクセスの実践歴が長くカスタマーサクセスチームを統括する責任者の方は、第4部「優れたカスタマーサクセスマネジャーを育成し、流出を防ぐ」から読み始めるのがよさそうだ。なぜなら、第4部は文字通り

カスタマーサクセスチーム運営者の目線で、彼らが膝を叩くような内容が凝縮されているからだ。踏まえて自分のチームの運営方針を明確にした後に、第1～3部の各章において参考になる部分をチームメンバーと一緒に読み進めると、チーム全体で「自分ごと」感にあふれる議論ができそうだ。

　そろそろ本書を読む準備が整っただろうか。いざ、という方からカスタマーサクセスのリアルワールドへの扉を開けてほしい。本書が、皆さんのカスタマーサクセス実践の旅路において、時にヒントを、時に勇気を、時に仲間を与えてくれる良き友になることを心から願っている。

サクセスラボ株式会社 代表取締役

弘子ラザヴィ

第10章 カスタマーの声（VoC）とテックタッチを活用する｜169

第11章 カスタマーのビジネスの目標達成を支援する｜186

寄稿者

アラン・アームストロング　アイゲンワークス　CEO

カリーヌ・ローマン　リンクトイン　カスタマーサクセスフォータレントソリューションズ グローバルヘッド

チャド・ホレンフェルト　アップデーター　クライアントサクセス担当副社長

クリッシー・ウォール　キャンパスロジック　カスタマーサクセス担当副社長

デイビッド・コッチャー　GE デジタル　カスタマーサクセス担当副社長

イーストン・テイラー　ゲインサイト　カスタマーサクセスディレクター

エデュアルダ・カマチョ　PTC　カスタマーオペレーションズ担当取締役副社長

エレイン・クリアリー　ゲインサイト プリンシパルカスタマーサクセスマネジャー兼エデュケーションサービスディレクター

エリン・シーメンス　ADP クライアントサクセス担当上級副社長

ジョン・サビーノ　スプランク　CCO

ジョン・ハースタイン　ボックス　CCO

メアリー・ポッペン　グリント　CCO

ナダフ・シェム＝トーブ　ゲインサイト　チームメイトサクセス－カスタマーサクセス　ディレクター

パトリック・アイシェン　コーナーストーンオンデマンド　クライアントサクセス担当副社長

ステファニー・バーナー　リンクトイン・セールス・ソリューションズ　カスタマーサクセスグローバルヘッド

トラビス・カウフマン　ゲインサイト　プロダクトグロース担当副社長

序文

　1999 年に私が入社したのは、アマゾンが書籍を販売するように、ビジネス向けソフトウェアをしかもクラウドベースで販売するという突拍子もないアイディアを実現するために設立されたスタートアップだった。友人たちの大反対にあったのは言うまでもない。それでも私は、このベンチャーに飛び込んでみた。社員番号 13 番の営業マン第 2 号として。

　クラウドベースでビジネスをするなら発想を完全に変えなければならないとわかるのに、時間はかからなかった。セールスフォース・ドットコムが始めたサブスクリプションモデルは、我々の CRM テクノロジーが投資に見合う価値を生まないとカスタマーが考えれば、簡単に解約できる性質をもっている。当時のソフトウェア業界の標準であった、オンプレミスソリューションの販売を基にした長期固定型の契約は、過去の遺物となった。契約更新率が下がっていけば、この会社は長くもたない。

　創業して間もなくそれが現実となったのに気づいた我々は、カスタマーとの関係のあり方を根本から見直さなければならないことを痛感した。自分たちの成功はカスタマーの成功と連動している。だから、顧客満足度を維持する方法を、早急に見つけ出さなければならなかった。

　この危機的な時期のおかげで、我々はカスタマーの課題解決にさらに注力するようになり、それが新たな職種の誕生へとつながっていった。セールスフォース・ドットコムは、自社プロダクトからカスタマーが得られる価値の最大化に特化した職業の生みの親になったのだ。

　それが、カスタマーサクセスマネジャー（CSM）である。

　そして、我々はカスタマーサクセスマネジャーのチームを立ち上げた。チームの目的は、カスタマーの問題に対処し、我が社のテクノロジーの利用状況を改善し、プロダクトの改良につながるフィードバックを収集することである。優れた専門知識や課題解決能力、コミュニケーションスキルをもつ集団であり、アドバイザーとしての信頼を次第に勝ちとっていった。

今日ではこのチームは、7,000名以上のスタッフが150,000社を超える
カスタマーを成功に導くべく奮闘する、我が社のカスタマーサクセスグルー
プの中枢部として機能している。このような背景があったため、ヴァイドゥ
ヤネイサンとラバゴがカスタマーサクセスについての書籍を出すと聞かされ
たとき、企業の成長やリテンション改善、チャーン防止に、カスタマーサク
セスマネジャーが果たす役割の重要性をあますところなく描いてくれること
を望んだ。二人とも、デジタルトランスフォーメーションの時代にカスタマー
を成功に導くために何が必要かを、身をもって知りつくしている、きわめて
優秀なプロフェッショナルだからである。

　彼らは私の期待を大きく超え、あらゆる地域・業界のカスタマーサクセス
マネジャーにとって信頼のおける実践的なハンドブックと呼べる書を世に出
してくれた。『カスタマーサクセス・プロフェッショナル』は、急成長をと
げているこの職種に参入する方法と、優秀なカスタマーサクセスマネジャー
に必要とされるコアスキルを紹介している。また、具体的な業務手法や、優
秀なカスタマーサクセスマネジャーを採用し流出を防ぐ方法も、つまびらか
にしてくれている。

　カスタマーサクセスを包括的に解説する本書は、駆け出しからCCOに至
るあらゆるレベルのカスタマーサクセス担当にとって、非常に有益な一冊で
あるとここに断言する。

セールスフォース・ドットコム

グローバルカスタマーサクセス担当プレジデント

ブライアン・ミルハム

第 1部

カスタマーサクセスとは何か、なぜそれは素晴らしい仕事なのか

カスタマーサクセスマネジメント ——新たなプロフェッショナル職の 登場

- カスタマーサクセスマネジャー（CSM）として働く人の数は 2015 年から 736％増え [1]、リンクトインの分析によると、最も今後が期待される職種の一つである [2]
- デロイトの調査によると、カスタマーサクセス（CS）を戦略的優先事項とする企業は、そうでない企業に比べて業績の伸びが大きく、契約更新率が 2 桁パーセント改善した企業も約 2 倍にのぼる [3]
- カスタマーサクセスマネジャーには、リンクトインが独自に算出する昇進スコアの最高評価がついている [4]
- 現在カスタマーサクセス職で働く人の 60％は、過去 12 カ月以内に基本給の昇給があった [5]

　この 4 点を見て、だから私は今、カスタマーサクセスの仕事をしているのだ、と思った人は多いだろう。会社の人事で配属されたという人も、大いに自信をもっていい。カスタマーサクセスマネジメントは、21 世紀の現代に最も注目され、最も将来性を期待される職種だ。特に、サブスクリプションモデルのビジネスを展開する企業にとって、カスタマーサクセスは必要不可欠だ。カスタマーサクセスを実践する企業は、競合他社よりも速く成長する。そして、カスタマーサクセスマネジャーは、今日のデジタルトランスフォーメーションにおいて中心的な役割を果たす存在だ。
　経営者の視点で言うと、優秀なカスタマーサクセスチームがいれば、新規

アカウントを開拓するよりもはるかに効率的に既存アカウントから収益を生み出せるので、企業価値を最大化することが可能だ[6]。カスタマーサクセスマネジャーがカスタマーと良い関係を構築して価値を提供すれば、事業は大きく成長する。結果がでれば、カスタマーサクセスは重視されるようになり、ビジネス全体がカスタマーサクセスを推進する方向へと舵をきる。今または将来、カスタマーサクセスをキャリアとする人にとって、それは無限の機会が広がることを意味する。

　ビジネスの前提が変わり、カスタマーの期待値が変わった。取引が無難に完了すれば満足するカスタマーは減り、みな結果を求めるようになった。プロダクトが約束する機能だけでなく、カスタマーの期待を満たす価値を提供しなければならないことにベンダーは気づきだした。そこでカスタマーサクセスの出番なのだ。カスタマーサクセスが、カスタマーに期待通りのプロダクト体験を促し、継続的な取引につなげる。そんなカスタマーサクセスは、企業の成長に最も寄与する要因とみなされるようになった。マッキンゼー・アンド・カンパニーは、2016年に発表した「Grow Fast or Die Slow: Focusing on Customer Success to Drive Growth（仮邦題：急成長か緩慢な衰退か──成長をもたらすカスタマーサクセスへの注力）」の中で、「カスタマーサクセスに注力すれば、企業の成長が加速するばかりか、効率的かつ効果的に市場開拓を続ける組織を構築できる」としている。[7]

　注目度が急上昇中のカスタマーサクセスだが、多くの人にとっては、まだ新しい仕事であり、新しい機能だ。本書を手にされたあなたは、事業成長に責任をもつ役員かもしれないし、業務改善を担うカスタマーサクセスマネジャーかもしれないし、この比較的飛び込みやすい新しい職種に挑戦しようという人かもしれない。きっかけがどのような立場であろうと、ぜひワクワクしてほしい！　この職種は登場したばかりだが、一瞬だけスポットライトのあたる流行りものではない。幅広い業界が既にカスタマーサクセスというアプローチを採用している。また、この職種は、既存の職種の名称を変えただけのものでもない。カスタマーサクセスは新しい思考・行動様式（マインドセット）であり、カスタマーサクセスマネジャーはそのアンバサダーなのだ。

　今やカスタマーサクセスは企業の成長エンジンとして不可欠な役割である

ことが広く認知されている。レッドポイント・ベンチャーズのベンチャーキャピタリストであり、SaaS のパフォーマンスに深い知見を有するトマシュ・トングスは、パネルディスカッションでの自身の発言を、ブログで簡潔に紹介している。「カスタマーサクセスによって収益が増加し、資金調達の必要性が減り、より質の高いプロダクトづくりが可能になり、結果としてより多くのカスタマーを囲い込めるようになった。カスタマーサクセスは SaaS 企業のあり方を大きく変えようとしている」[8]。カスタマーサクセスを追求する流れは、SaaS やサブスクリプションビジネスに端を発したかもしれない。しかし、今やカスタマーサクセスはあらゆる産業や事業分野に浸透しつつある。[9]

　カスタマーサクセスという機能を最大限活用し、自社のデジタルトランスフォーメーションを、カスタマーのビジネスを伸ばすことに注力することで成功させた素晴らしい企業の例にアドビが挙げられる。同社は、ソフトウェアをリリースする旧来型のビジネスモデルからサブスクリプション型に移行し、驚異的な成功をおさめた。『サンフランシスコ・クロニクル』のトーマス・リーは、2017 年の記事でアドビの復活をこのように表現している。「一度は『デスクトップ PC 用に箱入りソフトウェアを買っていた時代の遺物』と揶揄されたアドビが、わずか 3 年で他の大企業を得意先にもつ大手クラウドサービス会社に変貌を遂げた」[10]

　大きく舵をきった同社は加速度的な成長を遂げた。柔軟なサービスでカスタマーのニーズに柔軟に対応できるようになり、プラットフォームプロダクトの利用状況が劇的に改善したのだ（**図 1.1**）。この逆転劇の裏に、優れたカスタマーサクセスチームがいたことは疑いない。2019 年 3 月 27 日に開催されたアドビサミットの基調講演で、同社 CEO シャンタヌ・ナラヤンは、「サブスクリプションモデルへの変革と共に、カスタマー体験の提供が業務の中心となった。我々はデジタルビジネスの特徴であるオールウェイズ・オン（訳注：顧客との中長期的な関係づくりを目指し、常に接点を持ちブランディングやマーケティングを行うこと）に対応し、継続的にイノベーションを提供することで、カスタマーのビジネスと信頼の構築に日々注力できるようになったのだ」と述べた。[11]

図 1.1　アドビの成長（株価推移）

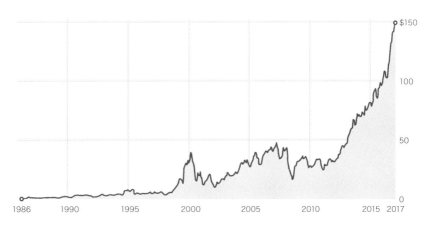

　スプランクのチーフカスタマーオフィサーであるジョン・サビーノも、カスタマーサクセスとビジネスの成功は相関関係にあるとの見解に同意する。サビーノは、GE デジタルや NBC ユニバーサルの経営陣に名を連ねるなど輝かしい経歴を誇る、カスタマーサクセス界の第一人者である。しかし、彼の意見をここで紹介する理由は、職域の垣根を越えたオペレーショナルエクセレンスを常に追求し、カスタマーの成功に注力するサビーノの姿勢である。

　今後大きな成功をおさめる企業とは、あらゆる事業領域およびプロセスにおいて、拡張可能（スケーラブル）な価値提供を追求する企業文化の醸成を何よりも重視する組織である。不確実になりがちなマクロ経済環境の中で、今の顧客基盤を維持して売上成長を目指すなら、CEO や事業部門のトップが「カスタマーの成功に執着する」ことは不可欠であり、カスタマーサクセスの哲学にのっとって適切に行動計画をつくりリソースを配分することも必須だ。

　そもそもカスタマーサクセスが根付いた企業では、経営陣はカスタマー目線で自社のプロダクトやサービスを考える。すると会社全体に、カスタマーにとってのメリットを中心に据えてイノベーションを起こす姿勢が備わる。究極的には、「カスタマー・イン」の発想がない企業は、

カスタマーに価値をもたらさない活動にリソースを浪費し、やがて市場での存在価値を失うリスクが高いだろう。

　カスタマーサクセスは目に見える結果に直結する実務的な機能であり、将来の展望はきわめて明るい。成長性の大きさに関心が集まっていることは、グーグル検索の「カスタマーサクセスマネジャー」のトレンドにもあらわれている（**図1.2**）。[12]

　多くの場合、カスタマーサクセスマネジャー職についている人は自分から望んだわけではない。気づいたらその役割を担っていた人だろう。子ども時代に、大きくなったらカスタマーサクセスマネジャーになりたいと夢見た人は一人もいないはずだ。あなた自身、大学を卒業したときにカスタマーサクセスマネジャーになることを目指したわけではないだろう。2017年になるまで、このテーマを扱った授業は大学にすらなかった。サンフランシスコ大学のビジャイ・メロートラ博士が、MBA課程の学生向けにカスタマーサクセスとビジネスアナリティクスに重点を置いたキャリアアッププログラムを開設したのが、その始まりだ。その約1年後の2018年秋には、ブライアン・ホックスタイン博士がアラバマ大学の大学院でカスタマーサクセスマネジメントに特化した通常講座を始めた。ボールステイト大学でマーケティングの准教授を務めるデヴァ・ランガラジャン博士らが、カスタマーサクセスという概念をカリキュラムに取り入れ始めた。また2020年頃からは、カスタマーサクセスについての論文が散見されるようになった。こうした、カスタマーサクセス職への注目度が急上昇している現状を踏まえると、この流れに沿ったプログラムを提供する大学が増えていくことは疑いようがない。

図1.2　「カスタマーサクセスマネジャー」のグーグルトレンド検索結果

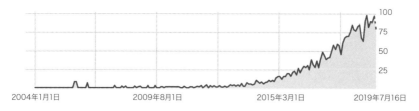

これまでのあなたのキャリアジャーニーがどのようなものであったにせよ、今あなたはカスタマーサクセスと向きあう立場にいる。自社のカスタマーサクセスに関する取り組みを引っ張っていく立場にあるなら、すべてのカスタマーアカウントにしかるべきリソースを割けるチームを編成したいと模索中ではなかろうか。カスタマーサクセスマネジャーとカスタマーの比率はどのくらいが適切なのか？　優秀なカスタマーサクセスマネジャーの離職を防ぐにはどうすればいいか？　カスタマーサクセスマネジャーの昇進・昇格のベストプラクティスは？　どのような報酬モデルがベストなのか？

　自身の選択であれ偶然の結果であれ、現在カスタマーサクセスマネジャー職についているあなたはラッキーだ。スキルを磨き、優秀なカスタマーサクセスマネジャーとして成功体験を積めば、この分野でずっと活躍し続けられるだろう。さらに、この分野のスキルや経験は、様々な事業分野で大いに活きる。本書の著者の例でご説明しよう。ふたりともカスタマーサクセスマネジャーのキャリアをゲインサイト在職中にスタートした。私たち同様、多くのカスタマーサクセスマネジャー経験者が、プロダクトマネジメント、マーケティング、営業、セールスコンサルティングやセールスエンジニアリング、チームメイトサクセスや人事、事業開発、オペレーション、リーダーシップなどの分野で上級職へ昇進している。カスタマーサクセスマネジャーとして身につけ磨いたスキルは、ありとあらゆる仕事において文字どおり触媒（カタリスト）の役割を果たす。そして、そういった機会は増えるいっぽうだ。2019年6月時点で、リンクトインに掲載されている全世界のカスタマーサクセス関連職のうち募集開始から1カ月未満のものは153,654件にのぼり、うち30%はアメリカ国外のものであった。[13]

　カスタマーサクセスというカテゴリーを創出した企業であるゲインサイトのニック・メータCEOは、「あっという間に最も人気の高い職種となったカスタマーサクセスマネジャーのように、わずか5年前には想像もつかなかったものが、SaaSとクラウド技術の急速な発展によって現実になっている」と述べている。[14]メータの言うとおりである。業界データや世界の一流企業の動向にも、同じ傾向が見て取れる。

　マイクロソフトは、サティア・ナデラCEOがクラウドへの移行を発表した

4年後の2017年7月3日に、移行の最終ステップとなる、カスタマーサクセス組織の創設を含む大規模な組織変更を発表した。当時のワールドワイドカスタマーサクセス担当副社長だったジョン・ジェスターが、カリフォルニア州のベイエリアで開催されたカンファレンス「パルス2018」で、5,000人超のカスタマーサクセスマネジャーを前にしたスピーチの中でこの件に触れている。ジェスターが強調したのは、ゼロからスタートしたチームがたった1年間で1,700人の組織に成長した点である。しかし、それはほんの序章にすぎない。驚くべきは、カスタマーサクセスを有償サービスにしていないことだ——これは、マイクロソフトが拡充しつつあるクラウドサービスを、確実にカスタマーへの価値提供につなげるために行っている投資なのである。ジェスターはさらに、エイミー・フッドCFOの言葉を引用した。「マイクロソフトは、広範な分野をカバーするクラウド事業を手がける中で、カスタマーサクセスに執着するようになった。つきつめれば、コンサンプションベースの事業で大切なのは、カスタマーの成功だけだからだ」[15]

　カスタマーサクセス重視へ舵をきった世界的企業のもうひとつの例は、シスコである。「Customer Success Programs Contribute to Rise in Recurring Revenue for Cisco, Partners（仮邦題：カスタマーサクセスプログラムは、シスコシステムズの定期収益増収の立役者）」と題された2018年3月3日のドイル・リサーチのレポートによると、同社のカスタマーサクセス担当上級副社長であるスコット・ブラウンが、チャック・ロビンスCEOをはじめとする役員たちから全社的なカスタマーサクセスプログラムに投資する承認をとりつけ、「成功させるために、プログラムとツールへの1億ドルの資金投下と、500人の新規採用」を予定したという[16]。ほどなくして、同社はカスタマーサクセスを加速させるさらに大きな動きを見せた。セールスフォース・ドットコムでプレジデントとしてグローバルカスタマーサクセスチームを率いていた、マリア・マルティネスを迎え入れたのである。[17]

　これが何よりの証左だ。データが示している。事例がある。カスタマーサクセスをあなたの会社や組織に取り入れる、もしくは自身がこの分野に足を踏みいれるのに、これ以上の後押しは不要だろう。あなたのビジネスに、そしてあなた自身に有益であると示す証拠は十分にある。経験を積んだカスタ

マーサクセスマネジャーがキャリアアップを目指すならば、あらゆる機会を
チャンスととらえスキルを磨くことだ。カスタマーサクセスの資格取得や関
連スキルのトレーニング受講などを検討してみたらよい。現在あなたがどの
ようなポジションにあろうと、良い時期にこの仕事に関われていることは間
違いなく、次のステップを踏み出すにあたって本書はよいガイドとなるだろ
う。

　以降では、カスタマーサクセスマネジャー職が登場する背景となった、従
来型の業務範囲がとりこぼしてきたものについて見ていこう。あなたの中に
残っている先入観が払拭されるかもしれない。さらに、カスタマーサクセス
マネジャーがカスタマーと自社の成長におよぼす影響について言及したい。

カスタマーの時代

　2004 年、シリコンバレーにはかつて経験のないプレッシャーがのしかかっ
ていた。コンピューティングが分散型コンピューティングから「クラウド」
へとシフトし、「サービスとしてのソフトウェア（SaaS）」概念が台頭してい
たのだ。その後まもなくサブスクリプション型ビジネスモデルの時代が到来
し、それまで必須だったワンタイムの大型投資が、年次または月次料金と
いうかたちで少額ずつ長期にわたって発生するようになった。クラウドコン
ピューティングや SaaS、ビッグデータ、ソーシャルメディア、グーグルサーチ、
モバイル機器への民族大移動などの流れが生まれ、長期契約にこだわらずと
もカスタマーにプロダクトやサービスを提供できるようになった。トランザ
クションベース（モノの売り切り）から、サブスクリプションベース（カスタマー
の利用継続）に経済モデルが変化したことで、企業からカスタマーへと劇的
なパワーシフトが起こった。その最たるものが、ソフトウェアの売り手から
買い手へのパワーシフトだ。サブスクリプションベースのソリューションに
軸足を移すことで、ソフトウェア業界は大きく変容し、今でも変化を続けて
いる。

　ズオラが 2019 年 3 月に発表した年次分析「サブスクリプション・エコノ

ミー・インデックス™（SEI）」で、同社チーフデータサイエンティストのカール・ゴールドはこう述べている。「サブスクリプション型ビジネスの売上は、ベンチマークとして広く利用されている2つの指標――S&P500社の売上高とアメリカ小売売上高――を大幅に上回るスピードで成長している。SEIデータによれば、2012年1月1日から2018年12月31日までの間のサブスクリプション型ビジネスの収益の伸び（年平均成長率18.1%）は、S&P500社の売上高（同3.6%）や小売売上高（同3.8%）の約5倍に上る（**図1.3**）。[18]

クラウド時代に誕生したセールスフォース・ドットコムのような企業は、新しいサブスクリプションモデルを採用することで成功している。その理由は、それまでも年金でしていたように、定期収益を予測する重要な指標――顧客生涯価値、略してLTV――にある。この遅行指標を最大化することが何より重要だ。セールスフォース・ドットコムは、創業時からこの指標をフル活用してきた世界有数の企業である。同社が時価総額1,217億ドルに相当する現在の姿（**図1.4**）になるまでの道程が、カスタマーサクセスが注目を集める根本的なきっかけとなった。カスタマーを売り手－買い手のエコシステムの中心に据えたセールスフォース・ドットコムの革新的アプローチ

図1.3 サブスクリプション型ビジネスの収益の伸び

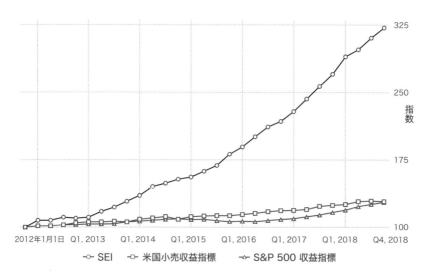

と、それにともなうビジネスの成功が、カスタマーサクセスマネジャーというまったく新しい職種の誕生につながったのである。同社がカスタマーサクセス界で果たした大きな役割は『カスタマーサクセス──サブスクリプション時代に求められる「顧客の成功」10の原則』の第1章に分かりやすく要約されている[19]。マーク・ベニオフをはじめとするセールスフォース・ドットコムの創業に関わった役員らは、創業からわずか4年で2万社ものカスタマーを次々と獲得できたことを当初は手放しで喜んでいた。主な勝因は、従来型の法人向けソフトウェアの無期限ライセンスを購入する際は必須だった巨額の投資に比べ、月次サブスクリプション料金が低額だったことだ。その後、新規カスタマーの獲得に成功したにもかかわらず、同社は毎月8％ものカスタマーを失っていった。年率に換算すると、カスタマーのチャーン（離脱・解約）率は96％だ。価格が「個人向けのような」低額に設定されたことで、カスタマーは多額の初期投資に「縛られ」なくなり、それが使い続けることへのコミットメントの低減につながった。言い換えれば、期待したサービスを受けられなければ、従来よりはるかに簡単に離脱できるようになったのだ。明らかに問題であり、上級職者たちはカスタマーの大量離脱による崩壊に急ぎ

図1.4　セールスフォース・ドットコムの時価総額推移（出所：Microtrends, 2019年6月21日）[20]

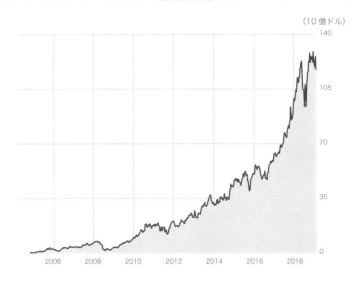

（10億ドル）

ストップをかけようと躍起になった。離脱するカスタマーを上回る数のカスタマーを獲得し続けるのは、必勝戦略ではなかったからだ。

ビジネスのやり方が変わったのだ。大口取引をまとめたら後はふりかえらずに次を探す、ではもう不十分なのだ。カスタマーにプロダクトやサービスを利用してもらったり、自社のプラットフォームにログインしたりするだけでも足りない。自社のプロダクトが想定どおり使われているかどうかは、もはやどうでもいい。新しい時代——カスタマーの時代——に大切なのは、カスタマーが自社のプロダクトやサービスを利用し、ビジネスで成功をおさめてくれることだ。サブスクリプションビジネスにおいては、成約さえすればあとは万事安泰ではない。そのカスタマーが継続的に「買い」続けてくれなければならない。さもなければ、カスタマーはあなたの元を永遠に離れていく。

ある日突然、親切な技術サポートをリアルタイムで提供するフリーダイヤルを用意するだけではだめになった。プロダクトをサブスクリプションするカスタマーは、契約直後からプロダクトの価値を実感できることを期待する。さらに、そのプロダクトを利用する上でのベストプラクティスや、戦略的で戦術的なアドバイスも求めるようになった。

カスタマーを成功に導けない、導こうともしない企業のカスタマーは、間違いなく、より熱意があり、より融通のきく競合に相談をもちかけるだろう。今やマウスのクリックひとつで業者を変更できる。ロイヤルカスタマーというものは、もはや存在しない。バイヤー、コンシューマー、カスタマー、意思決定権者といった立場にある人たちのメリットがすべての中心にくる世界へと、すべてが変わったのだ。

見すごされてきた必須機能

カスタマー離れに歯止めをかける方策を探すなかで、ネガティブからポジティブが生まれた。新しい概念だけでなく、新しい職種が誕生したのだ。この頃、SaaS業界はカスタマーの囲い込みを中心に回るようになっていた。

あなたのソリューションに大きな投資をさせて、カスタマーが簡単に離脱できないようにする時代は終わった。ソフトウェア企業がクラウドに移行した時、カスタマーはブラウザとコンピューターさえあればオンラインで何でも購入できるようになったのだ。

　サブスクリプションモデルでソフトウェアを販売している企業が、自分たちの事業展開に何が欠けているのか理解するのに時間はいらなかった。マーケティングは、需要喚起と見込み客の獲得に余念がない。営業は、パイプラインと新規契約にかかりきりである。プロフェッショナルサービスは、カスタマージャーニーの推進とカスタマーの巻き込みに手いっぱいである。その間、サポートは、発生した問題に火消し的な対応をしてきたが、積極的なアクションを起こすことはほとんどなく、戦略的な動きはまったくとれていなかった。

　カスタマーがめざす成果を確実に得られるようにすることを目的とした部署が存在しなかった。それよりも大きかったのは、カスタマーを維持し続け、より多くの取引につなげる責務を最終的に負う者がいなかったことだ。結果、カスタマーがあなたの会社の大ファンになり、あなたの会社がどれほど素晴らしいかをSNSのフィードに投稿してくれたり、見込み客や業界に広めてくれたりすることなど考えられなかった。

　ここからカスタマーサクセス担当職が生まれた。新たなビジネス原則の誕生だ。カスタマーの成功は自社の成功に直結する。サブスクリプションを前提に価格を設定する新たな時代には、成約後もカスタマーに対して無関心ではいられないというプレッシャーが、役員会、上級職者や部門長にどんどんとのしかかるようになった。5年から10年かけて償却するような設備投資のために一度に数百万ドルを支払うカスタマーが今後もい続ける保証はどこにもない。セールスフォース・ドットコムがそうだったように、成功の方程式の上にあぐらをかいてはいられないことに、業界全体が気づいた。新規カスタマーに対する営業は非常にコストがかかる。KBCMテクノロジーグループが2019年に発表したSaaS調査報告書では、新規顧客を相手に1ドルの年次定期収益（ARR：Annual Recurring Revenue）をあげるコストは1.34ドルであるのに対し、カスタマーを相手に追加売上をあげるコストはわずか

50セントであった（**図1.5**）[21]。言い換えれば、カスタマーサクセスのような
カスタマーを維持し取引を拡大するプログラムに投資するほうが、新規契約
の獲得に投資するよりもはるかに効率がよい。

　SaaS業界はこういった自明の現実に目が覚めた。もちろんすべての企業
ではなく、中にはサインを見逃して不利益を被った企業も多い。当初は、カ
スタマーサクセス職は特定の責任や領域をもたない一時的な流行だという見
方もあった。アカウントマネジメントの一種ではないか？　保守・サポート
の一部ではないか？　しかし、カスタマーサクセスのメリットを享受する企
業が増えていた。カスタマーサクセスは、カスタマーと関係を構築しカスタ
マーにとっての価値を提供することでカスタマーを囲い込むだけでなく、今
の顧客基盤から上がる売上を増やす役割も果たす——そしてそれは、新規顧
客との契約獲得に比べ数分の一のコストしかかからないのだ。こうして市場

図1.5　収益1ドル当たりのコスト

2018年 CAC率の分布

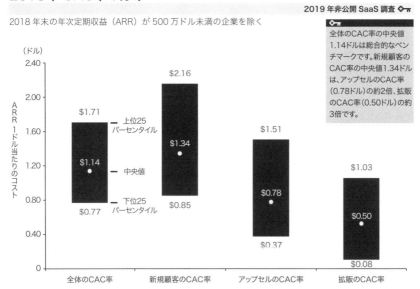

2019年非公開SaaS調査 ◇ᴥ

2018年末の年次定期収益（ARR）が500万ドル未満の企業を除く

◇ᴥ
全体のCAC率の中央値
1.14ドルは総合的なベン
チマークです。新規顧客の
CAC率の中央値1.34ドル
は、アップセルのCAC率
（0.78ドル）の約2倍、拡販
のCAC率（0.50ドル）の約
3倍です。

KeyBanc Capital Markets ◇ᴥ
CAC ＝ 収益獲得コスト
回答数：全体CAC：197、新規顧客の新規ARR：195、既存客へのアップセル：152、拡販：137
書面による明示的な同意のない同データの転用を認めない

の注目が高まるにつれ、カスタマーサクセス職の役割は進化し、カスタマーサクセスマネジャーをおくことは有益だとするエビデンスが増えていった。それでも一時的なトレンドとして黙殺する人もいた。しかし、信頼される機関や学術誌が、カスタマーサクセスは必要とされているだけではなく成功しているとする研究や論文を発表するようになっていった。

　2015年10月には、『ハーバード・ビジネス・レビュー』が「How smart, connected products are transforming companies（仮邦題：スマートでコネクテッドなプロダクトが、企業を変えつつある）」という記事を掲載した。筆者であるマイケル・E・ポーターとジェームズ・E・ヘッペルマンは、ソフトウェア企業の従来型の組織図に、第3の部門を追加すべきだと提唱した――カスタマーサクセスマネジメントである。この部門は、IT、R&D、製造、マーケティング、営業、サービス、そしてサポートの下部に描かれる。言うなれば、トーテムポールの基礎部分である。そして、カスタマーとの関係を構築し、カスタマー体験を向上させ、教育してプロダクトへのエンゲージメントを高め、リテンションや契約更新につなげる役割を一手に担う。ポーターとヘッペルマンは、カスタマーサクセスマネジメントは必要不可欠であると断言する。彼らは、カスタマーサクセス部門は「スマートでコネクテッドなプロダクト、特にサービスとしてのプロダクトの利用契約を確実に更新させるために必須」であると力説する。さらに、「カスタマーサクセスマネジメント部門は必ずしも営業やサービス部門の代替ではなく、契約後のカスタマーとの関係づくりをメインの業務とする」という。[22]

　クラウドコンピューティングが誕生して20年が経過した。SaaS業界を破綻させないためのカスタマーサクセスが登場して10年が経過した。依然としてカスタマーサクセスを重要な職種やチームと見なさない人も多い。営業やサービスチームには担う意志も能力もない役割であるにもかかわらず、新しすぎて組織図に確たる居場所を見出すべき職種とされていないのだ。1つの理由は、カスタマーサクセスが、プロダクトの利用状況モニタリングや業績データの精査、顧客価値のトラッキングなど、営業の評価基準となりえない指標で評価される点がある。たとえ指示されたとしても、営業はインセンティブのかかっている新規開拓で手いっぱいである。サービスチームは発想

が「実行チェックリスト」的であり、新規取引ベースのサービス販売には関心をよせるが、日々カスタマーと向きあって口コミ紹介や信頼につながる関係づくりをすることには関心をよせない。

ポーターとヘッペルマンが組織横断での統合を提案したことはとても興味深い。彼らにとって、それは必須条件なのだ。組織間の連携がうまくとれていることは、カスタマーにとっても重要なことだと彼らは考えた。また、その連携が、事業計画や戦略の方向性と合致していることも重要だ。プロダクトライフサイクルを役割分担する機能組織は、主要な機能組織間の引き継ぎポイントをうまく調整・管理する必要がある。その目的は、「プロダクトとプロセスの改善につながる現場からのフィードバックを入手すること」につきる。しかし残念ながら、誰のメリットを基軸に、誰が組織間連携をリードすべきかについての彼らの見解は的外れだった。カスタマーサクセスが組織間連携プロセスにおける「接着剤」の役割を果たす可能性に、一度たりとも言及しなかったのである。

ポーターとヘッペルマンは、その意図まではよかったが、重要な点を見落とした。彼らの視点は自社を成功に導くことに終始した。なぜ、カスタマーを成功に導くことに考えが至らなかったのだろう？

カスタマーサクセスマネジャーの誕生

カスタマーサクセスチームはカスタマーエンゲージメントのあり方を変えていった。カスタマーサクセスチームが組織図のどこに位置するかは、もはや問題ではなくなった。彼らの企業業績に与える影響が小さくはなかったからだ。以前は、プロダクトの利用状況に関する意味あるデータを収集するのに、もっぱらカスタマー調査やコールセンターを頼った。そこから、カスタマーとの関係がビジネス的に良い状態なのか否かを確認しようとした。企業がカスタマーの声を聞くのはたいてい何か問題が起こった時だった——そして通常、それでは手遅れだった。つまり、この方法は遅行指標に頼りすぎていたのである。こうしてベンダー企業は、カスタマーのヘルスチェックを行

うことで手遅れになる前に介入する必要性を徐々に理解していった。先回りした対応の重要性も認識し始めた。こうして、カスタマーサクセスの実務が成熟していったのである。

　カスタマーがプロダクトを利用することで得る価値をモニタリングするための新たなソフトウェアプラットフォームやプロダクトが開発されていった。モニタリングデータからカスタマーのプロダクト体験に関わる洞察を抽出する。プロダクトの利用状況とパフォーマンス、カスタマーの好み、満足度に関するファクトを手に入れる。そうしたファクトに基づいて関係を構築すれば、カスタマーの離脱を防ぐことが可能だ。カスタマーヘルス（訳注：カスタマーの健康状態。契約が更新されているか、解約の可能性があるかといった状態を意味する。利用を続ける可能性を示す）指標を活用すれば、プロダクトやサービスを追加することでカスタマーが得るメリットは何かがわかる。すべてはカスタマーのリテンション、契約更新、収益拡大が目的で、経験豊富なカスタマーサクセスマネジャーが時間を使えば、そうした目標を達成できる。

　ポーターとヘッペルマンが記事を発表したのと同年、ゲインサイトが「パルス 2015」と題するカンファレンスを開催した。パルスは、SaaS、そして今ではカスタマーサクセス分野のエキスパートが集い、アイディアや洞察、ラーニング、展望予測などを共有する場だ。当時ストーム・ベンチャーズの社長を務めていた、サースターの SaaS 専門家ジェイソン・レムキンはこう述べている。「収益の 90％はカスタマーサクセスからあがってくる」。同じような意見を述べる人は他にもいたが、豊富な知識と経験に基づいてこの点を声高に提唱したのがレムキンだ。

　レムキンは、エコーサインを文字通り収益ゼロから年次定期収益（ARR）1 億ドルの企業に 7 年で育てあげた。そしてその成功はカスタマーサクセスに大きく投資した結果だと主張する。ちなみに、同社は最近アドビに買収された。「Customer Success: The Best Kept Secret of Hyper-Growth Startups（仮邦題：カスタマーサクセス──大躍進を遂げるスタートアップが隠してきた秘訣）」というタイトルの『フォーブス』の記事で、筆者であるアレックス・マクラファーティはこう述べている。「カスタマーサクセスという言葉は、シリコンバレーの新しい流行語のように聞こえるかもしれない。しかし、

レムキンのような SaaS のパイオニアや、ボックスやアトラジアンなどの企業は、カスタマーサクセスを、失敗と大躍進とを分ける要因になるものと考えている」[23]

　我々は現実をつきつけられた。スタートアップが理解したことならば、既存企業も追随するだろうか？　SaaS 企業はカスタマーサクセスがもはや一時的な流行ではないことに一目置いている。カスタマーサクセスは、チャーン率を抑制するための方策に留まらない意味を持ち始めた。カスタマーサクセスは、ビジネスの必須事項になりつつある。カスタマーのリテンション率がわずか 5% 上昇するだけで、利益が 25% から 95% 上昇することを、企業が確実に理解し始めたのである。[24]

　また、企業の業績とその会社のカスタマーサクセス実務の習熟度との間には、直接的な相関関係がある。2017 年に、カスタマーサクセス業界トップのゲインサイトが以下の数字を公表した（図 1.6、図 1.7）。[25]

　組織が成熟するにつれ、カスタマーのリテンション率の向上、契約拡張、口コミ紹介の増加、チーム全体の効率化という 4 つのキードライバーが事業成長において重要となる。ゲインサイトは様々な企業を見てきた結果、カスタマーサクセス実務の成熟度には 4 つのステージがあることをつきとめた。「リアクティブ」「洞察 & アクション」「アウトカム」「トランスフォーメーション」である。

　非常に重要な点だ。チームが（客観的な基準に基づいて）ステージを 1 つ上がるたびに、ネットリテンション率（NRR：Net Retention Rate）は目に見えて上昇していくのだ。「リアクティブ」ステージから「洞察 & アクション」ステージに上がると、NRR が 3% 上昇する。「洞察 & アクション」ステージから「アウトカム」ステージに上がると、上昇率は 4% となる。そして「アウトカム」ステージから「トランスフォーメーション」ステージに移行すると、上昇率は 11% もアップする。

　こうしたステージの上昇は昔も今も起きている。カスタマーサクセスなしでは、SaaS モデルは脆弱化する。2016 年にマッキンゼー・アンド・カンパニーが「急成長か緩慢な衰退か――成長をもたらすカスタマーサクセスへの注力」で述べた内容は、実に予言的だった[26]。マッキンゼーは、カスタマー

図 1.6　カスタマーサクセスの成熟度ステージ

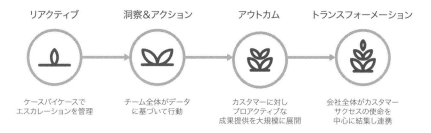

リアクティブ	洞察&アクション	アウトカム	トランスフォーメーション
ケースバイケースで エスカレーションを管理	チーム全体がデータ に基づいて行動	カスタマーに対し プロアクティブな 成果提供を大規模に展開	会社全体がカスタマー サクセスの使命を 中心に結集し連携

図 1.7　カスタマーサクセスの成熟度ステージごとのネットリテンション

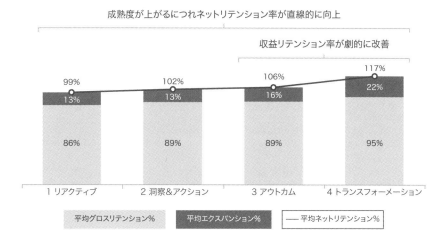

サクセスなしで SaaS は存続しえないと宣言したのだ。私たちも同感である。
そして、リンクトインのカスタマーサクセスフォータレントソリューショ ン
ズ部門のグローバルヘッドであるカリーヌ・ローマンもまた、意見を同じく
する。カスタマーサクセスへの流れとカスタマーサクセス担当職についての
コメントを求めると、彼女は簡潔に答えてくれた。

　　　カスタマーサクセスは非常に重要である。私は、カスタマーサクセスを
　　推進することは、カスタマーのために独自の経験と価値を創造する上で
　　必要不可欠な競争優位性だと考えている。カスタマーサクセスは単なる

職務ではない。企業の根底を流れる精神そのものであり、ゆえにトップ、すなわちCのつく全役職者主導で意志をもって執着する必要がある。カスタマーサクセスは、「やった方がよい」ものではなく、ある特定のチームだけの責務でもない。

　ここまでで触れたり定義したりしていないのは、優秀なカスタマーサクセスマネジャーになるためのスキルと基準だ。爆発的な成長を遂げたこの職種は、今後どうなっていくのだろう？　次はそれを紐といていこう。

原注

1.　Gainsight® (2019). The State of the Customer Success Profession 2019, May 2019. Retrieved from: https://www.gainsight.com/press/release/new-study-powered-by-linkedin-data-reveals-customer-success-growing-736-among-top-10-fastest-growing-professions/
2.　LinkedIn (2019). LinkedIn's Most Promising Jobs of 2019, 10 January 2019. Retrieved from: https://blog.linkedin.com/2019/january/10/linkedins-most-promising-jobs-of-2019
3.　Deloitte (2019). 2019 Enterprise Customer Success (CS) Study and Outlook: Fostering an Organization-wide CS Mindset. Retrieved from: https://www2.deloitte.com/us/en/pages/consulting/articles/state-of-customer-success-management.html?id=us:2el:3pr:cs:awa:cons:052019
4.　Roman, Carine (2018). Keynote presentation at Pulse 2018 Customer Success Conference "LinkedIn on the Future of the CSM Profession," May 2018. Retrieved from: https://gainsight.hubs.vidyard.com/watch/XdGimvQiN5vDhzeSCod4n5?
5.　Gainsight (2019). Customer Success Industry Benchmark Survey of nearly 700 Customer Success Professionals, September 2019
6.　JMSearch (2015). Customer Success: Unlocking Growth from Existing Accounts in SaaS Companies, citing 2015 Pacific Crest Survey of Private SaaS Companies. Retrieved from: https://www.google.com/url?q=https://jmsearch.com/customer-success-unlocking-growth-from-existing-accounts-in-saas-companies-2/&sa=D&ust=1561090677440000&usg=AFQjCNEdoYBBNPFQNLKEE3-B1QWYLXYk-w
7.　Miller, A., Vonwiller, B., Weed, P., and McKinsey & Company (2016). Grow Fast or Die Slow: Focusing on Customer Success to Drive Growth. Retrieved from: https://www.mckinsey.com/industries/high-tech/our-insights/grow-fast-or-die-slow-focusing-on-customer-success-to-drive-growth
8.　Tunguz, T. (2014). The 4 Challenges Facing Customer Success Teams in SaaS Startups, 15 May 2014. Retrieved from: https://tomtunguz.com/four-challenges-facing-customer-success-teams/
9.　Atkins, C., Gupta, S., Roche, P., and McKinsey & Company (2018). Introducing Customer Success 2.0: The New Growth Engine, January 2018. Retrieved from: https://www.mckinsey.com/industries/technology-media-and-telecommunications/our-insights/introducing-customer-success-2-0-the-new-growth-engine
10.　Lee, T. (2017). Adobe's remarkable transformation, from Photoshop to cloud. *San Francisco Chronicle* (22 July 2017). Retrieved from: https://www.sfchronicle.com/business/article/Adobe-

s-remarkable-transformation-from-11306625.php

11. Birmingham, A. (2019). Adobe CEO, Shantanu Narayen, explains why the company had to transform. *Which-50* (27 March 2019). Retrieved from: https://which-50.com/adobe-ceo-shantanu-narayen-explains-why-the-company-had-to-transform/

12. Google Trend Search (2019). 20 June 2019: https://trends.google.com/trends/explore?date=all&q=%22customer%20success%20manager%22

13. LinkedIn.com (2019). 20 June 2019: https://www.linkedin.com/jobs/search/?f_TPR=r2592000&keywords=customer%20success&location=Worldwide&locationId=OTHERS.worldwide/

14. Gainsight (2019). The State of the Customer Success Profession 2019, May 2019. Retrieved from: https://www.gainsight.com/press/release/new-study-powered-by-linkedin-data-reveals-customer-success-growing-736-among-top-10-fastest-growing-professions/

15. Gainsight (2018). How Microsoft Is Building the World's Largest Customer Success Team, 19 April 2018. Posted on YouTube: https://www.youtube.com/watch?v=L5ZzugfmmmU

16. ChannelFutures (2018). The Doyle Report: Customer Success Programs Contribute to Rise in Recurring Revenue for Cisco, Partners, 3 March 2018. Retrieved from: https://www.channelfutures.com/strategy/the-doyle-report-customer-success-programs-contribute-to-rise-in-recurring-revenue-for-cisco-partners

17. Cisco, The Network, Cisco's Technology News Site (2019). Executive Biography, Maria Martinez, EVP and Chief Customer Experience Officer, 20 June 2019. Retrieved from: https://newsroom.cisco.com/execbio-detail?articleId=1922006

18. Zuora, Gold, C. (2019). The Subscription Economy Index™, March 2019. Retrieved from: https://www.zuora.com/resource/subscription-economy-index/

19. 『カスタマーサクセス——サブスクリプション時代に求められる「顧客の成功」10の原則』ニック・メータ、ダン・スタインマン、リンカーン・マーフィー著、バーチャレクス・コンサルティング株式会社訳、英治出版、2018年

20. Macrotrends (2019). Salesforce, Inc Market Cap 2006–2019 | CRM, 21 June 2019. Retrieved from: https://www.macrotrends.net/stocks/charts/CRM/salesforce,-inc/market-cap

21. KeyBanc Capital Markets, Technology Group (2018). SaaS Survey Results – 10th Annual. Retrieved from: https://www.key.com/businesses-institutions/industry-expertise/library-saas-resources.jsp

22. Porter, M.E. and Heppelmann, J.E. (2015). How Smart, Connected Products Are Transforming Companies, October 2015. Retrieved from: https://hbr.org/2015/10/how-smart-connected-products-are-transforming-companies

23. McClafferty, A. (2015). Customer Success: The Best Kept Secret of Hyper-growth Startups, *Forbes* (May 2015). Retrieved from: https://www.forbes.com/sites/alexmcclafferty/2015/05/18/customer-success/#74d8aeec777a

24. Reichheld, F. and Schefter, P. (2000). The economics of e-loyalty. *Harvard Business Review* (May 2000). Retrieved from: https://hbswk.hbs.edu/archive/the-economics-of-e-loyalty

25. Gainsight (2017). The Essential Guide to Company-wide Customer Success: Customer Success Maturity Model. Retrieved from: https://www.gainsight.com/guides/the-essential-guide-to-company-wide-customer-success/

26. Miller, A., Vonwiller, B., Weed, P., and McKinsey & Company (2016). Grow Fast or Die Slow: Focusing on Customer Success to Drive Growth. Retrieved from: https://www.mckinsey.com/industries/high-tech/our-insights/grow-fast-or-die-slow-focusing-on-customer-success-to-drive-growth

カスタマーサクセスマネジャーの役割とは

カスタマーサクセスは、カスタマーがあなたのプロダクトないしサービスを使って望んだビジネス成果をあげるようにする手法だ。カスタマーサクセスマネジメントは、カスタマーが望んだ成果を達成できるように積極的に働きかける管理プロセスだ。その目的は、ベンダーであるあなたがカスタマーと共通のゴールを見出して足並みを揃えることだ。とすると、カスタマーサクセスマネジャーとは論理的にはこうなる。「カスタマーと関係を築き、カスタマーの要望を深く理解し、要望を満たせるよう自社プロダクトまたはサービスを戦略的に提案し、カスタマーが望む成果をあげるまで戦術的かつ積極的な行動をとり続けられる能力のある人」

ゴール──リテンション率を上げ、チャーン率を下げ、成長をドライブする

カスタマーサクセスマネジャーにとって最も重要な評価項目は、**リテンション率**、すなわち、ある期間に維持できたカスタマー数の割合、またはそのカスタマーとの契約に基づく収益額の割合だ。やみくもにカスタマーをつなぎとめる行為がリテンションではない。営業がとってきた契約の締結後、プロダクトやサービスを使ってもらうことでカスタマーを成功に導く一連のプロセスが、カスタマーサクセスマネジャーであるあなたの活躍の場だ。簡潔に言えば、カスタマーサクセスマネジャーであるあなたの存在意義は、カ

スタマーに取引を継続したいと思わせることに尽きる。

　なぜか？　サブスクリプションモデルが主流のデジタル時代は、たったワンクリックされることでカスタマーとの関係が終わってしまうからである。新規顧客の獲得は相対的に高くつくので、今いるカスタマーをリテンションできる組織は財務的に強い。つまり、契約直後からカスタマーを啓発し、関係を築き、プロダクトを活用してもらうことがきわめて重要だ。なぜなら、そうすることでプロダクトを使い続けてくれる可能性が高まるからだ。

　リテンションの対極はチャーンだが、サブスクリプションモデルやカスタマーサクセスの世界において、「チャーン」は禁句である！　チャーンとは、カスタマーが御社と取引しないと決めたということを意味する。つまり、リテンションの真逆であり、これを防ぐことがカスタマーサクセスマネジャーの第一の責務である。

　カスタマーサクセスマネジャーは現代組織の最前線に立つ存在であり、チャーン防止の実務的な責任を負うことが多い。SaaS企業におけるカスタマーサクセスマネジャーの主な役割は、契約が何の支障もなく更新されるようにすることである。さらに、カスタマーロイヤルティの構築、満足度の向上、カスタマーの口コミ紹介の促進、プロダクトの利用促進、売上成長の牽引、収益の増大などにもカスタマーサクセスマネジャーは責任を負う。これ

図 2.1　ゲインサイトによるカスタマーサクセス業界のベンチマーク調査（2019 年）

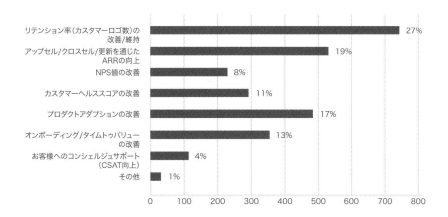

ほど多くのことがカスタマーサクセスマネジャーに期待され、その責任範囲はきわめて広い。その結果、カスタマーサクセスマネジャーの多くは、責務と達成目標のすべてをバランスよくこなすことを日々求められている。

幸いなことに、カスタマーサクセス業界のリーダーは、自身のチームの業務に優先順位をつけられるようになってきた。カスタマーサクセスというカテゴリーの基準をつくったといえる、2019年のゲインサイトによる調査では、900名以上の調査対象者が自社のカスタマーサクセス担当チームの三大達成目標として同じ項目を挙げている（図2.1）。

驚くことに、**ネットプロモータースコア（NPS）の上昇**はトップ5にすらランクインしておらず、**カスタマー満足度の改善**にいたっては最下位だった。これが何を意味するか、少し考えてみてほしい。カスタマーサクセス担当者は、NPSとCSAT（カスタマー満足度調査）のことも頭におくものの、主な関心事はカスタマーのリテンション率を上げ、収益を成長させ、プロダクトのアダプション（訳注：定着、使いこなしている状態）件数を増やすことである。そして、カスタマーサクセスマネジャーはこういった目標の達成をめざすには絶好の立ち位置にいる。

コンサンプションギャップ

J・B・ウッドは著書『Complexity Avalanche（仮邦題：複雑性がもたらす崩壊）』の中で、今日のテクノロジー企業、ひいてはカスタマーサクセスマネジャーが直面する課題の中枢にあるものをつまびらかにした。ウッドは「エンドカスタマーは、あなたのプロダクトをどう利用していいかわからない、自社のネットワークで使いこなせない、もしくは活用するために自社の業務プロセスを変更することができない。そんな場合、あなたのプロダクトは彼らにとって価値はないに等しい」と述べている。[1] そして、「プロダクトがカスタマーに提供できる価値と、実際に提供できている価値の違いが、『コンサンプションギャップ』である（図2.2）。今日における究極のゴールは、カスタマーとカスタマーのビジネスがプロダクトから最大限のメリットを享受できるよう

にすることである」とする。

　図2.2の第1の目的は、プロダクトの機能の範囲とカスタマーの利用実態とを対比することである。前提となっているのは、カスタマーがあなたのプロダクトを活用してめざす成果を達成するほどチャーンしにくいという推定である。ゴールはむろん経時的にギャップをなくしていくことである。また、あなたの会社のプロダクト担当や開発チームは機能の追加や改良に手いっぱいであり、そのため新規リリースのたびにギャップが広がっていくという点も浮き彫りにしている。カスタマーサクセスマネジャーは、変動の多いコンサンプションギャップを内側から埋める職種といえる。

　コンサンプションギャップの要素の相互関係から、数多くの商機が生まれる。たとえば、プロダクトに新規機能が追加されると、カスタマー側で付加価値を生む新たな適用案件がみつかることも多い。また、ベースとなるプロダクトとは別売りにすれば、新たなアップセルや契約範囲拡張の機会ともなる。ここでアドバイスをひとつ。働くならば、常にイノベーションに努め、製品の可能性を広げようと模索する会社にすべきである。そういった急成長中のイノベーティブな会社に在籍しているなら、カスタマーサクセスマネ

図2.2　コンサンプションギャップ（出所：Wood, 2009）

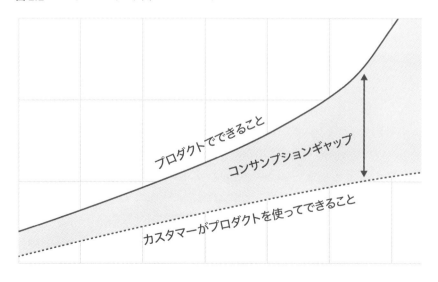

ジャーの直面する最大の問題は、プロダクト性能の進化にすべてついていくことだろう。十分なカスタマー対応をするためには、自社プロダクトのきわめて高度な理解が必須である。そうしてこそ初めて、カスタマーにとっても自社にとってもメリットのあるかたちで、コンサンプションギャップを埋めることができる。

カスタマーサクセスの方程式

カスタマーサクセスとは、「カスタマーの成功が自社の成功」とする考え方である。カスタマーの求めるアウトカム（成果、CO）の達成をサポートし、カスタマーがあなたの会社と関わることの価値を示せれば、カスタマーはきっと契約更新に対して今まで以上に前向きになり、契約範囲の拡張や口コミ紹介も検討してくれるようになる。実はカスタマーは収益源として眠れる巨人である。カスタマーサクセスの取り組みをうまく実施すれば、カスタマー数は増えなくとも収益が大幅に増える可能性がある。ただし、カスタマーサクセスは成功方程式のほんの一部にすぎない。カスタマーに満足し喜んでもらうには、カスタマー体験（CX）という観点も必須である。では、カスタマーが満足したものの、めざす成果をあげられなければ、どうなるのだろうか?

$$\underset{\text{カスタマーサクセス}}{CS} = \underset{\text{カスタマー体験}}{CX} + \underset{\text{カスタマーのアウトカム（成果）}}{CO}$$

カスタマーサクセスは、カスタマーがめざす成果を手にするまでに経験することの足し算である。要素のひとつしか実現できなければ、上々の結果は得られない。カスタマーは価値を得るために、あなたのプロダクトまたはサービスを利用する。これは満足などの気持ちの問題ではない。高く評価できる体験の帰結として、価値を得られることが重要なのである。

図2.3 は、カスタマー体験とカスタマーのめざす成果の関係を4象限マトリクスで簡単に視覚化したものである。

横軸（x軸）は、成果をカスタマーの期待に照らし合わせて評価した指標であり、縦軸（y軸）はカスタマー体験の快適さをカスタマー視点で示している。経営コンサルティングでよく用いられる図と同様に、右上の象限が最も望ましい。即ち、ブランドが訴求したメリットを確実に提供し、カスタマーがめざす成果を得ると共に素晴らしい体験も得られるケースである。カスタマーがここ以外の象限に入る場合は、それがどこであれチャーンのリスクがある。

　左上は興味深い象限である。あなたの会社とのやり取りは非常に良い体験だった（たとえば、優秀な担当者、素晴らしいチーム、仕事がしやすい、打てば響くようだったなど）にもかかわらず、めざした成果につながらなかったカスタマーだ。この象限に分類されるカスタマーは、「健全」であると誤認されやすく、ネットプロモータースコア調査でも9か10の評価をしてくれるような相手である。しかし、これは偽りでしかない。

　右下の象限に分類されるのは、めざした成果をあげられたけれど、あなたの会社とのやり取りは最高とは言い難いと思っているカスタマーだ。こうした

図 2.3　カスタマー体験とカスタマーアウトカム（ゲインサイトによる）

カスタマーはチャーンにこそ至らないが、契約を拡張するとは考えにくい。競合他社は、最低でも同等の成果とはるかに快適なユーザー体験とを、しかも往々にして安価に提供するとアピールする。あなたの会社との体験がかんばしくなければ、カスタマーはそういった競合他社に目を向けるようになる。

ネットプロモータースコア（NPS）

　ネットプロモータースコア、または NPS とは、全体的なカスタマー満足度を測る際に多くの企業が利用する主要な測定法または指標である。このスコアから、カスタマーヘルスとロイヤルティがわかる。同時に、将来的なプロダクトのアダプションや成長可能性を示す重要な指標または予測値としても機能する。オンライン、メール、電話などでネットプロモータースコア調査に一度くらい回答したことのある人も多いだろう。この調査では、「我が社のプロダクトをご友人または同僚に勧める可能性はどのくらいありますか？」という質問に、0 から 10 までのスケールで回答してもらう。

　0 から 6 までの回答は、不満を抱いているカスタマーとされ、「批判者」と呼ばれる。簡単に「チャーン」する上に、同僚や自身のカスタマー、SNS などに意見をシェアしてあなたの会社にとって障害となるアクションを起こすことすらある。批判者はあなたのブランドに悪いイメージがつく要因となる。

測定・評価の仕組み

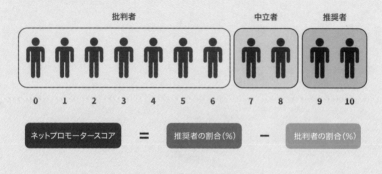

7か8とする回答は、「中立者」と称される。このグループは、満足しているものの、あなたのプロダクトに完全にコミットしてはいない。何でもいいと思っている層であり、魅力的な提案を受ければ競合他社にスイッチする可能性がある。

最も高い9または10の回答は、「推奨者」だ。このグループはロイヤルティが高く、あなたのプロダクトのファンであるため、契約を更新もしくは範囲を拡張する可能性が高い。また、この層からは口コミ紹介も期待できる。

カスタマーサクセスマネジャーとしてのあなたのゴールは、カスタマーに素晴らしい体験とビジネス上の成果を得てもらうことである。しかし、「カスタマーサクセス（CS）＝カスタマー体験（CX）＋カスタマーの成果（CO）」という方程式には、ステークホルダーがひとり欠けている。それはあなたの会社である。思い出してほしい。カスタマーサクセス担当のリーダーの観点からは、カスタマーのリテンションと収益の増大が、カスタマーサクセスチームの最も重要な達成目標となる。したがって、カスタマーサクセスマネジャーは、カスタマーのリテンション率と、管理するカスタマーのポートフォリオからあがる収益の増加に基づいて評価されることが多い。簡単に言えば、あなたは自社のカスタマーを維持し、より大きな取引をしてもらいましょうということだ。あなたは、カスタマーに加え自社も成功に導かなければならない。では一体、カスタマーの成功と自社の成功のバランスをどう考えればいいのだろうか？

我々の所属するゲインサイトのニック・メータCEOが、全社会議において我が社の投資家、ステークホルダー、そして戦略的目標に関して類似の質問を受けた際の回答が秀逸だったので簡単に紹介する。「我々のカスタマーが成功するのをサポートする機会を得たければ、自分たちがビジネスで成功していなければならない。さもなくば、新規カスタマーのみならず既存カスタマーとも関わる機会などありはしない。ある種のゴールデンサークルなのだ。片方だけを手にすることはありえない」。このニックの発言は的を射て

いる。カスタマーサクセスは、この新しい理念に不可欠な要素だ。契約期間満了をひかえたカスタマーが、あなたのサポートで得られた成果を勘案した上で自身の体験をどのように評価するかが、あなたの会社の成長やさらなるカスタマーとの出会いの有無を左右するのだ。

カスタマーサクセスマネジメント「ではない」状態

ここまでカスタマーサクセスマネジャーとはどうあるべきかを論じてきたが、あってはならない姿を知ることもまた同じくらい重要だろう。先に、カスタマーサクセスマネジャーには質・量ともに多くの期待が寄せられていることを明らかにした。**図2.4** では、カスタマーサクセスマネジャーが現代の組織で占めている、独特な立ち位置を図式化した。また、スキルや責任に重なる部分があるところから、カスタマーサクセスマネジャーがカスタマーサポートやアカウントマネジメントなどの新しいバージョンのように思われることがあるのも確かである。

図2.4 カスタマーサクセスマネジメント「であるもの」／「でないもの」（ゲインサイトによる）

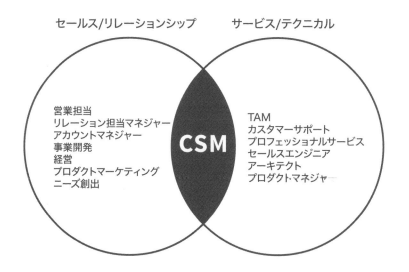

カスタマーサクセスマネジャーがとらない、むしろとるべきではない行動と対照することで、カスタマーサクセスマネジャー像をさらに明確化していくことは、読者諸氏にとって有益だろう。

カスタマーサポートではない

カスタマーサポートは、カスタマー関連のエコシステムにおいて重要な位置を占める。しかし、カスタマーサポートは基本的に1つ1つの案件処理であり、発生した問題の火消しに終始する。そして、その本質上ほとんど例外なく後付けの対応を提供することになる。カスタマーサクセスの基礎を築いた書籍『カスタマーサクセス——サブスクリプション時代に求められる「顧客の成功」10の原則』で、ニック・メータとダン・スタインマンは、「会社として機能するには、カスタマーサポートとカスタマーサクセス、いずれのも100％必要な組織である。しかし、注意しなければならないのは、ふたつの組織のゴールは同じではない、という点である」[2]と述べている。

カスタマーサクセスは長期的な関係構築に注力するものであり、案件処理的なものではない。一般的に2：8の法則として知られているパレートの法則にあてはめると、カスタマーサクセスマネジャーの業務の80％は自発的な働きかけであり、20％が依頼への対応である。あなたの会社で、この割合が逆転しているならば、カスタマーサクセスは提供できていないと言わざるをえない。あなた自身も会社の経営陣も、正直に実情をあらわす名称、即ちカスタマーサポートの発展型と言うべきだ。単に既存の組織名を「カスタマーサクセス」と変更するだけで行動も成果も変わるわけなどないのだ。

アカウントマネジメントや営業ではない

営業やアカウントマネジメントの活動は、基本的に数字を追うものだ。大きなインセンティブが関わっていて、通常は案件処理ベースである。重要なのは、彼らはきわめて重要な役割を担っているものの、契約更新や作業範囲記述書（SOW：Statements of Work）を交わした有料専門サービス契約、もしくは契約範囲の拡大といったアカウントレベルのマイルストーンのみに目を向けがち、という点である。カスタマーとの関係構築を無視しているわけ

ではなく、会社のプロダクトを活用してカスタマーの課題に応えるべく取り組むものの、営業やアカウントマネジメントによるカスタマーとのやり取りは、彼らの見込み客やカスタマーが契約にサインした時にピークを迎える。新たな販売機会がない限り、営業が引き続きやり取りし続けることはあまりない。

　一方、カスタマーサクセスマネジャーの仕事は、カスタマージャーニーの全段階において関係を育み、カスタマーがめざす成果をあげられるよう仕向けることだ。この点は本書で繰り返し述べるが、素晴らしい体験と共にめざす成果をあげられたカスタマーは、基本的にそのプロダクトをもっと使いたいと思うものだ。担当カスタマーからの収益管理はあなたの主要業務ではないかもしれない。しかしあなたがするすべてのことは、カスタマーがあなたの会社との取引を継続するのが得策だと思わせることに帰結する。意識するしないにかかわらず、カスタマーサクセスマネジャーの仕事は、結果的に常に自社ソリューションを営業することになる。あなたが良い仕事をすれば、契約更新、拡張、紹介もしくはそのすべてという形で、カスタマーとの取引増大につながるのだ。

キャリアなのか、しかるべき職種に転身するための踏み台なのか?

　カスタマーサクセスマネジャーが、「修業した」後にほかの職種につくことが多いのは公然の事実だ。これには理由がある。カスタマーサクセスマネジャーほど有能な人材はめったにいない。私たちが若干ひいき目に見ているのも確かだが、簡潔に言えば、この仕事に携わることで、カスタマーの思考回路やあなたのプロダクトの利用方法を至近距離からつぶさに観察し理解する貴重な機会を得られるのだ。マーケティングや営業、サポート、プロダクト担当の仕事では、なかなかこのような機会はない。結果として、あなたは社内外のいずれにとっても欠かせない存在となる。結果を出してきた優秀なカスタマーサクセスマネジャーには、キャリアアップの道はいくらでもある。

カスタマーサクセスマネジャーの転身先として見聞きした分野は、実に多岐にわたる──トレーニング、マーケティング、プロダクト、アナリティクス、オペレーション、コンサルティング、プロフェッショナルサービス、人事など枚挙にいとまがない。また、インディビジュアルコントリビューターとして留まることを選択し、自身のダイナミックなポートフォリオ管理に注力するカスタマーサクセスマネジャーもいる。

　スキルの高い人材は昇進がはやい。特に経験を積んだカスタマーサクセス担当が少ない分野ではなおさらである。純然たる需要と供給の関係である。比較的短期間でカスタマーサクセスマネジャーから CCO（Chief Customer Officer：最高顧客責任者）まで上り詰めた者も、少数ではあるが知っている。むろん、コインには必ず裏側がある。カスタマーサクセスの存在感は日に日に増している。カスタマーサクセスをしっかり実践できている企業の中では、この職種の注目度は上がる一方であり、個々のカスタマーサクセスマネジャーにも熱い視線が向けられている。良きにつけ悪しきにつけ、CEO が「そのアカウントのカスタマーサクセスマネジャーは誰だ？」と尋ねるような仕事が苦にならない人であれば、問題はない。それがこの職種の本質であり、なぜ重要度が増す一方であるかを物語っている。そして、野心のある人にとって、それは悪いことではないだろう。

　念のために述べておくが、カスタマーサクセスマネジャーの存在は、ほかのポジションにとっての格好の触媒にもなると我々は信じている。筆者らはいずれも、カスタマーサクセスマネジャーを務めたのちに、別のポジションや経営に携わる職務を歴任している。カスタマーサクセスマネジャーをやめたのは、仕事が気にいらなかったからではない。むしろ、カスタマーサクセスマネジャーの業務やカスタマーに与える影響をより良いものにし、この業界をさらに発展させるために、関連職種に転身したのである。そこで、この質問が登場する。「カスタマーサクセスマネジャーは、追求すべきキャリアなのか、しかるべき職種に転身するための踏み台なのか？」 回答として、業界の第一人者であるボックスのジョン・ハースタイン CCO の見解を以下に紹介しよう。

職業としてのカスタマーサクセスマネジャー

ボックス CCO　ジョン・ヘルシュタイン

　カスタマーサクセス時代の黎明期から、カスタマーサクセスマネジャーの役割は SaaS の発展とともに拡大し進化してきた。今なお進化の途中ではあるが、カスタマーサクセスマネジャーは他分野でのキャリアをめざす際の通過点などではないことが次第に明らかになりつつある。

　カスタマーサクセス組織にとって重要な質問のひとつが、「カスタマーサクセスマネジャーの役割は何で、どのように定義づけされ、評価されるか?」である。この職種の成熟度を考慮すると、これは難しい質問だ。次の質問も同じくらい難しい。「これはプロフェッショナルな職種なのか?」

　弊社では、カスタマーサクセスマネジャーがコンサルティング、プロダクトマネジメント、営業、マーケティングをはじめとする幅広い範囲の職種に転身することを推奨してきた。このアプローチは個人にとっても組織にとってもメリットがあるものの、カスタマーサクセスマネジャー自身がこの職種を追求すべきキャリアと見なしているのか、「もっと良い」仕事につくまでのつなぎと考えているのかは、今もってわからない。

　カスタマーサクセスマネジャーは、困難ではあるがやりがいのある仕事だ。求められるのは、多様なスキルと頑固なほどの粘り強さのハーモニーである。カスタマーサクセスマネジャーを務めている時には、他の職種が非常に魅力的にみえることがある。プロダクトの不備を謝罪するよりも、開発するほうが楽しいのではないか?　営業マンのような報酬をもらって現在よりも仕事量が減ったら嬉しくないか?　マーケティングにもミニマムチャージはあるのだろうか?　カスタマーサクセスオペレーションだって、終日カスタマーと話すことなくカスタマーサクセスマネジャーとしての経験を活かせるポジションなのではなかろうか?

　カスタマーサクセスマネジャーを他の役職に登用するのは、組織として非常に合理的なことである。プロダクトを開発し、マーケティングし、営業するポジションに、カスタマーに深く関わってきた人材を配置することは、

市場動向に合致したソリューションやプロダクトの提供につながり、ひいてはより多くのカスタマーの満足に直結する。加えて、カスタマーサクセスマネジャー経験のある者が別のポジションでフル稼働できるまでの時間は、外部から採用した者に比してとても短い。

　問題があるとするとそれは何か？　カスタマーサクセスマネジャー職を長く続けたいと思わなくなるかもしれないことだ。そうなると、我々が懸命に構築・維持してきた関係に継続性が望めないことになる。つまり、カスタマーとの間に築く関係、彼らが抱えてきた問題やめざす成果に関する知見などが継承されないことになり、結果として、カスタマーに提供できる価値の低下につながる。すると、カスタマーからこんな質問を受けることになる。「この2年間、なぜカスタマーサクセスマネジャーが3人も替わったのか？」

　カスタマーサクセスマネジャーは、今の仕事が他にもっと良い仕事につくための通過点ではなく、本腰を入れて注力し追求すべきキャリアだと気づきだした。とは言え、カスタマーサクセスマネジャーに任命された全員がそのままこの道を進むとはかぎらない。しかし、この道を進むことにしたカスタマーサクセスマネジャーには、共通する資質があることがわかってきた。カスタマーとの間に長期的な関係を構築することに関心をもっており、1つ1つの取引にひもづく報酬（コミッションや報奨金）よりも、カスタマーが本当に成功することにやりがいを感じる。同時に、自分の仕事の価値を認めてもらい、評価してもらい、一目おかれたいとも考えている。そのため、昇給や昇進は重要である。カスタマーから相談を受けるたびに、価値あるアドバイスとチャレンジ精神あふれる姿勢を示すことで、彼らは尊重され信頼を勝ちとってきた。プロのカスタマーサクセスマネジャーの技術を磨き、仕事のパターンを理解し、カスタマーに代わって評判を広めてきた。そして、アカウントチームの営業や契約更新担当と同等のパートナーであることを見せつけてきたのだ。

　これらの性質を兼ね備えた人材ならば、より複雑で戦略的で価値の高いカスタマーに対応できる。その結果、より高い報酬を得るようになり、「カスタマーサクセスディレクター」や「カスタマーサクセスエグゼクティブ」

などという肩書に昇進するのが、例外ではなく普通になってきている。

　プロダクトマネジメント、営業、コンサルティングなど、ソフトウェア関連の職種は何十年と存在してきたが、カスタマーサクセスはまだ比較的新しい分野である。現時点で既にカスタマーサクセスマネジャーを「天職」と考えている現職者はこの分野のパイオニアになれる。サブスクリプションビジネスにおいてカスタマーサクセスが重視される流れの最前線で花開き、カスタマーサクセスの実践者として（キャリア人生において）「育って」きた上級職者の第一世代となるだろう。今日の CCO は多様なバックグラウンドをもっている。未来の CCO は、まず間違いなくカスタマーサクセスマネジャー出身であり、プロのカスタマーサクセスマネジャーとして懸命に培ってきた経験を活用して自分のチームを率いてくれるものと信じている。

原注

1. Wood, J.B. (2009). *Complexity Avalanche: Overcoming the Threat to Technology Adoption*. USA: Point B, Inc.
2. 『カスタマーサクセス──サブスクリプション時代に求められる「顧客の成功」10 の原則』、ニック・メータ、ダン・スタインマン、リンカーン・マーフィー著、バーチャレクス・コンサルティング株式会社訳、英治出版、2018 年

第 2 部

The Core Skills of a Great CSM

優れたカスタマーサクセスマネジャーの必須スキル

あるカスタマーサクセスマネジャーの１日

前章では、カスタマーサクセスの必須要素と、カスタマーサクセスマネジャーの果たすべき役割を解説した。本章では、カスタマーサクセスマネジャーの日々の業務内容を見ていく。注意してほしいのは、企業ごとにカスタマーサクセスマネジャーの評価指標や達成目標は異なるし、勤務先によって実際の業務は異なるということだ。ただし、カスタマーサクセスチームに一定のリソースを投入している企業ならば、業種を超えた共通点は多いと思う。

カスタマーサクセスを実践する

まず、カスタマーサクセスマネジャーの主な日常業務を紹介しよう。かなりリアルな描写だ。現職カスタマーサクセスマネジャーなら気づきもあるだろう。決して網羅的ではないが、カスタマーサクセスマネジャーが通常行う業務の主要なものを紹介している、という点を念頭において読んでほしい。

［カスタマーサクセスマネジャーの１日］

1. まずカレンダーを確認する。そう、メールの受信箱ではなく、カレンダーの予定を確認するのだ。カレンダーを見れば１日の予定が一目瞭然であり、当日の全体像や重要なアポイントを頭にいれてから１日を開始できる。

同時に、重要ではない会議の優先順位を見直す良い機会にもなる。

2. 自分発の ToDo リストを確認する。確認するのは、自分が主催する ToDo リストだ。メールの受信箱ではない。前日にとりこぼしたアクション、カスタマーの契約更新や次のビジネスレビューなど特定日までに完了しなければならない案件、そして必ずその日に手をつけなければならない案件が記されているリストを先に確認する。

3. 受信箱のメッセージを確認する（メール、スラックほかあらゆるメッセージアプリを含む）。誰もがまずやってしまうのはこれだろう。しかし、カレンダーと ToDo リストを確認するまで待とう、強くお勧めする。受信箱をチェックする前のほうが優先順位を管理しやすいからだ。ご存じの通り、後日でもいい案件を「至急」と称して連絡してくるメッセージも少なくない。当然、カスタマーからの連絡や内部エスカレーション（訳注：業務上の上長の指示を仰いだり対応を引き継いだりすること）など、その日の予定を調整せざるを得ないメッセージもある。それでも、慎重に、自制心をもって判断してほしい。メッセージのチェックや返信にかける時間に上限を設けるのも一案だ。

4. 新規カスタマー。新規のカスタマーを担当したら、最初の打ち合わせの前と直後にとるべきステップがある。

- グーグルアラートのような通知システムを使って、カスタマーの社名が含まれる情報を検索させる。カスタマーについての情報量が多いほど、より的確なアドバイスを提供できる。また、カスタマーが買収される話（あなたにとってのリスク）やカスタマーが買収をしかける可能性（契約内容を拡張するチャンス）など、影響がありそうなニュースをリアルタイムで知っておくのも重要だ。
- カスタマーリレーションシップマネジメント（CRM）システムに入っている担当者の情報、特にメールアドレス、電話番号、現在の肩書を更新

する。性格特性や意思決定の権限も明確にしておくといい。

- 面識のある担当者間のレポートライン図を作成する。意思決定の階層と担当者同士の業務上の接点を示す影響力図を作成できるとなおいい。それには営業の協力が不可欠だ。また、リンクトインをチェックしてカスタマーの担当者と自社の人間とのつながりも確認しておくべきである。

- 担当者全員とリンクトインでつながっておこう。つながり申請時は、短いメッセージをつけるといい。このつながりは、将来何かと役立つ。たとえば、新たな営業先や契約拡張の提案機会を探したり、カスタマーの交友関係を理解したり、時おり投稿やコメントに「いいね！」をしてあなたが関心を寄せていることを示したりするなどである。

- カスタマーが何を求めて自社と取引するのかを営業に確認する。解決したいビジネス上の課題は何か？　タイムラインや測定可能な成果への期待値は？　最終的にはこれらすべてをカスタマーと一緒に検証することになるが、それまで営業とやり取りしてきたカスタマーに、再度ゼロからブリーフィングしてもらうよりも、自分の現在の理解内容を伝えるほうがはるかに印象がよい。

5. 価値あるディスカッション。カスタマーとのディスカッションはすべて、望む成果に近づく上で価値のある内容でなければならない。たとえば、成功事例の共有、チェンジマネジメント戦術のアドバイス、既存または新規のプロダクト機能についてのトレーニング、自社プロダクトで解決できる課題を深掘りすること、などだ。カスタマーと直接やり取りする時間の大半はこうした価値あるディスカッションでなければならない。

6. サクセスプラン。サクセスプランは、カスタマーと合意した達成目標や期日を意識して進捗をトラッキングする手段であり、カスタマーの目標達成に向けた進展確認には必須のものだ。サクセスプランの要点は第11章で詳細に解説する。

7. エグゼクティブビジネスレビュー（EBR）。EBRとは、事前に合意した

達成目標とその進捗をカスタマーと確認しあう定例会議である。目標達成に向けて、あなたの会社とカスタマーとが役員レベルで定期的に話すことを早い段階から既成事実にできるとよい。EBR で最も重要なのは、自社プロダクトに投じられた費用の投資対効果を最大化すべく取り組んでいる姿勢を見せることだ。この点は第 8 章で詳しく述べる。

8. カスタマーサクセスチームの会議。チーム会議でも、出席する以上は必ず準備しよう。社内の最新情報、新しい手順、作戦の修正、新しいユースケース、最新の成功事例などを頭に入れてから参加するのだ。同僚との対話の時間を無駄にせず、お互いから学ぼう。自分のカスタマーの良い事例・悪い事例を共有し、会議の冒頭では短い時間で何か楽しいことをしてみよう。

9. リスクとエスカレーション（社内）。契約更新レビューの次に重要な社内会議またはアクションは、リスクマネジメントに関わるものだ。リスクは大きく、実装、感情、サポート、プロダクト、企業、契約更新、の 6 カテゴリーに分類される。

- 実装リスク　担当カスタマーが実装中またはオンボーディング（訳注：新規利用者が自律的に使えるよう支援すること）において問題に直面することは珍しくない。オンボーディングの問題は新規のカスタマーに限るものではない。カスタマーが追加機能やカスタム設定を求めて正式な作業範囲記述書（SOW）を作成し、プロフェッショナルサービスチームが出動することもある。この契約には、プロダクトの実装・設定内容、カスタマーとベンダーがそれぞれ投下するリソース、そしてスケジュールや期日が明示される。カスタマーサクセスマネジャーは同プロセスになるべく早い段階から関与し、常に注意をはらうべきだ。さもなくば、課題が生じるだけでなく、最悪の場合は、カスタマーのネガティブな感情が後々まで尾をひく事態となり、そうなると目標に向けてカスタマーを導くことが困難になる。

- **感情リスク** 感情には２種類ある。ひとつは、あなたの会社とプロダクトに対するカスタマーの感情。これは通常、ネットプロモータースコア調査にあらわれてくる。もうひとつは、カスタマーの本音である。つきつめれば、後者は将来の契約更新に関するリスクを主観的に評価したものだ。いついかなる時も、あなたは次の質問に答えられなければならない。「カスタマーの契約更新期限が明日だとしたら、彼らは喜んで、最低でもあと１年間契約を更新してくれるだろうか？」 また、恐れずにカスタマーに同じ質問をぶつけてみてほしい。そして、回答が何であれ、それから学ぶ姿勢を忘れてはならない。

- **サポートリスク** サポートは、企業において最も重要だが、最も正当に評価されていない部門の１つである。私たちは自社のサポートチームを高く評価しており、あなたにもぜひそうしてほしいと思う。カスタマーからサポート関連の問題を指摘されても、サポートチームに対しては高圧的でなく協力的に接するべきだ。彼らには日々絶え間なく問題や課題がふりかかっており、そのほとんどがプロダクトギャップ（訳注：カスタマーが期待したプロダクトでできることと実際にできることの差）やデータ統合、インターフェースの問題に起因している。それどころか、カスタマーがプロダクトを十分に理解していないためであることも多い。したがって、異常事態だ、と判断する基準を事前に決めておくとよい。たとえば、特定時期に新規のサポート要請が増える、一度に多くの案件が対応中になる、高優先または重要度の高い案件が多すぎる、解決までの所要時間が長すぎるなどだ。

  「サポート要請がない」のは決してよいことではない。カスタマーがプロダクトを完全に使わなくなったからかもしれない。カスタマーの問題をエスカレーションするなら、単に他部門に案件を投げこむようなやり方をしてはならない。サポートチームに必ず質問しよう。「もっと迅速に解決するために、こちらでやれることはないか？ プロダクトエンジニアリングチームを巻き込む必要はあるか？ 経営陣にも話しておいたほうがよいか？ 私が手伝えることはあるか？」 リソースを確保し、

定期的にコミュニケーションをとって関係者に継続的な取り組みを促すのは、あなたの責任だ。ただし、自らサポート業務を行ってはならない。プロダクトとカスタマーを熟知している、優秀なカスタマーサクセスマネジャーの多くがこの落とし穴にはまる。カスタマーにより高い価値を提供し彼らのビジネスを成長させようとするカスタマーサクセスチームが、エスカレーションとサポートを行う組織になってしまった例は残念ながら数えきれないほどある。

- **プロダクトリスク** エンジニアリングチームにアプローチする時も、サポートチームの時と同様、協力を願う姿勢をとることが重要だ。プロダクトリスクは、プロダクトギャップ、改良の迅速化、バグ対応要請などに紐づくことが多い。特定のカスタマーの問題を漫然と伝えてはならない。考えてみてほしい。カスタマーサクセスマネジャーが30名いたとして、その1人ひとりがプロダクト関連の問題を最低2件プロダクトチームにもちこめば、選別して優先順位をつけ、評価して管理しなければならない問題が60件も生じる計算になる。そのすべてが新規のプロダクト開発の時間を奪い、個別の改良やバグ対応に費やされる。代わりに、カスタマーサクセスチームでまず問題を集約し、データを確認してみよう。60件のうち20件が、本質的に同じプロダクトギャップに起因しているならば、プロダクトチームにこう伝えればいい。「合計年次定期収益280万ドルのうち100万ドルにあたる、今四半期に契約更新を迎えるカスタマー20社を、共通するプロダクト関連の問題で失う可能性がある」。そして、問題が一定期間内に解決されない場合のインパクトを説明する。カスタマーサクセスマネジャーが個々にアプローチするよりもはるかに説得力があるはずだ。カスタマーサクセスチームは、一体となって会社リソースの使い道に気を配ろう。特にプロダクトやエンジニアリングのような重要なリソースに関してはなおさらだ。

- **企業リスク** 意思決定者やチャンピオン（訳注：推進者、旗振り役）といった、非常に重要なカスタマー社内のキーパーソンの離職は、個人で

はいかんともしがたい出来事である。カスタマーの市場動向や企業買収など、業界内の変化も同様だ。さらに、支払い遅延など、カスタマーの財務状況が悪化するという厳しい局面もこのリスクに含まれる。重要なのは、すぐ展開できる方策を複数用意しておきリスクを低減することだ。もっとも、大抵の企業リスクは商機にも転じるというポジティブな側面もある。カスタマーの最終意思決定者があなたのおかげで大成功をおさめたなら、より良い環境、より大きな企業、より上位職に転職することは珍しくない。つまり、良い仕事をすれば、新たな営業機会が生まれるということである。企業買収も同じだ。つまり、このリスクカテゴリーは、リスクであると同時に機会でもある。とにかく、現実的な期待をもって、密なコミュニケーションを欠かさないことだ。

10. 契約更新レビュー（社内）。あなたが直近で行う会議のうち、会社にとって最も重要なのがこれだ。今四半期、特に今月契約更新を迎える全カスタマーのことを仔細漏らさず理解しておこう。最も重要なのは、各カスタマーが契約を更新するか否かを確実に把握することだ。誰だって、カスタマーのチャーンを予測できなかったカスタマーサクセスマネジャーになりたくないだろう。契約更新の管理については、第 8 章で詳しくとりあげる。

11. 上長との 1on1 会議。もう 1 つの重要な社内会議は、直属上長とのキャッチアップ会議である。1 ～ 2 カ月に 1 度もつのがお勧めだ。カスタマーごとの戦術的な話になりがちだが、自身の能力開発やキャリアゴール、キャリアパス、そしてチームの一員としての評価について話す時間も毎回とるようにしよう。優秀なカスタマーサクセスマネジャーは、自分の実績に対するフィードバックやアドバイス、指示を求める。カスタマーサクセスマネジャーを数年務めると、自己満足に陥り、悪しき習慣を放置しがちだからだ。会社ごと、上長ごとに、カスタマーサクセス業務のスタイルや方針は異なる。また、業務上の相談をしたいならば、よく準備して事前に上長に概要を伝えておくと、15 ～ 30 分しかない会議時間を有効に使うことができる。

12. プロモーターおよび推薦リクエスト。めざした成果を達成して満足しているカスタマーほど、あなたの会社やプロダクトまたはサービスを友人、家族、同僚などに推薦したいと思ってくれる人はいない。これは、カスタマーライフサイクルの初日から、自社プロダクトの推薦人を育てる意図をもって行動することで始まるプロセスである。効果的なプログラムについては第12章で詳しく述べる。

13. 1対多数のアウトリーチ。カスタマーサクセスマネジャーとして成功したければ、効率的に働くことが必要不可欠だ。担当カスタマーが5社であろうと、1,000社であろうと、テクノロジーや自動化プラットフォームをフル活用して、自分がリーチできる対象範囲を広げるべきである。この点は、第10章をご覧いただきたい。

14. プロダクトトレーニング。カスタマーサクセスマネジャーは、終日カスタマーと向きあうことが日常である。カスタマーの支援、トレーニング、コーチング、アドバイス、そして価値を実現するためのサポート。これらは、自社プロダクトを利用してもらった上での価値実現である。要は、カスタマーサクセスマネジャーは、カスタマーが自社プロダクトを使ってビジネス上の課題を解決できるよう手助けするのが仕事だ。また通常、カスタマーの最も近くにいて、実際のプロダクト利用状況や希望する利用法を理解している存在でもある。したがって、カスタマーサクセスマネジャーの優先順位のトップが、より大きな価値を提供できるようなプロダクト改善に貢献することであるのはしごく当然だ。そのため、自社プロダクトやソリューションに精通することは、カスタマーサクセスマネジャーとして成功するための必須条件といえる。カスタマーサクセスは重要な要素だが、優れたプロダクトなしにカスタマーを満足させることはできない。プロダクトの改善はあなたの責務である。簡潔に言うなら、すべてはプロダクトに帰結する。優れたプロダクトなしに存続できるSaaS企業はない。単に存続する以上の結果を求めるなら、最高のプロダクトが必須だ。さらに言うならば、そもそもニーズに合致していない、標準未満のプロダクトに価値があるとカスタマーを説きつける

など、カスタマーサクセスとは何たるかの真逆に位置する行為である。プロダクトが適切でも効果的でもなければ、カスタマーを成功させられるはずはない。プロダクトの知識を身につけるか否かは自分次第だ。あなたは、自分のスケジュールは自分で管理しているだろう。ならば、プロダクトに精通するステップも自分で管理しよう。この点は、第4章で詳しく触れたい。

カスタマーサクセスマネジャーであること ——現職者の証言

　カスタマーサクセスマネジャーの1日がどのようなものかを垣間見たところで、これまで我々が知る中で最も優秀なカスタマーサクセスマネジャーからのメッセージをお伝えするのも有用かと思う。イーストン・テイラーは、2012年からカスタマーサクセス関係の役職を歴任している。我々が彼と仕事をできていることは幸運だ。これまで何年間も彼の優れた手腕を目のあたりにし、その粘り強さ、献身、そして業務遂行スタイルに敬服してきた。そこで、彼にお願いし、彼のこれまでのジャーニー、特にカスタマーサクセスマネジャーとして成功した要因について話してもらおうと思う。

カスタマーサクセスマネジャーであるとは
ゲインサイト　カスタマーサクセスディレクター　イーストン・テイラー

　カスタマーサクセスマネジャーになったことは、私のキャリアにおいて最善の決定の1つだ。最初の2年間で最も驚いたのは、一緒に仕事をする部門の幅広さだ —— 営業、プロダクト、マーケティング、サポート、サービス、そして役員室。それこそがこの職種のおもしろいところである。新しい何かを学ぶ機会が日々必ずある。

　最も重要なのは、できる限りカスタマーと親しくなることである。毎日意図的に少しずつ時間をとってカスタマーの担当や会社について学ぶのだ。

企業サイトを閲覧し、彼らのプロダクトのデモンストレーションを見学し、手に入れば財務諸表にも目をとおすといい。リンクトインやグーグルニュースなどのニュースソースを読み、競合について調べ、該当する業界を理解するのも必要だ。一歩踏みこんだ努力をしておくと、カスタマーのビジネスをしっかり理解できるようになる。ゴールは、担当カスタマーにとって信頼できるアドバイザーになることである。そうすれば、プロダクトの活用を手伝ってくれる存在から卒業し、彼ら自身の領域を理解し最適なアドバイスをくれる存在として認識してくれるようになる。そうなれば、実にうれしい気持ちになる。

　めざす成果へカスタマーを導く責任は重大だ。多岐にわたるスキルを日々駆使しなければ、この責任は果たせない。準備、コミュニケーション、優先順位づけ、タイムマネジメント、共感力、フォローアップなど、枚挙にいとまがない。中でも重要なスキルは、準備とフォローアップである。この仕事の大部分は、細かい業務連絡、エグゼクティブビジネスレビュー、戦略的ベストプラクティスの紹介、トレーニング、プロダクトロードマップのレビューなど、カスタマーとのやり取りの積み重ねである。どんなやり取りであっても、以下の点をクリアにしてから始めることを習慣にしてほしい。

「今回の会議で相手が何を求め、期待しているか、熟考しただろうか?」
「参加メンバーは誰で、それぞれに対してしかるべき役割分担ができているだろうか?」
「会議の効率をアップするために、事前にカスタマーに提供しておくものはあるだろうか?」
「どう終わったら、この会議がうまくいったと言えるだろうか?」

　会議や電話が終了したら、ただちにフォローアップにとりかかる。準備をどれだけしても、会議の主要なポイントや行動につながるネクストステップとその担当者を明確にし、関連情報とトレーニング資料をまとめてフォローアップしなければすべてが無駄になる。頭の中を常に整理し、入念な事後フォローをすれば、カスタマーがめざすゴールに向かって進展する

ことにつながる。

　残りの時間の大半は問題解決にあてよう。カスタマーが設定通りの目的でプロダクトを購入し、それ以上を求めないでくれれば、これほど楽なことはない。ただ、そうなるとカスタマーサクセス担当という職種は必要ない。ありがたいことに、カスタマーは新たな適用案件や課題を探しだす天才だ。あなたが担当するプロダクトや機能以外の問題に挑むことになる。改善要望を出しておきます、という回答は論外だ。目の前の問題解決に手をつけなければならない。そう聞いて怖気づく人もいるかもしれないが、これこそがカスタマーサクセスマネジャー職の醍醐味だ。同じ状況はめぐってこない。だから、常に新しいチャレンジができる。ほかの職種では、こんな経験はできない。時にカスタマーに対して、皆さんのしていることは得策でないどころか単なる間違いだ、と断固とした態度で告げなければならない。カスタマーが正しい方向を向き、避けられるはずの間違いを犯さないよう導くのがあなたの責務なのだ。ただし、謙虚かつ自信にあふれた姿勢で臨まなければならないのは言うまでもない。

　カスタマーサクセスマネジャーは本当にやりがいのある仕事だ。私は、ある質問の答えをずっと探してきた。「自分の人生の目的は何だ?」　そしてそれが、人を助けることだと分かった。がん治療に取り組んでいるわけではない。私はそういう人生を選択しなかったし、それに後悔はない。私はこの仕事についてよかったと思っている。カスタマーサクセスマネジャーという職についたからこそ、カスタマーが抱えている問題を解決に導き、改善点を明確化し、チームの効率アップに寄与し、彼らの昇給・昇進につなげるようサポートできる。フラストレーションを軽減するだけでも助けになるはずだ。

　これまで述べたことのひとつにでも共感できる人がこの職についてみようと思うならば、私のアドバイスはこうだ。迷うことはない。すぐにとびこんで、仕事を楽しんでほしい。

テイラーの言うとおり、カスタマーサクセスマネジャーは非常にやりがい
のある仕事だ。ただし、成長性の高い職種だけに、常に最高のパフォーマン
スが要求される。スキルを磨き情熱をもてば、ライバルから頭ひとつ抜けだ
すことができる。そのふたつがあれば、どのような未来もあなたのものだ。
Ｃで始まる役職も夢ではない。

カスタマーサクセスマネジャーに求められる
３つのコアコンピテンシー

　優秀なカスタマーサクセスマネジャーになるには多様なスキルが必要だ。
たとえば、関係構築や自己認識などの、昔ながらのソフトスキルも当然必要だ。
加えて、カスタマーサクセスマネジャーならほぼ例外なく必須となる役員レ
ビューの作成、カスタマーライフサイクルやジャーニーマップの理解、ヘル
ススコアの作成と活用、カスタマーリスクの管理、そして契約更新の確実化
と口コミ紹介の醸成など、多岐にわたる基本スキルも不可欠だ。さらに、最
高のカスタマーサクセスマネジャーは、プロダクトを熟知している。これら
のスキルは、３つのコアコンピテンシーに分類され、優秀なカスタマーサク
セスマネジャーになりたければ、そのすべてを磨いていかなければならない。
　カスタマーサクセス業界の第一人者たちは、ある一般属性の有無がカスタ
マーサクセスマネジャーの優秀さを左右することを認識しつつある。カスタ
マーサクセスマネジャーの仕事が組織横断的な性質をもっている以上、幅広
いスキルを自在に使いこなせることが求められるのは納得がいく。ただし、
それだけでは実用性に欠けるので、優秀と呼ばれるレベルと、悪くはないに
とどまるレベルとを分ける３つの具体的なコアコンピテンシーを以下に紹
介しよう。

スキル１　知識レベルの高さ
　何よりまず必要なのは、業界、カテゴリー、プロダクトに関する高いレベ
ルの知識だ。経験に基づいて話ができれば、信頼できるアドバイザーとして

の説得力が増す。カスタマーの業界での経験も重要だが、何よりもプロダクト
に精通してこそ一目おかれる。カテゴリー経験のあるカスタマーサクセス
マネジャーは、プロダクトのユーザーが日々体験することに沿った話ができ
る。それは、成功事例やトレンドを紹介する時の説得力につながる。そこに、
自社プロダクトやサービスに関する技術的な知識が加わればプロとしての価
値が高まる。特に、差別化ポイントや競合プロダクトとの違いを説明できれ
ば大きい。契約予定者からの質問や懸念点に回答できるだけのプロダクトや
サービスの知識をあなたが身につけていることを会社も期待している。競合
も含む他社で身につけたプロダクト知識があれば、現在扱っているプロダク
トの知識に深みが加わる。カスタマーに適用事例を比較対照して説明し、あ
なたのプロダクトを選んでよかったと思ってもらうことができるからだ。こ
のコンピテンシーについては、第4章で詳しく述べよう。

スキル2　課題解決能力

　2つ目のコンピテンシーである課題解決能力は、分野を問わず非常に重視
されるビジネススキルだ。カスタマーは信頼できるアドバイザーとしてあな
たを頼り、自分たちの課題への最善の方策を求めて相談する。カスタマーの
ビジネス固有の課題に対する深い理解が必要だ。的を射た質問を山ほどして、
そのレベルに達してほしい。

　カスタマーと会話する時は必ず準備をして臨むことも大切だ——言わずも
がなはないと思ってほしい。アドバイスするだけでは十分でない。アクショ
ンをとる力も必要である。彼らの課題解決に最適なプロダクトの利用方法を、
カスタマーが考えあぐねていることもある。だから、あなたに相談するのだ。
さらに、「チャレンジャー精神」をもち、カスタマーが悪しき習慣を捨てら
れない時には「ノー」を言えるようになるのも、大事なスキルである。ベス
トプラクティスを見失ったままカスタマーがプロダクトを利用しているのを
黙ってみていても、誰の得にもならない。

　課題解決というコアコンピテンシーを磨く最後のステップは、カスタマー
に優先順位をつけた上で時間と労力を割く習慣を身につけることだ。優先順
位をつけるとは、しかるべきカスタマーに、しかるべきタイミングで、しか

るべきメッセージを伝えることである。これについては、第6章で掘り下
げたい。

スキル3　カスタマーとの関係構築

　カスタマーサクセスマネジャーとして習得すべきスキルのうち、最も重要
なのは共感力を高めることだ。カスタマーサクセスは、概念的にも行動面で
も「ヒューマンファースト」とされる。カスタマーサクセスマネジャーは、
意識的にカスタマーに手をさしのべ、相手の立場で考えなければならない。
プロダクトや業界を知ること、技術的な知識をもつこと、課題解決能力をも
つこと。これらは個別スキルとしてよいスキルだが、組み合わされればとてつ
もないコンピテンシーとなる。

　プロとしての本当の力量は、カスタマーを深く理解すること、そしてこれ
らのコンピテンシーが与えるインパクトを理解することにある。カスタマー
と顔を合わせた瞬間から関係構築が始まる。明快なコミュニケーションを心
がけることで、信頼されるアドバイザーとしての影響力が高まる。そうなれ
ば、カスタマーサクセスマネジャーとしての仕事をしっかり遂行することに
加え、口コミ紹介につながる好循環の可能性も生まれてくる。これについて
は第5章で詳しく述べよう。

＊　　＊　　＊

　本書の後の章で、これらの概念を詳しく解説していこうと思う。また、こ
れらのテクニックを身につけ、活用する際のヒントも提供する。カスタマー
サクセスマネジャーとしてのキャリアの第一歩を踏み出した時から、すべて
のコンピテンシーを同一レベルで有している必要はない。自分を幅広い知識
を有した博識な人材だと思っていただいて構わない。カスタマーサクセスマ
ネジャーが務まるだけで超人的なのだ。ある分野のエキスパートであるカス
タマーサクセスマネジャーになるには、時間も経験も必要である。

変わり続けるビジネス界で求められるカスタマーサクセスマネジャーのスキル

　本章では、自社のいる業界、カテゴリー、プロダクトに精通すること、を含めた、ナレッジを蓄積して使いこなすスキルについて見ていく。このスキルは、カスタマーサクセスマネジャーにとって非常に重要だ。特に、初期モデルのプロダクトを扱う時期はなおさらだ。その時期に、業界やカテゴリーが抱える課題、ターゲット市場の変化、プロダクトが解決する課題の本質などを見きわめるには、その業界やカテゴリーに関する広範な知識が必要となる。

　こういった点を理解する力は、初期のカスタマーを獲得するには非常に有用だ。しかし、会社が成長し、あなたも経験を積むにつれ、必要な知識が、広く浅い知識から、専門性の高い知識へと変わる。自社プロダクトを深く理解するとともに、業界やカテゴリーについての深い知識も求められるのだ。また、メンターを見つけるなど、自社にとって、そして自社プロダクトを利用するカスタマーや、カスタマーの業界にとって最高のカスタマーサクセスマネジャーとなるよう努力を怠らないことも重要である。

業界およびカテゴリーに関わる知見を広げる方法

　まず、本書における定義を明確にしよう。

- **カテゴリー**とは、特定かつ既知の問題解決を生業とする企業の集合を含む、業界の１セクターを指す。
- **業界**とは、事業体、ナレッジワーカー、プロダクト、サービスを内包する、経済の一部を指す。

　カテゴリーには水平型と垂直型がある。複数業界にまたがる場合もある。**垂直型カテゴリー**とは、医療機器を扱う企業、石油や天然ガスを扱う企業などのように、他業界で大きな取引をすることは考えにくい領域だ。たとえば、ヴィーヴァ・システムズは、製薬およびライフサイエンス業界に特化したクラウドコンピューティング企業だが、ある特定の垂直カテゴリーに属するといえる。建設業界向けプロジェクトマネジメントソフトウェアを提供するプロコアも同タイプの例だ。**水平型カテゴリー**の企業の例は、セールスフォース・ドットコムである。同社は、様々な業界の営業向けソリューションを販売している。また、カスタマーサクセスも水平型カテゴリーの１つだ。弊社、ゲインサイトは、カスタマーサクセスをはじめとするカスタマーセントリックな各種ソリューションを、幅広い業界に向けて提供している。

　特定業界もしくはカテゴリーになじみが薄く、機微に不案内な場合、その分野のカスタマーサクセスマネジャー職に応募するのに二の足を踏む人も多いだろう。採用オファーを勝ちとるなど考えられないかもしれない。首尾よくオファーをもらったとしても、必要な業界知識なしで実績をあげるのは困難だ。一方、業界経験豊富なカスタマーサクセスマネジャーでも、経験だけに頼ることはできない。経験の多寡にかかわらず、カスタマーサクセスマネジャーたるもの、自身の業界に大きな影響を与えかねない技術の進歩や法令の変更には、常にアンテナを張っていなければならないのだ。

　頼りになるツールをひとつ挙げるなら、資格である。多くの業界団体や企業が特定業界における業務を対象として資格を認定している。たとえば、グーグルはデジタルマーケティングやグーグル広告についての資格認定を行っている。デジタルマーケティングのカテゴリーでカスタマーサクセスマネジャー職につきたいのであれば、取得して損はない資格である。プロジェクトマネジメント関連のプロダクトやサービスを提供する企業にいるのであれば、

プロジェクトマネジメント・インスティテュート（PMI）が認定する国際資格であるプロジェクトマネジメント・プロフェッショナル（PMP）を取得しておくべきだ。カスタマーサクセス職向けには、ゲインサイトが「パルス＋」という教育プログラムを用意してレベル認定を行っている。

会社請求にするか事後精算にするかはケースバイケースだが、大抵の企業は社員の資格取得費用を負担する。カスタマーサクセスマネジャーとしての能力開発の機会や人材開発予算の配分については、人事部に問い合わせるといいだろう。

業界やカテゴリーに精通することも重要だが、プロダクトが実際に日常業務の中でどのように利用されているのかを把握することも忘れてはならない。ここには、プロダクトがどのように改良されてきたかを理解することも含まれる。カスタマーサクセスマネジャーならではの「チェアサイド」面談と呼ばれる手法で、情報収集を図るのも悪くない。これは、実際のユーザーに「典型的な1日」を再現してもらう30〜60分の面談で、バーチャルでもリアルでも構わない。カスタマーが日常的にどのような経験をしているかを理解する絶好の機会だ。日々の業務で発生する課題が何で、それがどのように変化していくのかを目の当たりにできる。カスタマーの業務をより深く知れば、カスタマーにとってよりメリットの大きいプロダクトの活用法を提案できるだろう。

業界やカテゴリーに精通するとはどういうことかを考えるために、包括的な業界知識と高いレベルのプロダクトの専門知識が必要なカスタマーサクセスチームを立ち上げた人物を紹介したい。デジタルトランスフォーメーションのソリューションを提供するPTCのカスタマーオペレーションズ担当上級副社長、エデュアルダ・カマチョである。カマチョは、入社早々にカスタマーサクセスマネジャーはカテゴリーに関する深い知識を有していなければならないことに気づいたという。彼女はこれを「事業分野の知見」と呼んでいる。

　　カスタマーの事業分野に関する知見は、PTCのカスタマーサクセスマネジャーにとって必須のコンピテンシーだ。ビジネス言語と同等に重要だと言ってさしつかえない。カスタマーサクセスマネジャーとして活

躍するには、いずれが欠けてもいけない。現在 PTC でカスタマーと接点をもつ人材は、電機・自動車などの部品組み立て式製品の製造現場を知らなければならず、同時に、関連するビジネスドライバーについての知識も必要だ。PTC の戦略カスタマーおよびパートナーは、我々がエンジニアリングやテクノロジー言語に精通していることを高く評価してくれる。石油や天然ガス、医療機器などの業界に進出した際は、それぞれの業界の言語を理解するよう努めた。たとえば、工場の製造現場で働く利害関係者を巻き込むために、彼らの言語をある程度マスターしていなければならない。我が社のアプローチの変化は、自社とカスタマーのいずれの成功にとっても、事業分野の知見がいかに重要であるかを物語っていると思う。

　業界の知見が深いカスタマーサクセスマネジャーの説得力は高く、信頼できるアドバイザーと見なされる。また、カスタマーサクセスマネジャーは、プロダクトのユースケース、ないしカスタマーの事業へプロダクトをどう適用するかを判断するに足るプロダクト知識が必要だ。プロダクトに関する「断片的な情報を参照する」では不十分なのだ。高度な実装提案を求めるカスタマーが相手の場合は特にそうである。そうしたカスタマーは、プロダクトのアダプションに際して問題が発生することを想定し、知識の深いカスタマーサクセスマネジャーの担当を要求する。

　必要なのは、関係構築、事業分野、プロダクト、それぞれ専門家を配することだ。また、各カスタマーに適切な専門家をマッチさせることも重要だ。ゴールを踏まえたマッチングでなければならず、画一的なアサインメントではだめだ。なお弊社のカスタマーサクセスチームは、経営層と関係構築する専門家、事業分野の専門家、プロダクトの専門家がバランスよく構成されている。これが我々の成功の秘訣だ。あなたの会社でも同じアプローチをとってはいかがだろう？　また、カスタマーサクセス担当者が常に担当カスタマーや担当業界について学ぶ意欲をもっていることが何よりも重要だ。いかなるときも事業分野の知見を広げる努力を惜しんではならない。

あなた個人が事業分野の知見を広めるにはどうすればよいだろう。あるカスタマーサクセスマネジャーは、担当カスタマーすべての年次総会に出席することを自ら義務づけている。シンプルだが、良い視点だ。これには3つのメリットがある。

- 業界またはカテゴリーのトレンドがわかる
- 担当カスタマーがトレンドにどう対応しているかがわかる
- 業界またはカテゴリー関連の人脈ができ、理解を深めるきっかけになったり、メンターを見つけたりする可能性がある

メンターや業界エキスパートとのネットワーク

メンターとの出会いには、人生を変えるほどのインパクトがある。ひと口にメンターと言っても様々なパターンがある。家族ぐるみの友人もいれば、会社の先輩やネットワーキングイベントで知りあった人もいるだろう。あなたが理解を深めたいと考えている業界で活躍しているメンターと出会えれば理想的だ。そうした人からは、最新のテクノロジーや業界事情について学ぶことができる。業界のメンターと知りあえたなら、「この業界にとっての最大の課題は何か？」や「主なテクノロジーのディスラプションは何だと思うか？」など深い質問をしてみてほしい。また、現場に出かけていくことも重要だ。近隣でパネルディスカッションやエキスパートによるトークイベントがあれば極力参加しよう。大学の講義を受講するようにしっかり耳を傾け、質問をし、メモをとってほしい。

この点について異なる視点から解説してもらえないかと考えた時、すぐに名前がうかんだのはクリッシー・ウォール氏、キャンパスロジックのカスタマーサクセス担当副社長だ。同社は、学生が奨学金を利用する際のハードルを下げ、正しい理解に基づいて奨学金を利用し完済できるプラットフォーム事業を展開している。彼女は、未来のカスタマーサクセスマネジャーには質の高いトレーニングとメンターが必要なことを熟知した人物だ。ここでは、

メンターから学ぶ点を共有し、優秀なカスタマーサクセスマネジャーになる近道は自身の業界について学ぶ手間を惜しまないことである、という話をしてもらおう。

エキスパートを育てたければ、ストーキングが一番である

キャンパスロジック　カスタマーサクセス担当副社長　クリッシー・ウォール

私のメンターのアドバイスはシンプルだった。「最低でも週に5時間はロックスターをストーキングせよ」。ふむ、よし。この通り言われたわけではないが、その発言の主は、急成長中のSaaS企業のCEOだった。SaaSという業界のことも、会社のことも知らない、駆け出しの実務者だった私は、文字どおりストーキングした。私たちの会社は対応の迅速さを売りにした小さなスタートアップで、成功は自分たちにかかっていた。同じような状況の人も少なくないだろう。

実際のメンターの言葉はこうだった。「この会社で成功したいなら、就業時間以外に週5時間を費やして業界について勉強することだ」。複雑なことは実施しにくいので、私はシンプルな戦略をとった。オフィスで、チームで、そして業界で、最も頭のいい人物を探し、ストーキングした。もちろん気味悪がられることはしていない。**「常に彼らの行動に注目し、情報の入手先を知り、発言に耳を傾ける」**と言う方が正確だろう。

[「ロックスター」から学んだ3つのポイント]

・ **スターは貪欲なコンテンツ消費者である。**書籍、ブログ、ウェブサイト、ツイート、主張、論文、ニュースレター。スターは、業界のインフルエンサーが発信する**ありとあらゆるコンテンツ**を消費する。これをまねしてみよう。インフルエンサーを特定し（あなたのスターが教えてくれるだろう）、SNSで彼らをフォローし、ユーチューブのチャンネル登録をし、ポッドキャストをブックマークするのだ。追記：きちんとコンテンツを消費するのを忘れないように。しないならば、ストーキングする意味はない。

- **まねをすることは、最高の賛辞である。** 十分な知識に基づく自分の手法を確立できるまでは、模倣するのは悪いことではない。（既にストーキングしているのだから）チーム内のスターの発言を傾聴して、同じことを口にするのだ。ただし、重々注意してほしい。自分が実行できないことは言わないことだ。一例をあげる。私が一緒に働きストーキングしたスターは、よくこう言っていた。「結局ものごとは核心部分に行き着くものだ」。正しく受け止めれば、だから一刻も早く核心部分を見きわめるべきということだ。しかし、私がスピードありきで動けば、とんでもないことになるだろう。つまり、人の発言をなぞるのはいいが、実行する自分の個性や能力を勘案することを忘れてはならない。

- **スターは、カスタマーの立場で考える。** 何よりも大切なポイントはこれである。だからこそ、最後に触れることにした。スターはカスタマーを非常に大切にし、カスタマーの関心事を知ろうとする。自らをカスタマーの立場におき、彼らの日々の仕事、問題、ゴールや夢を思い描く。その上で、自分に何ができるかを考える。このスキルをマスターすれば、人としてのつながりを構築できる。それは、いずれかの場面で最も知見のある人間となることよりも、**はるかに**重要である。

　メンターをもつことは、職業人としてのゴールをもつことと同等に重要だ。メンターがいれば、広範な現場経験、プロダクトの知見、成功事例などに基づいた助言や指導をもらえる。また、会社での処世術も指南してくれるだろう。ここぞという時に頼れるメンターを1人、または少数精鋭で見つけておくことをお勧めする。自分と異なる分野の専門家にメンターになってもらうことも検討するといい。繰り返すが、カスタマーサクセスは全社的な取り組みなので、良い仕事をするにはメンターは不可欠な存在だ。

　メンター以外では、業界およびカテゴリーのオンラインディスカッショングループへ積極的に参加したりフォローしたりするのがよいだろう。たとえ

ばリンクトイン。ありとあらゆる業界やカテゴリーの最新トレンドについて現実的なディスカッションが活発に行われている。

プロからのアドバイス
- 目移りせず、参加メンバーの多い、または地域密接型のグループにしぼって検討すべし
- 遠慮せず、該当業界に関連する質問を投稿し、アドバイスを求めるべし
- 業界内で影響力の大きい企業をフォローすべし
- 業界ブロガーをフォローすべし

　昔ながらの手法も無視してはならない。書籍を読み、雑誌や特に業界のニュースレターを定期購読してみるといい。おもしろそうだと感じるものを探すのだ。ウェブワイヤー[(1)] は、業界別、カテゴリー別のトレード向け出版物の広範なリストを提供している。業界のデジタルニュースソースも注目すべきだ。グーグルアラートを活用しよう。いずれにしても、カスタマー、そして彼らと自身との業界にとって最高のカスタマーサクセスマネジャーになるのがあなたのゴールであることを忘れないでほしい。

プロダクトの知見が、大きな成果につながる

　カスタマーサクセスマネジャーの人事考課で優秀と評される人とそうでない人の差は、プロダクトの知見の有無だ。自社プロダクトに関する詳細な知識があれば、早い段階でカスタマーに価値提供し信頼を勝ちとることにつながる。率直に言うと、最高のカスタマーサクセスマネジャーとしてチームのトップに立ちたいなら、プロダクトの知見は必須要件だ。業界経験や人間関係構築のスキルがあればカスタマーを成功に導けると考えているカスタマーサクセス担当者をこれまで数限りなく見てきた。そうしたスキルの価値や重要性は言うまでもない。しかし成功したカスタマーサクセスマネジャーは、誰もがプロダクトに精通している。考えてみてほしい。カスタマーはプロダ

クトに対してフィーを支払っているのであり、あなたに気持ちのいい対応をしてもらうためではない。彼らが期待するのは、費用対効果をより上げるためにカスタマーサクセス担当者が取り組んでくれることである。そして、営業以上にプロダクトに精通していることを求められるのが、カスタマーサクセスマネジャー、つまりあなたなのだ。

　企業ごとのカスタマーサクセスマネジャーの職務定義によって、求められるプロダクトの知識レベルは異なる。しかしカスタマーサクセスマネジャーは、最低でも自社プロダクトのメリットと競合プロダクトとの差別化ポイントを明確に説明できなければならない。さらに、プロダクトの設定やカスタマー企業での展開方法を技術面から評価し、成功事例との整合性について見解を出すことを求めてくる企業もある。

　プロダクト知識を身につけるための戦略をここでいくつか紹介しよう。

1. 手に入る文献を活用せよ

　探せば社内にいくらでも資料はある。プロダクト動画やデモンストレーション動画を探してみよう。大抵の企業はカスタマー向け素材を用意している。それを自身でも活用するのだ。バーチャルまたはオンサイトのカスタマー向け教育プログラムがあれば参加しよう。プロダクトチームが新メンバーをオンボーディングする際に使う素材を共有してもらうのもいい。また、多くの企業では、特に優れた成功事例を、サポートやカスタマーサクセスのポータルで紹介しているはずだ。さらに、マーケティングチームにカスタマーのサクセスストーリーやケーススタディを紹介してもらうのも一案だ。同様に、カンファレンスや展示会で目にする資料から、カスタマーに価値提供できる提案を考えてみよう。

2. 同僚から学べ

　ソリューションコンサルティングやセールスエンジニアリングの同僚と親しくなるのも重要だ。彼らは、プリセールス時に営業に同行して見込み客を訪問する。プロダクトのメリットや競合優位性の解説に長けており、カスタマーの課題解決に最も影響するプロダクト機能をデモンストレーションで

きる。ぜひ彼らのデモンストレーションに同席させてもらおう。彼らがプロダクトをどう位置づけて「ピッチ」しているのかを理解し、同時に見込み客がどのような質問をするのかを知る絶好の機会だ。自社プロダクトでカスタマーが解決しようとしている課題を直接知ることは大きな強みになる。さらにすべきことがある。テクニカルサポートチームにも時間をもらい、彼らからプロダクト知識を吸収して十分蓄えよう。プロダクトに関するよくある質問が何かを知るのに、これ以上の方法はない。また、カスタマーサクセスマネジャーとしての業務を遂行する上で頼りになる、サポートチームのキーパーソンを知るにもうってつけだ。プロダクトチームに対しても同様にアプローチしよう。リソースシェアリングモデルを採用しているイノベーティブなある企業では、プロダクトマネジャーがカスタマーに直接対応する各部門を数週間ずつまわるという例もある。この手法は、カスタマーの状況に対する共感力を磨いてくれるはずだ。

3. 営業デモンストレーションとピッチを練習せよ

カスタマーに新しい利害関係者が加わった時、カスタマーサクセスマネジャーとしてプロダクトのデモンストレーションを依頼されることが少なくない。新規ユーザーばかりのグループを対象にした依頼もある。突発的なニーズからの依頼がくることもある。カスタマーサクセスマネジャーは、プロダクトの価値や用途を明確に説明し、自社のトップ営業にひけをとらないレベルで、機能のデモンストレーションができなければならないのだ。カスタマーサクセスチームの同僚など、実際に人前で練習しておくことを強くお勧めする。

4. ユーザーグループと面談せよ

カスタマー向けにユーザーグループ会議を開催する企業は多い。大抵の場合、ネットワーキングとプロダクトの新しい利用法などの共有を目的としている。こうした機会を活用すれば、幅広い業界・カテゴリーの企業での様々な課題やプロダクトを利用した課題解決法や斬新な適用事例などを知ることができる。

カスタマーサクセスマネジャーの重要な業務に、カスタマーを代弁してプロダクトチームに働きかけ、継続的なプロダクトの改善につなげるという側面がある。カスタマーはありとあらゆるやり方でプロダクトを利用する。そして、プロダクトギャップ、または機能的欠陥と思われる問題にぶつかると、プロダクトの改善を要請してくるのだが、その際に緊急対応を求めてくることも多い。そうした場合、カスタマーサクセスマネジャーがプロダクトに精通していて、ほんとうにプロダクトを改善しなければ対応できない状況なのか否かを判断できなければならない。言い換えれば、プロダクトを深く理解していなければ、カスタマーがそれぞれ直面している課題がプロダクトの改善にふさわしいかどうかを判断できないのだ。

　現行プロダクトでは要請を受けた案件の解決はできないと確信した場合に、「改善依頼を出しておきます」という無難な反応をしてしまうのはよくない。カスタマーの課題解決というゴールを念頭におき、想像力を働かせながらプロダクトの機能をつぶさにレビューし、同僚にカスタマーのユースケースを共有してもらい、複数の代替案をブレインストーミングすべきだ。改善依頼を出すのは最後の最後まで待つべきである。何度も言うが、こうしたことは、すべてあなたがプロダクトに精通していることが大前提である。

　ここで、第2章で紹介したコンサンプションギャップ（**図2.2**）を思い出してほしい。カスタマーサクセスマネジャーの仕事は、プロダクトを**そのままの状態で**最大限活用してもらうことである。もちろん、将来的なプロダクトの改良に役立つ新たなインプットを掘りおこすこともあなたの仕事だが、改善要請を選別して、担当するすべてのカスタマーにとり最大の価値とインパクトあるものだけをプロダクトチームにつなぐこともあなたの職責だ。こうしたアプローチをとれば、プロダクトチームやエンジニアリングチームの説得は格段に容易になる。あなたが彼らに一目おかれるプロダクト知識を有していればなおさらだ。そうなれば、社内的にも対外的にもあなたの信用は高まる。

＊　　＊　　＊

本章では、業界、カテゴリー、プロダクトに精通するための戦術と、それがカスタマーサクセスマネジャーとして成功するためにいかに重要かを紹介してきた。次章では、カスタマーに共感し関係を構築するための実践的な方策を紹介するが、ぜひ本章で述べた洞察を念頭において読み進めていただきたい。第6章で紹介する、カスタマーの課題解決コンサルタントになる方法を併せて理解されるあなたが、カスタマーサクセスマネジャーという職種のトップにつかれることを確信している。

原注

1.　Retrieved from: https://www.webwire.com/IndustryList.asp

カスタマーに共感し
関係を構築する方法

　カスタマーサクセスマネジャーが身につけるべきスキルの中で最も重要なのが、カスタマーに共感し関係を構築する能力である。これについては、シンプルなアプローチがベストである。担当カスタマーがあなたのカスタマーであるのは、ある時点において、カスタマーがあなたの会社との取引を決定したからである。基本的にこの関係はオンデマンド型であり、あなたはそこに放りこまれた形になる。カスタマーサクセスマネジャーとして、あなたはこの関係の中心的役割を担う。そして、最初はぎこちなくもあるビジネスライクな関係から、信頼をベースにした人間同士の関係にできる限り早く移行させることが求められる。それが、後の良好な関係のベースとなるのだ。

　私たちは、共感性の高い関係構築に不可欠なスキルを7つの原則に凝縮してみた。これら「ソフトスキル」を、いつもと違う視点で解説していこう。

1. 内省を重ね自己認識を高める
2. 目的意識・正確性・説得力のあるコミュニケーションを心がけ信頼されるアドバイザーになる
3. 信頼を醸成・強化するために、継続的にフォローアップする
4. わからない時の返答のし方を知る
5. 困難な状況下でこそ目的を意識して建設的に学ぶ
6. 人間ファースト（#humanfirst）という共感レンズで相手を深く理解する
7. カスタマーと1人の人間として接する。それは仕事だが同時に個人的なつながりにもなる

どこかで目にしたような原理も含まれていると思うが、カスタマーサクセスは新たな行動規範というよりも、ヒューマンセントリックな考えを必要とする新しい職種である。こうした考え方に基づくと、コアバリューを定義し実践・実行するための取り組みを全社的に行っている会社で勤務している筆者たちは、非常に恵まれていると言わねばなるまい。しかし、このコアバリューは、カスタマーサクセス担当職全般にあてはまるのではないだろうか。我々を導いてくれるだけでなく、**すべてのカスタマーサクセスマネジャーが遵守すべき倫理的行動規範**となることを願ってやまない。

　アンソニー・カナダは、著書『*Category Creation: How to Build a Brand that Customers, Employees, and Investors Will Love*（仮邦題：カテゴリー創造──カスタマー、社員、投資家の誰にとっても魅力的なブランドづくり）』の中で、ゲインサイトのコアバリューやゴールの誕生秘話を的確に描写している。[1]カナダによれば、「創業当時から、我々は以下の原則にのっとった会社づくりを考えてきた」。

- **黄金律**……自分が接してほしいように相手に接する
- **全員の成功**……我々の「ボトムライン」は、株主にとっての成功だけでなく、カスタマー、チームの人間や家族、そして周囲のコミュニティにとっての成功までも追求することにある
- **子どものような喜び**……自分の中の子どもの部分を忘れず、毎日の仕事に取り組む
- **初心**……「駆け出しの頃の気持ち」を忘れない
- **友よ、貪欲であれ**……自分の中から湧きでる野心を大切にする

　とは言え、コアバリューだけでは不十分である。カナダはこう続ける。「我々は日常業務をこなす以上の仕事をする原動力となる目的を定義した。ゲインサイトのゴールは、**人間ファーストでありながらビジネスで成功することは可能だという見本になる**、である。人間ファーストとは、必ず人ありきでビジネスに関する決定をすることだ」

　このあたりで、カスタマーとの関係構築に関する７つの原理を、詳しく

見ていくとしよう。

1. 内省を重ね自己認識を高める

　人間ファーストであるためには、いついかなる時も最初に接触することになる人を理解しなければならない。その人とは、あなた自身である。優秀なカスタマーサクセスマネジャーの必須要件のひとつは、自分を理解していることである。人は誰しも、それぞれのストーリーや背景を持つ。経験し学んできた内容は、我々の言動に対する付加価値ともなる。一方で、特殊なマイナー事例など有用ではないものや、足かせにしかならないものもある。あなたのストーリー（良いものも悪いものも、みっともないものも）は、あなたがカスタマーにどのようにアプローチするかに影響する。

　カスタマーの課題解決に着手する前に、自身の先入観をしっかりと見直したほうがいい。たとえば、あなたのストレスや不安が特に高い場合、その負のエネルギーがビジネスやカスタマーに影響するのは間違いないだろう。感情を最低限に抑えて仕事に向きあうことは可能だが、我々はしょせん人間で、感情や行動が表にあらわれ周囲にも伝染することは事実である。カスタマーとの間にしっかりとした関係を構築し強化しようとするのは、自身のストレスレベルを把握し自分にとっても会社やカスタマーにとっても望ましいかたちでコントロールできるようにしてからにすべきだ。恐れや不安にきちんと向きあい、それらに「支配されない」ようベストを尽くすべきである。

　自分の怖れに向きあう時と同様に、ゴールや成功を望む気持ちに対しても正直であるべきだ。それは、カスタマーとの関係づくりのモチベーション向上にもつながるだろう。作家スーザン・ソンタグはかつてこう書いている。「勇気は怖れと同程度の伝染性をもつ」。これを頭に入れてほしい。他人に対して純粋に好奇心と尊重の念をもち、謙虚であり、カスタマーの成功をめざしてパートナーシップを組む意向を示すことができたなら、あなたのデフォルトの精神状態はポジティブである。ここからぶれてはならない。気持ちは必ず行動にあらわれる。スキルとは違って、身につけるものではない。あなた

の内側から出てこなければならないのだ。

　ビジネスとは直接関係ないたわ言として無視するのは簡単だが、最高のカスタマーサクセスマネジャーは自分をよく理解していて、担当する相手先との間に心の通った関係を構築している。そう、心の通った関係だ。この仕事はきわめて人間的であり、人と人とのエンゲージメントを醸成する技量が問われる。カスタマーと直接やり取りすることのないテックタッチ（訳注：主に小口のカスタマーに対してテクノロジーを活用して行う一律の対応）のカスタマーサクセスマネジャーにも、これはあてはまる。それどころか、彼らは画面の向こう側にいるリアルな相手に対して、より集中し配慮をしながら仕事をする必要があるのだ。

　同時に注意が必要なのは、過剰な自信は尊大と受け取られることだ。本物の自信は謙虚さの中にある。「場を仕切り」、「エキスパートであり」、「カスタマーを導く」ことが求められるカスタマーサクセスマネジャーは、特に細心の注意で両者のバランスをとる必要がある。謙虚さを弱さと解する者も多い。謙虚さ（humility）という英単語は中英語とラテン語にルーツをもち、元々の意味は「地球上の」または「地面から離れていない」だったことを考えると、皮肉なものである。

　謙虚さの真の意味は、地に足がついた姿勢である。「地球上の」存在に共感できる状態だ。あなたが人間であるということだ。腰の低さは、他者があなたのリーダーシップに従おうと思えるような**ポジティブな**方法で自己主張できることを意味する。また、自分がうぬぼれてはいないと確認することでもある。得るべき知識はまだ存在し、学ぶべき事象も残っている。継続的に学び向上するのは、優秀なカスタマーサクセスマネジャーの証である。

カスタマーサクセスマネジャーのクレド

　ゲインサイトの初代 CCO を務めたダン・スタインマンは、創業期にカスタマーサクセスマネジャーを採用する際、必ず候補者に自身の「カスタマーサクセスマネジャーとしてのモットー」を提出させた。彼の手法の中でも出色の一つである。ゲインサイトのカスタマーサクセスマネジャーとしてどのような姿勢で業務を遂行するかを 1 ページで短く宣言せよ。ダンが与える

指示はそれだけ。素晴らしく効果的なテストだ。各候補者は、自分らしさの溢れる独自のモットーを作らねばならない。現実的であると同時に、会社にとって、経営陣にとって、同僚やカスタマーにとって、共感できるモットー。これまで、数多くのカスタマーにこの手法を紹介した。すると、このやり方で採用したり、現職カスタマーサクセスマネジャーにオフサイトで行うチームビルディングの一環として作成させたりするカスタマーも現れた。時代を超えて通用するエクササイズだ。**図 5.1** は、実際のカスタマーサクセスマネジャー（本書の著者のひとり）がゲインサイトに応募した際に提出したモットーである。

- **仕事を楽しみ、その気持ちを伝播させる**……楽しみ、喜び、大いに笑い、仕事を愛し、情熱を表にあらわすのだ。
- **自らを進化させる**……数秒前の自分よりも良い自分になるよう心がけろ。
- **正しい行動をとり、寛容である**……スーパーヒーローのような正しい行動を志向し、謙虚さと寛容さをもって実行すべきだ。
- **頼れる存在となる**……約束を守り、ただちに実行すべきだ。
- **不可能はないと考える**……失敗することなどないかのように生きるべきだ。皆でバックアップする。
- **エキスパートである**……その場における、自社プロダクトと手法のエキスパートであるべきだ。

図 5.1　実際のカスタマーサクセスマネジャーのモットー

- **プロダクトを改善する**……自社のプロダクトチームにとって、プロダクト改良の最大のアドボケートとなるべきだ。
- **傾聴し、学ぶ**……カスタマーから傾聴し学ぶ姿勢を、常に忘れるべきではない。
- **価値をうちだす**……カスタマーニーズの変化に呼応した価値や意義あるソリューションを提供して、カスタマーのロイヤルティを構築すべきだ。
- **カスタマーを知る**……自身のステークホルダーを知れ。プロダクトがカスタマーの成功と同じ方向を向いていることを確認すべきだ。
- **粘り強くある**……カスタマーと接触する機会は、すべてがさらなるプロダクト／ブランドロイヤルティを構築する機会となる。
- **成功は大いに祝う**……リテンションとアップセルはビジネスに不可欠である。成功したら、盛大に発表し祝うべきだ。
- **自信をもち、様々な観点から見る**……目的を達成するためには、あらゆる手を講じるべきである。全力を尽くし、何事も自信をもって取り組むべきだ。
- **自分の殻を破る**……毎日最低ひとつは自分の日常業務以外のトピックに取り組むべきだ。

　自分自身の基準で１つひとつのコミットメントを考えてみよう。どうだろう？　あなたは何を自分のモットーとするだろうか？　自分をどう考え、他者にどう思ってほしいのだろうか？　優秀なカスタマーサクセスマネジャーを目指すなら、自分を内側から見つめ理解することは必須だ。その過程がカスタマーサクセス担当職としての自身のゆるぎない基礎を形成し、カスタマーにより良いサービスを提供させてくれるからだ。

2. 目的意識・正確性・説得力のあるコミュニケーションを心がけ信頼されるアドバイザーになる

　信頼できるアドバイザーという言葉は、使い古され過ぎて定義があいまい

だ。実際、誰もが同意する定義はないだろう。『プロフェッショナル・アドバイザー──信頼を勝ちとる方程式』の共著者であるデービッド・マイスターとチャールズ・グリーンがこれを定義しようとした試みに目を向けてみよう。彼らによれば、信頼できるアドバイザーとは「問題が発生した際にクライアントがまず相談する相手であり、その問題は危機、変更、大成功、失敗など緊急性をともなう場合が多い」[(2)] である。

　さて、危機や変更、大成功、失敗などが判明した時、あなたのカスタマーが急いであなたに連絡をくれるだろうか？　躊躇なく「イエス」と答える人は多いだろう。特にあなたのプロダクトに関連する場合はそうだろう。しかし、もう少し広い視野から考えてみてほしい。もしあなたのプロダクトと**関係ない**分野で、事業全体に影響をおよぼしかねない戦略的危機や全社的な変化、大きな契約獲得または損失が発生したら、果たしてあなたのカスタマーはあなたに至急の連絡をくれるだろうか？　「ノー」と答える人は多いだろう。しかし、カスタマーサクセスマネジャーならば、強固な信頼関係を築くことで、この質問にも「イエス」と答えられなければならない。

　心から信頼できるアドバイザーと目されるには、契約の履行に必要十分なレベル以上にカスタマーのビジネスを熟知していることが求められる。各担当者の役職や影響力を知り、**一人ひとり**が会社から評価される基準を把握する。つまり、**彼ら**の達成目標やゴール、課題を知るということだ。それには、**彼ら**にとっての成功とは何であるかを理解し、何よりも大切なこととして、いかにして**彼ら**の成功を助けられるかをわかっておくことである。ここまで深く理解することで、あなたが**彼ら**のビジネスに誠心誠意向きあっていると考えてもらえる。同時に、あなたのプロダクトが、あなたの会社の目標達成だけでなく、**彼ら**のゴール達成にもふさわしいこともわかってもらえるはずだ。

　では、心から信頼されるアドバイザーになるには、どうしたらいいのか？目的意識をもって正確で説得力のあるコミュニケーションをとることから始めてみよう。

目的

　カスタマーとコミュニケーションをとる方法は多数あるが、すぐにやめる

べき習慣は2つある。声に出して読んでほしい。**「御用聞きとチェックイン連絡は無用の長物だ」**。これは本当に時間の無駄でしかない。社員とカスタマーが定期的に会話することだけが目的化した、無意味で仕方なくやる行為にすぎない。カスタマーのご機嫌伺いや挨拶のためだけに電話したりメールを送ったりは二度としてはならない。いずれかでも現在進行形で行っているなら、ただちにやめることだ。

　カスタマーサクセス担当のあなたは、カスタマーがめざす成功を達成できるよう導くのが仕事だ。単に挨拶するだけでは目的を達成できない。カスタマーは、近況を伝えあう親友を求めているわけではない。「心のこもった」行動のように思うかもしれないが、実際はあなたとカスタマーの時間を無駄遣いしている。カスタマーは、ビジネス上のゴール達成のためにあなたの会社と契約している。いちいち尋ねなくてもカスタマーの現状を把握できてこそ、カスタマーサクセスマネジャーだ。訊かなければわからない状態は、カスタマーサクセス業務の対極に位置する。カスタマーに連絡する際は、自分の意図を確認しよう。伝えようとしている内容は、彼らが考える成功と自社プロダクトでどうそこに導いていけるかというポイントに帰着するだろうか？

正確性

　正確性や目的意識は、役員やCの付く役職者を相手にする場合、とても重要だ。依頼は簡潔に、相手の役職や存在感、影響力を最大限利用しよう。そして彼らを常時巻き込まないことが大切だ。単なる現状確認やアップデートの会議に参加を依頼してはならない。あなたの会社と仕事をすることで、彼ら自身がゴールに一歩近づき、付加価値を手にしていることを手短に示すのだ。最も重要なのは、特に依頼して参加してもらっている者がいる場合、相手からどのようなアクションを引き出そうとしていて、それが相手をゴール達成に導くにあたってどのような意味をもつのかを、常に念頭におくよう心がけることだ。これはメールの場合も同じである。

説得力

　信頼関係を築く最後の要素は、説得力のあるコミュニケーションである。

カスタマーサクセスマネジャーにとって、説得力は必須のスキルだ。基本的に、カスタマーとのコミュニケーションとは、従前のやり方を変えるよう説得することである。目的はもちろん彼らのめざすゴールの達成である。そのために、あなたのアドバイスに耳を傾け、プロダクトを活用し、違う業務手法を取り入れるよう、カスタマーを説得するのが、あなたの仕事なのだ。

3. 信頼を醸成・強化するために、継続的にフォローアップする

　カスタマーサクセスマネジャーにとって最も重要なアクションは、継続的なフォローアップである。そうすることで、カスタマーだけでなく同僚に対しても、あなたが相手を尊重していていつでも時間を割く用意があることを伝えるのだ。あなたはカスタマーとやり取りした直後にメールを送っているだろうか？　考えてみてほしい。カスタマーが定期的にコンタクトする他社のカスタマーサクセスマネジャーの誰よりも、あなたはカスタマーから頼りにされたいだろう。ならば、どんな時も、電話や会議後すぐにフォローアップするカスタマーサクセスマネジャーだと覚えてもらうことだ。

　ゲインサイトでは、メールや社内連絡には24時間以内に返答することを義務づけている。難しいことだが、我々はこれを厳格に適用しており、今では会社のカルチャーの一部になっている。1日に250通ものメールが届くことすらある中では、このルールは非常にハードルが高いといえる。しかし、時間内に返答がなかった場合には責任の所在を明らかにすることで、厳格に適用している。結果として、社内、カスタマー、パートナー、見込み客のいずれに対しても、非常に反応の速いカルチャーができあがったと考えている。

　カスタマーサクセスマネジャーは、メールの奴隷になっているほど暇ではない。ゲインサイトの社員は24時間ルールを遵守すべく努力してはいるが、できない場合もあり、そんな時は罪悪感にとらわれる。個人としては返事を待っている相手がいるのがわかっているからであり、カスタマーサクセスマネジャーとしては必須であるフォローアップができていないからである。あ

なたはインボックスを管理しきれているだろうか？　自信があるならば、ど
うか秘訣を公開してほしい。自信がない場合には、やり方を変えてみる必要
があるだろう。この点についてあなたの意見が何であっても、デジタル経済
時代のカスタマーは、継続的かつこれまで以上のスピードのフォローアップ
を要求するものなのだから。

4. わからない時の返答のし方を知る

「できるようになるまでは、できるふりをしろ」という昔からの格言がある。
このアプローチがあてはまる場面もなくはないが、ことカスタマーサクセス
に関してはやめたほうがいい。では、どう答えてよいかわからない時には、
どうすればよいだろうか？

　要は信頼の問題だ。人間は真実を見抜く名手である。生きている限りずっ
とそうだ。自信をもって回答できないことがある時の最善のアプローチは、
口からでまかせを言ったり、それらしい回答でお茶を濁したりしないことだ。
受け手であるカスタマーは、あなたの声やメッセージのわずかな違和感を逃
さないだろう。「よくわかりませんが」という、正直だが疑念を抱かせる前
置きは避けるべきだ。以下のガイドラインにそって、回答できない時でもカ
スタマーの信頼を損ねないよう努めよう。

- **正直になる**……質問に対する答えがわからないと明言するのは、悪いこ
  とではない。ただし、数時間または数日以内の回答期限を提示しておく
  ことを忘れずに。
- **知っていることを伝える**……完全な回答は持ちあわせていなくても、関
  連情報くらいは知っているはずだ。わかる範囲でそういった情報を提供
  するのだ。あなたが質問の意味を理解していることと、後日もっと確度
  の高い回答を出すことを伝えることになる。
- **賞賛する**……良い質問をしてもらったと、カスタマーをほめるのもよい
  だろう。ただし、上から目線にならないよう注意が必要だ。特に初めて

訊かれた質問だった場合には、誠意をもって賛辞を口にするようにして
ほしい。繰り返しになるが、数時間または数日以内の回答期限を必ず提
示しなければならない。

- **ひと息おく**……ひと息おいて考えてから口を開くよう心がけてほしい。
知らないと言う前に、既知の事実をすべて検討し、慎重に熟考している
ことが伝わる。
- **次のステップを明示する**……回答を用意するにあたって、とるべきス
テップや確認をとるべき相手、想定される所要時間などを、細かくカス
タマーに伝えるべきである。

いずれにせよ、回答を持ちあわせていないことを弁解する態度をとっては
ならない。その場で回答できるのと同じくらい堂々としていていただきたい。
あなたもカスタマーも人間だ。知らないことも当然ある。誠実に対応し自ら
が提示した期間内にきちんとフォローアップすることが、カスタマーの信頼
の維持・強化につながることを肝に銘じよう。

5. 困難な状況下でこそ目的を意識して建設的に学ぶ

カスタマーサクセス担当者の1日には、良いことも悪いこともある。午
前中に、自分が担当している最大のカスタマーとの電話で自分史上最高の対
応ができたとしよう。しかし、すぐ次の電話で、最もロイヤルティが高いと
思っていたカスタマーから、これまでのつきあいやニーズの変化に対応する
ための最近の取り組みもむなしく、契約を更新しないことになったと告げら
れるかもしれない。

何があろうともポジティブでいるためには、気骨と確固たる意志が必要で
ある。カスタマーサクセス担当職に不可欠なのは、究極のポジティブさだ。
営業マンに通じるものがあると言っていいだろう。彼らは、あらゆる見込み
客に契約締結の可能性があると楽観的な観測をするものである。カスタマー
サクセスマネジャーも、自分の担当するカスタマーは成功し、推薦、契約更

新、契約範囲拡張へとつながる可能性があるという楽観論で動くべきである。

　カスタマーサクセスマネジャーには、常に無数の方向性が存在する中から、一貫してカスタマーのため、ステークホルダーのため、そして自分自身のためにベストなものを見きわめる精神力をみせることが求められる。たとえば、カスタマーやステークホルダーにゴール達成を約束していたとしても、そのためには週 80 時間働き続ける必要があるとすれば、自身の健康を害してまで約束を守ることはできない。継続不可能だからである。あなたは、カスタマーがめざす成果をあげられるよう導くというミッションに忠実でなければならないが、同時に自社のゴールや自身のワークライフバランスも忘れてはならないのだ。

　カスタマーサクセスマネジャーという仕事は、非常にやりがいがあるが、きつくもある。うまくいくことなど何もないような気がする日もある。すべてのカスタマーから何らかの苦情がきていたり、各カスタマーにきちんと向きあえていないように感じたりすることもあるはずだ。もちろん、うまくいくこともあり、そんな時には最高の気分になる。カスタマーが契約更新や範囲の拡張に至るか、チャーンし契約を解除するかは、カスタマーサクセスマネジャーにかかっている。優秀なカスタマーサクセスマネジャーはカスタマーを育てるものであり、それにはバランスをとりながら周囲を引っ張る精神力が不可欠である。

　カスタマーサクセスマネジャーとしてのジャーニーの中で、自分自身のみならず上司に対してもこう宣言できる時がくるはずだ。「任せてほしい。どんなアカウントでも担当する。対応できないシチュエーションはない。私は世界すら動かせる"スーパー"カスタマーサクセスマネジャーだ」

6. 人間ファースト（#humanfirst）という共感レンズで相手を深く理解する

　人は誰にでもストーリーがある。それぞれに経歴、歴史、課題、苦闘、達成、そしてその過程をかかえている。カスタマーもまた人間である。最高のカス

タマーサクセスマネジャーとは、カスタマーのビジネスだけでなく、個々の担当者の人となりを知るためにも手間を惜しまないものだ。カスタマーの経歴や経験について質問し、現在の考えかたに至った理由を訊いてみてほしい。誠実に接して、彼らを知るのだ。

　人を理解するということは、共感という名のレンズをとおして彼らを見ることであり、「洞察」が不可欠である。「直感的」という表現と、それをとおしてより深く人、物、事を理解することを中心として定義されることが多い。直感とは、瞬間的もしくは急激にものごとを理解する「気づき」である。事実を知ったり事前に用意された戦略に従ったりするだけでは、ここに至らない。カスタマーに関するこれまでの全インプットを消費し、処理することである。言うまでもなく、そこにはダッシュボードやヘルススコアも含まれる。また、電話の声のトーンやメールの表現や言葉遣いに注意をはらい、きちんと向きあうことでもある。さらに言えば、満足度が高いはずのカスタマーが突然反応しなくなった時に、いち早く異変を察知することだ。理屈では「何も問題はない。先日のネットプロモータースコアも良好だった」となるかもしれない。また、自身でも「先週話したばかりだから、調べる必要はない」と思うことすらある。そして、あなたは客観的情報に基づいて「嫌な予感」を無視する。しかし、何かがおかしいと切迫感はぬぐえない。このような切迫感、異変、または「嫌な予感」を感じたら、それは従うべき洞察だと思ったほうがいい。

　危機管理のエキスパートであるギャヴィン・ディー・ベッカーは、著書『暴力を知らせる直感の力──悲劇を回避する15の知恵』の中で、洞察と直感について詳細にわたって記述している。ディー・ベッカーは、多くの人が超自然的とみなすこの力は、実は誰しもに備わっているとする。この「先天的能力」は理屈よりも高次の存在であり、認識能力の一部と呼んでさしつかえない。彼によれば、「直感力とは、AからZまで一気に移動する力である。それは、理由を知らなくてもわかるということなのだ」[3]

　洞察や直感が「知ること」ならば、カスタマーサクセスマネジャーはそれをどう活用したらいいだろうか？　もし電話してきたカスタマーが不機嫌だったり、もしくは声を荒らげていたりしても、それがあなたやあなたのプ

ロダクト、ましてカスタマー体験とはまったく無関係なこともある。後になって私生活や仕事上のストレスが原因だったと判明するのだが、あなたは電話の時点で何となくそれを察する。そして、共感をもって対応し、結論を急いだりカスタマーに反論したりはしない。非常に人間らしいプロセスであり、人間らしくふるまうことに何ら問題はない。問題はないどころか、カスタマーサクセスマネジャーは、データやテレメトリ、テクノロジー、オートメーションなどを活用しながらも、直感や洞察のような人間ならではの特性を重視すべきだ。つまるところ、カスタマーサクセスマネジャーの真髄は、人間との関わりなのである。

　いかなる状況にあっても最善の方向性を見定められるのも、優秀なカスタマーサクセスマネジャーの必須条件である。ビジネスにおいては、それが良し悪しや合法・非合法、道徳的・倫理的であるか否かを指すことは少ない。すべてのステークホルダーにとって、何が良くて、何がベターで、何がベストかを判断することである。自身のカスタマーにとっての最善の策をとる意志があり、カスタマーの成功を常にめざしながらも、自分の会社の達成目標を忘れない。こういうカスタマーサクセスマネジャーが、失敗することはほとんどない。もちろん可能性はゼロではないが、世の中にはどうしようもない場合というものもある。人間として生来備わっている洞察とこれまでインプットされてきたデータを活用し、正しいと信じる方向にそった対応をすれば、カスタマーとの良好な関係は約束されたに等しい。

7. カスタマーと1人の人間として接する。それは仕事だが同時に個人的なつながりにもなる

　自身が受け継いだカスタマーとの関係を大切にすることは、カスタマーサクセスマネジャーの責務である。カスタマーを獲得してから今まで維持するのに要した資金や時間、労力、手間を考えれば当然だ。この関係をこの先も維持し強化するのはあなた自身である。企業は、社員にビジネスはビジネスであり、個人的なつながりは無関係だと、長い間言い続けてきた。カスタマー

サクセスという職種がもてはやされるようになった理由のひとつは、カスタマーとの間にエンゲージメントを醸成するアプローチの問題点を解消できるからである。これは、あなた自身のつながりであり、あなたの仕事でもあるのだ。構築しようとしているのは長期的な関係であり、そのためにはカスタマーとの間に深いつながりを築く必要がある。そして、そう考えるのは、あなただけではない。

　グリントのメアリー・ポッペンCCOは、ビジネスのプロセスや考え方を、カスタマーにとっても社員にとってもより共感的な方向にシフトする必要があるという。最終的にヒーローはカスタマーだが、それはカスタマーと非常に近い関係を築くことによってのみ可能だという。ポッペンは産業・組織心理学の修士号をもち、20年以上ビジネスコンサルティングに従事し役員経験もある人物だが、ここで彼女の意見を紹介するのはこのポイントについて心の底から熱意をもっているからである。

カスタマーと親しくなることが、強固なつながりと
長期的なパートナーシップ構築のカギを握る

グリント　CCO　メアリー・ポッペン

　皆さんお気づきと思うが、カスタマーサクセスマネジャーの責務は担当カスタマーの成功全般におよぶ。彼らはカスタマーとの間に深い関係性を育むという素晴らしい能力を備えた人たちだ。「深い」という言葉に抵抗をおぼえる人もいるとは思うが、彼らを表すのにこれ以上ふさわしい表現はない。カスタマーサクセスマネジャーは、ニーズが表面化する前に察知できるというくらい、担当カスタマーを深く理解しなければならない。このように考え方をシフトすれば、あなたはカスタマーにとってもはや単なるガイドではなく、彼らにポジティブな影響を与えてくれる、ジャーニーのパートナーになるのだ。

　カスタマーサクセスマネジャーの候補者と面接する際や、カスタマーセントリック戦略に照らし合わせて自社のカスタマーサクセスマネジャーのス

キルをレビューする際、私が必ず求める資質は 3 つある。それは好奇心、結果重視、共感力で、いずれも素晴らしいカスタマー体験を提供するのに必須だ。これらの資質があれば、カスタマーと長期的なパートナーシップを築くことができる。それぞれの意味するところを 1 つひとつ詳しく紹介していこう。

- **好奇心**とは、どのような状況でもあらゆる可能性に目を向けられる資質である。「なぜそうするのか」と「なぜそうしないのか」の両方に目を向けられることだ。好奇心というレンズをとおすと、問題の本質と最善の解決策が見えてくる。「なぜそうするのか」を考えれば、どのような状況でも最善策を選択することができる。「なぜそうしないのか」を考えると、他人の助言や別の選択肢に耳や目を向ける柔軟性が備わる。また、好奇心は、継続的に学ぶことで新たな視点を模索することにもつながる。恒常的に好奇心をもてれば、成長しながらカスタマーとの関係をより良いものに変えていけるのだ。

- **結果重視**とは、最速で課題を解決できる資質と思われがちだが、本来は、自社とカスタマーのニーズをともに満たすかたちでタスクを完了させられる資質である。最善の解決策は常に明白とは限らない。カスタマーサクセスマネジャーは、いかなる状況でも最適な解決策を追求すべきだ。また、結果重視とは責任をとることで品性を維持することでもある。結果重視の資質が高ければ、問題を認識し、責任をとり、最後までやりきることができるのだ。

- **共感力**という言葉は最近よく使われるが、残念ながら正しく理解されて使われているケースは少ない。単に相手の苦境を理解できる、という意味ではない。そうではなく、相手の立場にたって考えられる資質である。相手が何者で、どのような背景があるかを知っていなければ——しかも完全に——不可能なことだ。共感力があれば、誠意と配慮をもって的を射た対応ができる。共感力の涵養は、カスタマーにしっかりと耳を傾け、

話を理解するところから始まる。話を全体統合的に理解できれば、固有のニーズ、懸念、疑問に応えるべく、最適なリソースを最適なタイミングで投下できる。結果として、競合には到底まねできない強固なパートナーシップを築けるのだ。

先述のとおり、カスタマーサクセスマネジャーの責務は担当カスタマーの成功全般におよぶ。この職にある彼らこそ、カスタマーとの間に深い関係を築くことのできる特別な力を備えているのだ。私は、何年にもわたって「**カスタマーとの深い関係**」という言葉で、カスタマーサクセスマネジャーが誰よりもカスタマーを理解しているという最高の関係性を表現してきた。カスタマーサクセスマネジャーは、共感力を駆使して、カスタマーが必要とすること、タイミング、そしてそれに応える方法を理解する。そして最終的に、カスタマーが自分のニーズに気づく前に察知できる域に達するのだ。このレベルの関係に至れば、カスタマーが競合にのりかえることはほぼない。そして、あなたは単なるベンダーではなく、信頼できるアドバイザーとみなされ、カスタマーのジャーニーのパートナーになるのである。共感力、好奇心、そして結果重視は、カスタマーサクセスマネジャーとしての質を左右する3大要素であり、最強のカスタマーサクセスチームをつくる秘訣だ。

カスタマーとの関係を構築する能力は、カスタマーサクセスマネジャーとして最も重要な資質である。もちろん、ビジネスという観点からは、収益をあげなければならないのは言うまでもない。これについては後の章で述べたい。カスタマーサクセスマネジャーとして、ものを見る視点や重視する点を、自身や自身の会社ではなく、カスタマーにシフトすることを常に意識してほしい。つまるところ、あなたのカスタマーも、基本的にはあなたと同じように仕事や人生の成功を求める人間だ。カスタマーサクセスマネジャーは、他者を成功に導くことが使命だ。それを仕事としてできるのだから、これほど素晴らしいことはない。

本章でカバーした7つの原理が、読者の皆さんにとって、内省の機会とヒントになることを願っている。また、それらを実行に移すことで、よりヒューマンセントリックな視点から、カスタマーサクセスマネジャーとして日々の業務を遂行できるようになるだろう。

原注

1. Kennada, A. (2019). *Category Creation: How to Build a Brand that Customers, Employees, and Investors Will Love.* Hoboken, NJ: John Wiley & Sons, Inc.
2. 『プロフェッショナル・アドバイザー──信頼を勝ちとる方程式』、デービッド・マイスター、チャールズ・グリーン、ロバート・ガルフォード著、細谷功訳、東洋経済新報社、2010年
3. 『暴力を知らせる直感の力──悲劇を回避する15の知恵』、ギャヴィン・ディー・ベッカー著、武者圭子訳、パンローリング株式会社、2017年

第 3 部

Operationalizing Customer Success

カスタマーサクセスの実践

準備で信頼を勝ち取り、課題解決コンサルタントのように質問する

　あらゆるデータを一元管理している企業はほぼ皆無だ。たとえば、サポートのチケット発行や案件管理を考えてみよう。プロダクトの利用データやテレメトリーツールを活用する企業がある一方、紙資料もまだ存在するし、驚くことに付箋紙も現役だ。データストレージとしては優秀だが検索し難いことこの上ない、悪名高いカスタマーリレーションシップマネジメント（CRM）も健在だ。カスタマーサクセス、営業、マーケティングをはじめとする各部門は、日常業務で複数のデータベースを利用する。それぞれデータの保存、アクセス、利用方法が違うので、利用するデータベースによってカスタマーの見え方も異なる。最大の問題は、誰一人としてカスタマーの全体像を把握していないことだ。カスタマーヘルスやカスタマーとの関係を把握しようという人にとって、これは盲目であるのに等しい。

　ジル・アヴェリー、スーザン・フォルニエ、ジョン・ウィッテンブレーカーが、『ハーバード・ビジネス・レビュー』に寄稿した記事「Unlock the mysteries of your customer relationships（仮邦題：カスタマーとの関係構築にまつわる謎を解きあかす）」で、データ共有について述べている[1]。彼らによれば、社内に分散するデータを集約して活用すれば、企業の関係構築能力が大幅に改善し、カスタマーをより深く理解できるようになる。通常、企業は「メール、チャット、電話などから膨大なデータを入手しており、その中には関係上の問題を示唆する重要なシグナルが隠れているが、それを情報として**収集**し**分析**できていない」。そうなのだ、カスタマーは調査協力などを通じて「自分

の求める関係のあり方」を示唆するシグナルを発している。それを「傾聴してシグナルを受け止める」習慣をつけることが重要だ。それが分かっていながら、収集した情報を活用しきれないだけでなく、ストレージやシェアの方法にも改善の余地の残る企業はとても多い。

　複数ソースのデータが社内にあるのだから、それをフル活用すれば、カスタマーに関する洞察の質を向上できる、と考えるのは彼らだけではない。データを活用・共有することの重要性は、2018年に『MIT スローン・マネジメント・レビュー』に掲載された「Using Analytics to Improve Customer Engagement（仮邦題：アナリティクスの力でカスタマーのエンゲージメントを向上させる）」でもとりあげられている。共同執筆者であるサム・ランスボッサムとデイビッド・キロンは、この記事でデータ収集とその利用または応用が乖離している事実をつまびらかにした。彼らの研究で、「イノベーティブでアナリティクスの習熟度が高い組織は、カスタマー、ベンダー、行政、果ては競合までも含む複数のソースからのデータを活用している」ことが分かっている。[(2)]

カスタマーを 360 度の視界で見ることの重要性

　カスタマーを包括的に理解しないとどうなるだろう？　カスタマーに向けた社内協力体制は構築しづらく、カスタマーにコンタクトする際の準備もスムーズにいかない。同じカスタマーの情報でも一貫性がなく、矛盾すら生じうる。使うシステムによって異なる事実が提示される。最悪の場合、情報がサーバーに上がらず、誰も利用できないケースすらある。データが組織の共有財産とならず、担当者の頭の中などに散在する状態だ。本来なら非常に強力な力となるはずのデータが、必要とするチームの目のとどかないところに存在することになる。さらに、一貫性のないデータは整理しづらく、担当者が異動するだけでカスタマー情報が散逸することにもつながる。

　情報を適切に収集・保存できれば、重要なカスタマーデータを一元管理でき、全体を俯瞰した統合的な業務品質の向上が可能になる。それには、全部

門（営業、カスタマーサクセス、サポート、サービスなど）が容易に情報にアクセスできたり、必要なタイプのデータ（プロダクト利用状況、インタラクションなど）をピンポイントで取り出せたりすることが必要だ。なぜなら、あらゆる部門が、取引先、プロダクト、サービス提供に関する最新の洞察を必要としているからだ。業界 No.1 の企業は、既にこうしたことを実践している。カスタマーに直接アイディアを伝え、彼らを成功に導くために必要な透明性と協力体制を担保できているのだ。

どこからのデータなのか

　複数のデータソースを集約してアップロードできれば、カスタマーサクセスプラットフォームの価値は何倍にもなる。経験則では「5 大ソース」と呼ぶデータがある。それは、プロダクト利用状況、テレメトリーデータ（訳注：ソフトウェアやアプリケーションが自動収集するユーザーの利用状況データ）、サポートチケット情報（報告されたバグなど）、ユーザーが修了したトレーニングや取得した資格や調査結果（NPS、顧客満足度、カスタマーエフォートスコ

図 6.1　電話または会議メモのテンプレート（例）

アなど）、そして進行中のプロフェッショナルサービス案件だ。大企業では、プロダクト別、事業部別に収集／分類したうえで情報をカスタマーサクセスプラットフォームにアップロードしなければ使いづらいものとなる。

　上記の情報ソースがなくても諦めてはいけない。こうしたデータが入手できなくても、カスタマーのためにできることはある。カスタマーとのやりとりには宝が埋まっている。やりとりのメモを、誰もが容易に利用できるようにするのだ（**図6.1**）。それは共有する側にとって簡単でなければならない。たとえば、メンション機能やメモにコメントする機能を組み込むのも1つの方法だ。そうすることで協力体制を築くのに役立つ。他にはカスタマーへ連絡する際に拾っておくべきメタデータがある。

- カスタマー側の出席者は誰か？
- 自社の出席者は誰か？
- コンタクトの日時は？
- 所要時間は？
- 場の雰囲気はどうだったか？　前回との比較ではどうか？
- 連絡手段（電話、会議、メール、社内アップデートなど）は何だったか？
- 追加情報：期待された成果は何だったか（役員クラスから支持をとりつける、推薦、契約範囲の拡張／新規成約など）？
- 追加情報：フォローアップすべきアクションは何か？
- 追加情報：使った書類や添付資料は？

　上述のデータや洞察を一元化したら、電話や会議の前に必ず目を通そう。カスタマーを成功に導くために積極的に動いていることを印象づける目的で、利用状況データや電話メモを「会議中」に取りだすカスタマーサクセスマネジャーがいる。これは説得力がある。手法はあなた次第だが、しっかりした準備と周到な配慮があってこそカスタマーとのコンタクトがうまくいくことを忘れてはならない。

予習を怠らない
──カスタマーとコンタクトする際には必ず準備せよ

　優秀なカスタマーサクセスマネジャーに必須のスキルやコンピテンシーを
実際に活用するのは簡単でない。あらゆることを視野に入れながら、カスタ
マーサクセスマネジャーとして業務を遺漏なく遂行するには非常に高度な能
力を必要とする。そこで最も必要なのは何といっても**準備**だ。このテーマの
寄稿者を探していた時にまず頭に浮かんだのは、同僚のエレイン・クリア
リーだ。これらのスキルの巧者であり、カスタマーの成果達成と満足向上に
仕事人生を捧げている人物だ。ゲインサイトでは、カスタマーサクセス担当
として熟練し最高レベルの成果をあげた、選ばれしカスタマーサクセスマネ
ジャーに「プリンシパルカスタマーサクセスマネジャー」の肩書を付与して
いた時があったが、この肩書を得たマネジャーは、後にも先にもクリアリー
だけだった。カスタマーサクセス界のスーパースターであり、理想的なロー
ルモデルと言っても過言ではない。準備の重要性についての意見と助言を寄
せてくれたことを心から感謝する。

カスタマーと連絡をとる際は必ず準備せよ

ゲインサイト　プリンシパルカスタマーサクセスマネジャー兼

エデュケーションサービス部長　エレイン・クリアリー

　スピードの速いカスタマーサクセスの世界では、カスタマーの問題を可
及的速やかに解決することを優先し、結果として積極的かつ用意周到な
姿勢が後手に回りがちである。受動スタンスから能動スタンスに変える最
善の方法は、連絡のとり方にあわせて準備のし方を変えることだ。そうす
ることでカスタマーとのやりとりの価値を最大化できる。たとえどんなに
多忙でも、計画に割く時間を死守することが何より大切だ。より懸命に働
くのではなく、より賢く仕事をするのだ。

　まずは基本的なことからお話ししよう。カスタマーとコンタクトする際

は、明確な目的と成果に対する現実的な期待値のマネジメントが必須だ。同時に、相手を理解して適切なアプローチを用意するのも重要だ。会議に際しては、カスタマーが考えている達成目標やゴールは、大抵の場合、自分が考えているものと異なると覚悟しておくとよさそうだ。関連する様々な要素をうまく舵とりできれば、お互いにとっての長期的な成功は約束されたものだ。

　準備に際しては、次の点に留意しよう。

留意事項	例	助言・チップス
ベーシックな事柄	対面会議 ・電話、またはオンライン会議 ・電子メール	・テーマと相手に応じて形式を選択すべし ・電話でも会議でも、定刻または早めの開始／終了を心がけるべし ・暇な人間はいない。さっさと要点を話し、きちんとメモをとるべし ・相手のオフィスでの会議の場合、所在地と入館時の注意事項を確認しておくべし。しっかり握手してアイコンタクトをとるべし。これらを軽視してはならない
ゴールまたは期待される成果——自社だけでなく相手の成果も！	・情報シェア ・パートナーシップの価値向上 ・アクションを促す ・紹介やベストプラクティスのナレッジトランスファーなどの単純な依頼 ・スピーチや契約更新、アップセル提案などの検討を要する依頼	・冒頭で目的を明確に提示し、カスタマーにも意識させるべし ・カスタマーの目的を明確化すべし ・本来の目的からはずれたトピックは保留すべし。これを「パーキングロット」と呼ぶ
典型的なターゲット	・役員クラスの支持者 ・意思決定者 ・責任者 ・ヘビーユーザー ・管理者	・目的に合う相手に出席を依頼すべし（例：ヘビーユーザー相手に契約更新の話をしても無意味） ・常にカスタマー社内の複数の職位の人間とつながり、誰かが離職した際のリスクを軽減すべし

以上を踏まえ、どう準備するのが最善だろうか？　直接的な助言は紹介ずみなので、ここでは少し工夫した手法を紹介しよう。

- 最低75％まで準備しておくこと……エグゼクティブビジネスレビューのような、カスタマージャーニーにおける「真実の瞬間」や主要な節目では特に重要である。日常的なやりとりの場合でも、準備は同様に重要と考えてほしい。なお、100％準備が整っていると感じる場合は、おそらく時間を使いすぎており、他の仕事が滞っている可能性がある。
- 30分ではなく25分、60分ではなく55分で会議を設定すると、自分も相手も次の予定の準備、または小休止の時間をとることができ、間違いなくカスタマーに感謝される。ただし、定刻または早めに終了できなければ、まったく無意味になるのでくれぐれも注意すべきだ。
- 最近実施したカスタマー調査に、カスタマーが協力したかどうか確認する。協力してくれていた場合、フィードバックがポジティブであれば直接謝意を伝えるべきであり、ネガティブならばどのように改善したらいいか協議するといい。
- 直近にカスタマーに送ったメール——特にプロダクトリリースや次回イベントに関するメール——を開封しているか確認する。もし直近のリリース通知が未読だったなら、次のように言ってみてはどうだろう？　「ご多忙で先月のリリースをご覧いただいていないかもしれませんが、御社からご要望をいただいていた新規機能がリリースされています。今回の契約更新のお話の前に、簡単にこの機能を紹介させていただければと思います」
- 自社プロダクトやサービスの利用または活用状況のデータがあれば目をとおしておく。テレメトリーデータがない場合もある。それらは優れたカスタマー体験を提供するのに必須ではないが、利用できれば大きなプラス要因だ。データからポジティブな傾向が読み取れれば、カスタマーと共に喜ぼう。ネガティブな傾向であれば、根本原因を探るフォローアップ会議を提案しよう（本来的な会議目的ではないと仮定しての話だが）。
- カスタマーが別ルートで自社と関わっていないか確認する。サポートチ

ケットの使用やコミュニティフォーラムへの参加など、カスタマーヘルス
に影響するシグナルを見逃さないためだ。サポートチケットがあまり使
用されないのは、サポートを受ける気がカスタマーにないから、という
可能性もある。それは対応中のサポートチケットが多数あるよりも憂慮
すべきだ。コミュニティのようなプログラムを活用しているカスタマーほど、
新規プロダクトや既存機能の改善などを要望している。つまり良好な関
係にあるといえる。このような洞察溢れるデータポイントには、常に目
配りしよう。

- 調査への回答内容、利用状況、サポートチケット関連のデータ、コミュ
ニティへの参加状況など、すべてがヘルススコアの構成要素になりえ
る。この種のデータを統合して1つの客観的なヘルススコアを抽出でき
れば、よりシンプルな手法とともに、電話会議の準備もより容易になる。
ヘルススコアが低下傾向にある際にも、ひと目で根本原因に見当がつく。
直近4週間に使用されたサポートチケットの平均数が直前の4週間に
比して増加していればすぐわかる。その時点でカスタマーとの会話を始
められれば、カスタマー体験を改善することも可能だ。たとえば、「最
近多くのサポートチケットを使用されているようなので、チームに要因
分析を依頼しています」と伝えてから、本来の目的であるトピックに話
をうつせば、カスタマーも安心してディスカッションに応じるだろう。

- カスタマーのウェブサイトでニュースやプレスリリースをチェックする。ポ
ジティブなアップデートがあれば、ひと言触れるといい。

とにかく、自分と相手の目的を常に念頭において準備することに尽きる。
出席者の顔を頭にうかべ、必ず相手にメリットを提供するよう心がけるの
だ。ここまで紹介してきた基本的な準備のベストプラクティスを活用すれ
ば、どのように困難な状況下でもカスタマーの信頼を勝ちとることができ
る。そうなれば彼らとの取引は安泰で、パートナーシップの価値も自身の
成果も最大化できるようになる。

知る技術
──適切な質問でカスタマーの課題の核心に迫る

　カスタマーサクセスマネジャーの仕事の基本は、周到な準備と相手への配慮だ。カスタマーであれカスタマー候補であれ、彼らに関するあらゆる情報を収集することはいつか役立つ投資だと考えよう。ゲインサイトでは、それを念頭において質問リストをまとめている。それは、第3章で登場した我々の盟友イーストン・テイラーが何年も前に作成したリストから始まったものだが、今では100を超える質問を網羅している。以下に一般的なものをいくつか紹介する。完全版は、www.gainsight.com の Resources タブで「Art of Discovery」をキーワードに検索してほしい。最後は、皆さん自身が担当カスタマーについて可能なかぎり情報収集をして独自の質問リストを作成することをお勧めする。

一般的な質問

1．カスタマーの概要は？
2．彼らの成功に向かうジャーニー上での現在地は？　IPO の機会を狙っているか？
3．業界での評判は？
4．どのようなプロダクトまたはサービスを提供しているのか？
5．会議の目的は？　主催者は誰か？
6．カスタマージャーニー上での現在地は？
7．このカスタマーの担当期間は？
8．このカスタマーの現時点の満足度は？
9．あなたとこのカスタマーとの関係の健全性は？
10．自社主催のイベントに参加したことはあるか？
11．自社主催のウェビナーやマーケティング素材を活用しているか？
12．自社のカスタマーとしてふさわしい企業か？

適切な質問を準備し、しかるべき訊き方をする

　カスタマーに効果的な質問をするスキルは「知る技術」と呼ばれる。カスタマーやカスタマー候補と関係を構築しようとするとき、質問は大いに重要な役割を果たす。カスタマーを健全に導くのに必要な情報を得るだけではない。適切なタイミングで最適な質問をすれば、互いに信頼感が生まれ、相互理解への安心感に基づく絆が生まれるのだ。

　質問者であるあなたは、会話の進行を含むその場全体を仕切る。大なり小なり、カスタマーはあなたの力を必要としている。現状を打破したいと思っていなければ、あなたに声をかけたりしない。カスタマーは、自分たちのビジョンは正しいと言ってほしい。あなたに求められているのは「大丈夫」という言葉だ。カスタマーサクセスは人間ファーストのスキルなので、信用してもらえれば、安心してありのままの状態を見せてくれるようになる。つまり、「信頼」こそが、カスタマーのビジネスの「痛点」を明らかにできるのだ。

　何を質問するか、は「知る技術」の核心だが、どう質問するか、も同じくらい重要だ。「預言は預言者次第」という格言がある。要は、カスタマーへ伝えるメッセージは、彼らをより大きな成功に導き、時には窮地から救う力がある一方で、発し方が稚拙だと、カスタマーは青信号や黄信号から一気に赤信号に転じ得る。カスタマーサクセスは、カスタマーの体験を素晴らしいものにすることそのものだ。声のトーンや言葉選びに慎重になるのはもちろん、個人的な意見に誘導しないことにも注意をはらうべきである。人は相手の考えを評価しないとき、「本当にそれでいいのですか？」とか「それでうまくいくと思いますか？」と問いただしがちだが、もし感心できないなと思う時は、その旨を率直かつ直接的に伝えた方がよい。

　最後に、物理的な立ち居ふるまいの重要性を強調しておきたい。空気を読むというソフトスキルをより重視する人もいるが、人間ファーストのスキルにおいて、カスタマーの反応がどうであろうと、目の前で人として好ましいマナーや態度などを貫くことはとても大切だ。さて、そろそろ会議を始めるとしよう。

会議──最初のカスタマー体験を効果的なものにする

　カスタマーとの初見が、バーチャル会議や電話であることは珍しくない。タイミングは、商談の最終局面だったり、契約締結後や実装完了後だったりというケースが多い。いずれにしてもジャーニーの初期に、自分が担当することがわかる。心躍る瞬間だが、同時に不安もおぼえる。会社はあなたを信用して大切な新規アカウントを任せた。関係者全員が成功を期待している。カスタマーも、成果を達成できるまで導いてくれる優秀で信頼できる人が担当してくれると期待している。したがって、第一印象はとても重要だ。次のセクションの内容は、リアルな会議を想定しているが、バーチャル会議でも留意点は同じだと思ってほしい。カメラを通しても基本は変わらないのだ。

自己紹介で「その場で最も信頼できるエキスパート」になる

　会議室に足を踏みいれた瞬間、あなたの印象は形成される。姿勢、笑顔、やわらかい視線、オープンな態度などは、協力的な意志を物語る。自身のボディランゲージがどう解釈されるかには配慮すべきだ。また出席者から受ける印象にも注意が必要である。ボディランゲージから何がわかろうとも、それを利用しようとは考えないことだ。重要なのは相手を成功に導くことであり、勝ち負けではない。

　簡単に自身とチームとを紹介しよう。自社でのポジションと、業務に関連する経歴（マーケティングチームの一員だったなど）とを含めるといい。また、カスタマーのほうで今後のために知っておいてほしいことがないかも、あわせて聞いておきたい。

　カスタマーサクセスマネジャーは往々にして、危機的局面で呼びだされる。まずは、カスタマーがとにかく知っておいてほしいと考えていることから理解しよう。カスタマー自身から、懸念点や彼らの立ち位置を説明してもらうといい。そうすれば、カスタマーは、傾聴され丁寧に対応されたと感じ、関係構築にプラスになる。質問することは、リスクもあるが、想定以上のメリットになることもある。その場を仕切るうえで、本来の目的が置き去りにならないよう、くれぐれも留意されたい。

　初回の会議で重要なのは、カスタマーのプロダクトの独自性や類似プロダ

クトとの差別点を理解することであり、必要なら直接尋ねよう。また、なぜあなたの会社と取引しているかを理解することも大切だ。カスタマーが意識している競合がどこかを知るのも、貴重な洞察につながる。とにかくカスタマーに自由に意見を述べてもらおう。しっかり時間をとり、詳細に答えてもらうのだ。あなたが思いこみや拙速な判断をする人物でないと伝わる。何より、あなたに傾聴する姿勢があるとの印象を残せる。

　あらゆる企業は、そのプロダクトやサービス以外に特徴がある。カスタマーに三大特徴を尋ねよう。そしてさらに、最も大切にしている顧客は誰かを尋ねよう。その顧客が彼らと取引している三大理由もぜひ訊いてほしい。それは、彼らがあなたの会社を選んだ理由と同じだろうか?

　最後に、カスタマーの限界についても話しておこう。苦情を受けない企業はない。カスタマーが受けている苦情のうち、最もよくある3つをあげてもらってほしい。顧客が離脱する際に最も頻繁にあげる理由を、彼らは把握しているだろうか?　また、彼らの将来的展望についても話してみよう。彼らは、自社の顧客の抱える最大の課題は何だと考えているのか?　こう質問をするといい。「最近、御社の顧客の期待値が変化したと思われますか?　この5年間ではどうでしょう?」

ニーズを特定し、ニーズをつくりだす

　この頃には、あなたが心からカスタマーのために動いていることを彼らは理解している。次のステージに進むにあたり、質問には直接的に回答すべきだと意識してほしい。時には厳しい回答をせざるをえず、場の空気が悪くなることもあるだろう。ストレスのある状況では本音を言い難いものだ。カスタマーが冷静に熟考できるよう、時間をとった方がいい時もある。そうすることで、話の流れを変えたり本来のテーマからはずれるのを防いだりできる。

　カスタマーが今抱えている課題について、目先必要な実際の費用、ないし将来生じる費用について話しておこう。その際、彼らのビジネスへの洞察が何より最優先だと思っていると伝えよう。課題が解決された場合のコスト削減効果はどれほどか?　課題があると、売上、費用、生産性、会社の士気などにどのような影響がでるかも理解する必要がある。さらに、それ以外の

影響も、もしあれば知っておくことだ。

　過去にどのような対処をしたか確認し、同じことを繰り返さないようにすることは課題解決上とても重要だ。過去にどのようなソリューションを試し、それはどのような結果だったのか？　変化への抵抗勢力はいそうか？　そして、課題をより深く理解するために、カスタマーサクセスチームが知っておくべき関連事項があるかどうか、確認するといい。信頼感を示しつつ、自分たちも万事お見通しというわけではないと認めることで、カスタマーが必要な情報を迷わず開示してくれるようになり、結果として仕事がしやすくなるのだ。

野心とゴールを理解する

　本章の最後では、カスタマーの直近および将来的なゴールを理解する方法を紹介する。まず、これまでに何を達成したか知ることから始めよう。何が要因で現在の自分たちがあるとカスタマーは考えているのか？　それらの要因は今後変わると思っているのか？　もし思っているなら、将来の業績改善に向け何をする予定か？　さらに、過去の優先順位の変遷についても知っておくべきだろう。

　現在の優先順位のトップ3は必ず聞こう。成長につながる機会がそこに含まれているか？　成長は既存カスタマーと新規カスタマー、いずれからくると考えているのか？　そして、その商機をつかむための戦略はあるのか？　環境変化があれば、戦略も変える必要がある。現時点で予測できる変化やトレンドの中に、そのような可能性はあるだろうか？

　将来に向けた戦略を実行するために、組織オペレーション周りの機能強化が必要なことも多い。カスタマーは、何をしなければならないかをわかっているだろうか？　もう少しリソースがあれば進展させたいと考えているのはどの取り組みか？　このような流れで、「青天井質問」もしてみるといい。たとえば、「どんな望みでも叶うなら、何を希望しますか？」などはどうだろう。

　話の最後に、カスタマーのリスク管理について確認してほしい。組織の有効性はどうか？　彼らが自社に適していると考えているのは何か？　そして

最後に、年度末に各担当者はどのように考課してもらいたいかも、とても重要なポイントである。

カスタマーに疑問をぶつけ、説得する

　カスタマーがめざす成功へ到達するために何をするのがベストか考える際、カスタマーサクセスマネジャーが微妙な状況に陥ることは少なくない。特にカスタマーが失敗へひた走っているような場合には、説得力と同時に相手を鼓舞する力のいずれも必要だ。もうお気づきと思うが、「ネタばらし」があなたの仕事だ。言い換えれば、カスタマーに警告するのがあなたの義務なのだ。同様の状況で失敗したカスタマーを見てきたならなおのことである。難しい状況になりそうだからと言って逃げたり、受け身で対応しても大丈夫だと考えるなどは論外である。たとえカスタマーがアドバイスを望んでいなくとも、責任感が強く信頼できるアドバイザーとして、状況に即した助言をすべきだ。カスタマーサクセスマネジャーの第一のゴールは、カスタマーがめざす成果を達成できるよう導くことであり、失敗は許されない。カスタマーにきっぱりと「ノー」と言わねばならぬこともあるだろう。それがカスタマーのためであれば、彼らは必ずしも同意しないかもしれないが、感謝するのはまちがいない。

　カスタマーに疑問をぶつける時でも、失礼に聞こえない耳あたりの良い言い方はある。「ノー」と言う代わりに「……ですのでお勧めしません」と言うと、あなたが反対する理由が明確に伝わる。理想は「ノー」を言わずして「ノー」を伝えることだ。「複数のソリューションを検討できるよう、違うアプローチを提案させてください」など、可能なかぎり事実をベースにしよう。意見には反対できても、事実を反駁するのは簡単ではない。カスタマーの心づもりと異なるアプローチをとるよう説得したいなら、他のカスタマーの例をあげることだ。類似性のあるカスタマーならなおいい。「実証済み」でよりリスクの低いアプローチを伝えるのだ。

　カスタマーに疑問をぶつけることを、単に反論する、プッシュバックすることだと思うのは誤解だ。実際は、反対するのでなく、説得することなのだ。成約直後にカスタマーに言う言葉と、契約更新を控えた時期に伝える内容は

異なる。利用の拡大や新機能の導入を勧める時には違うメッセージを発するはずだ。カスタマーの現状に応じた話をしよう。それが、自身とカスタマーとがめざす成果の達成につながる。

＊　＊　＊

本章では、カスタマー関連のデータを一元管理することが、社内横断で協力してカスタマーセントリックな会社をめざすうえで必要不可欠である理由を明らかにした。さらに、カスタマーとのコンタクトで適切な質問をしてニーズをくみとれるよう、十分な準備をするための戦術的ステップも紹介した。最後に、カスタマーが成功に直進する際に、熟考を促したり説得したりすることがいかに重要であるかを示した。次章では、カスタマーを維持管理し、取引を拡大するためのコアタスクを詳しく紹介したい。

原注

1. Avery, J., Fournier, S., and Wittenbraker, J. (2014). Unlock the mysteries of your customer relationships. *Harvard Business Review*. (July–August 2014). Retrieved from: https://hbr.org/2014/07/unlock-the-mysteries-of-your-customer-relationships
2. Ransbotham, S. and Kiron, D. (2018). Using analytics to improve customer engagement. *MIT Sloan Management Review* (January 2018). Retrieved from: https://sloanreview.mit.edu/projects/using-analytics-to-improve-customer-engagement/

カスタマーを成果へ導く ジャーニーを定義する

　現代はデータの時代である。カスタマーの情報を、彼らとの関係の構築や維持に役立つ洞察に変える力が今まで以上に重要になっている。データは強力なアセットだ。カスタマーの次に貴重なものと言っても過言ではない。

　カスタマーが積極的に情報を提供してくれるのは、ありがたいことである。プロダクトの利用状況を観察し分析することを許可し、調査その他のかたちでデータ収集に協力してくれる。なぜカスタマーは企業秘密を開示してくれるのだろう？　まず、あなたが秘密を守ると信用しているからである。そして、自分たちのメリットにつながると考えるからでもある。あなたの会社が情報を保護し、すべてを自分たちの成功のために利用するのだと期待するのは、カスタマーの**正当な**権利なのだ。

　収集したデータからナレッジを得るという行為には、重大な責任がついてまわる。カスタマーサクセスマネジャー、またはカスタマーサクセスチームのリーダーとして、あなたは情報を活用し、それをアクションにつながる洞察に変え、カスタマーが成果やゴールを達成できるよう積極的に導かなければならない。何よりも重要なのは、収集したナレッジの機密性を保持してカスタマーを保護しながら、ヒューマンファーストでこうした業務をやりとげることである。

　データに基づくナレッジや洞察を活用すれば、カスタマーを成果に導く道筋が見えてくる。様々な要素が関係するため、カスタマーによって道筋は異なる。カスタマーが道をそれたらきちんと指摘し、元に戻るための策を提案したうえで、一緒に実行していくことが大切だ。本章では、めざすジャーニー

の組み立て方とカスタマーの業界に合わせたカスタマイズのし方を紹介する。成果を達成するための道筋を実務に反映する戦術と実例、マイルストーンについては第8章でお話しする。

カスタマーライフサイクル、ジャーニーマップ、カスタマージャーニー

　カスタマーライフサイクル、ジャーニーマップ、カスタマージャーニー。これら3つの言葉は、カスタマーが目指すゴールや成果に到達するまでの複数の道筋、を意味する同義語とされてきた。実際は、名称は似ているものの、目的まで同様と考えるのは正しくない。それぞれは別個の存在であり、ここで定義を明確化したい。

　カスタマーサクセスにおいて標準化は必須と我々は考えており、それは本書を執筆するに至った理由のひとつである。カスタマーサクセスという職種が成長し進化していく中で、誰もが参照できる基礎や基準が必要となる。それなしでは定義があいまいになり、得体の知れない職種と化してしまう。だからこそ、カスタマーライフサイクル、ジャーニーマップ、そしてカスタマージャーニーの定義をしっかりと理解していただきたい。さらに、カスタマーライフサイクルの中の各フェーズにおけるカスタマーサクセス担当の役割、ジャーニーマップの作成方法、そしてカスタマージャーニーをいかに舵とりすべきかについても、学んでいただこうと思う。

カスタマーライフサイクルを定義する

　ビジネスにおいて、カスタマーライフサイクルとは、特定のカスタマーのマネジメントプロセス全体を意味する。本章で紹介するライフスタイルの模式図を目にしたことがある人もいるだろう。たとえば、円や無限大のマークなど（**図7.1、図7.2**）はおなじみだと思う。ライフサイクルは、カスタマージャーニーとも呼ばれてきた。しかし多くの事例を見てきた経験から私たちは、カスタマージャーニーはライフサイクルの一部と思ったほうがよいと、

図 7.1　カスタマーライフサイクル（例 1）

図 7.2　カスタマーライフサイクル（例 2）

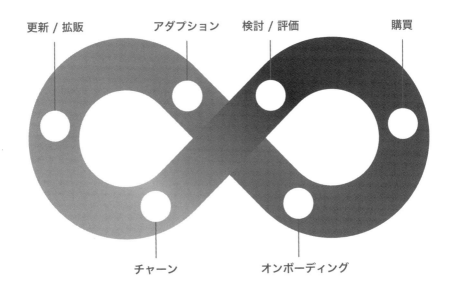

今は考えている。

　混乱するかもしれないが、その必要はない。カスタマーサクセスという分野は今でもまだ発展途上だ。まだ黎明期であり、成熟するにつれ定義も明確になるだろう。

　業界や企業の壁を越えて広く認識されている考え方がある。テクノロジー企業、SaaS ないしオンプレミス（自社運用型）のソフトウェアを扱う企業、いずれにも明確なライフサイクルのフェーズがある。通常、フェーズは5つで、各フェーズが全体の成否に影響する。ライフサイクルという名は広く使われているが、各フェーズの名称や用語は企業によって異なる。ここでは最も一般的に使われているフェーズ名を紹介しよう。「検討または評価」、「成約」、「オンボーディング」、「アダプション」、「契約更新」または「契約拡張」ないし「チャーン」である。最後のフェーズでは、契約更新と拡張が同時に起きる場合もある。

- **検討または評価**……カスタマーが課題解決に向けたプロダクトの比較検討を行うフェーズである。通常はマーケティングの業務範囲だが、営業が加わることもある。マーケティングが広告を制作し、自社のプロダクトやサービスの利点を訴求する。そして、カスタマー候補が様々なルートから連絡をとってきて、営業の担当者が成約につなげるべく動き始める。

- **契約締結**……プロダクトやサービスの選定と契約交渉を行うフェーズである。基本的に営業の仕事だが、セールスエンジニアや経験を積んだカスタマーサクセスマネジャーがアドバイザー的に参加することもある。カスタマーに特殊な要望や要求があり、それらが契約書や SOW とも呼ばれる業務記述書に記載されることもある。契約が成立し支払いが完了すると、プロダクトの利用が始まる。カスタマーをオンボーディングし、可能なかぎり早くプロダクトを使いこなしてもらおう。

- **オンボーディング**……設定を行いユーザーがプロダクトを使いこなせるようにするフェーズである。大抵、オンボーディングチームまたはカスタマーサクセスマネジャーが担当するが、どちらが担当するかはプロダ

クトの複雑性で決まる。このフェーズはカスタマーがプロダクトやサービスに習熟するまで続く。

- **アダプション**……カスタマーが契約で使用許諾を得た範囲でプロダクトを使いこなしていくフェーズである。カスタマーサクセスマネジャーがカスタマーをリードする。カスタマーがアウトカムを達成できれば成功だ。そうなれば、見込み客や他のカスタマーに推薦してくれる可能性がある。このフェーズでは、カスタマーがプロダクトやサービスを追加導入したり、ライセンスやユーザー数を増やしたりすることもある。これらは、アップセル、クロスセル、契約範囲拡張と呼ばれる。

- **契約更新、契約拡張またはその両方**……カスタマーがあなたのプロダクトやサービスを継続利用する、契約を拡張する、またはその両方をすることを決めるフェーズである。アダプションフェーズと同様にカスタマーサクセスマネジャーが担当することが多い。ここで何より必須なのは、限りなく深くカスタマーを知ることだ。プロダクトをうまく活用している場合のカスタマーヘルスは良好であり、他のプロダクトやサービスを提案してさらなるメリットを提供できる可能性もある。ヘルススコアに注意を払い、より良いカスタマー体験を提供して、この状態の維持に努めるべきだ。

- **チャーン**……カスタマーがあなたのプロダクトやサービスの利用を中止すると決めた時のフェーズだ。「アダプション」同様、カスタマーサクセスマネジャーが担当することが多い。契約を終了し、あなたのプロダクトやサービスの利用を中止することが決まった時に重要なのは、チャーンの理由を把握することである。自分でつきとめようとせず、ヒアリングスキルのある、先入観のない第三者の協力をあおぐことをお勧めする。そうして得られる意見はきわめて有用だ。チャーン分析については第12章で詳しく述べるが、離脱プロセスを可能なかぎりシンプルにするのは自社の責務と思ってほしい。将来の再取引の可能性は少しでも残すべきだ。離脱の際に「嫌な思い」をさせなければ、カスタマーが戻ってくれる可能性も高まるのだ。

カスタマーは、ライフサイクルの各フェーズを進んでいくか、完全にドロップアウトしてチャーンするかのいずれかだ。業種を問わず、どのカスタマーにも、「チャーン」を防ぎつつ、「評価」、「成約」、「オンボーディング」、「アダプション」の各フェーズを進んでもらわない限り、「契約更新」や「契約拡張」には至らない。カスタマーライフサイクルは、様々な方法で図式化されてきている。例として、**図 7.1** や **図 7.2** をご覧いただきたい。

ジャーニーマップの定義

ライフサイクルの各フェーズにそれぞれジャーニーマップがある。これは、商談から実装、アダプション、完全なエンゲージメント、さらにはリテンションまで続くカスタマーの道程を示す、リーンマネジメントの手法だ。このマップは、カスタマーサクセスの最終的なゴールまでのマイルストーンで構成され、事前設定したマーカーなどで、カスタマーが進捗をひと目で把握できるようにつくられている。マップを作成することで、各ステップやイベントがクリアになる。カスタマージャーニーの全体像をプランニングすることになるため、潜在的な問題に気づきやすいのもメリットである。

ジャーニーマップ自体はとりたてて新しい手法ではなく、定期収益型ビジネスモデルの台頭にともなって近年再び脚光を浴びたにすぎない。しかし、利用に際しての目的意識と緊急性は以前とは異なる。ジャーニーマップの目的は 1 つではない。第 1 の目的は、カスタマージャーニーのあらゆる面に目を配り、自発的に管理することである。カスタマーの進捗状況を確認するのに、あらかじめルートを規定しておく方策は最強だ。カスタマーだけでなく、自社のゴールや期待値も加味すべきなのは言うまでもない。カスタマーは必ず目的があってあなたのプロダクトやサービスを購入するが、それは本質的には 3 つの質問に集約される。

・ どのように収益を増加させるか？
・ どうやって費用を抑えるか？
・ 効率アップと時短をめざしているのか？

カスタマーは、最終的な成功の他にもゴールを設定する。あらゆるチームやライフサイクルの各フェーズに対して期待値がある。ジャーニーマップの中心はカスタマーでなければならない。彼らが何をめざしているかは非常に重要だ。カスタマーのためにも、自身のチームが目的を見失わないためにも、そして業務の継続性を担保するためにも、しっかりと確認し記録しておくべきだ。

　第2の目的は、ゴールに向けた最善かつ最適なステップを規定することである。いずれのステップにおいても、ライフサイクルの各フェーズで発生するタスクの責任を負う部門がどこかを明確にしておかなければならない。担当するチームの移行は**ハンドオフ（引き継ぎ）**と呼ばれる。定期収益型ビジネスを展開する企業のほとんどでは、ライフサイクルの中で無数のハンドオフが発生する。カスタマーサクセスの概念が進展していく現在において、これを避けることはできない。

　カスタマーのライフサイクルに登場する自社関係者は、初年度だけでも10人を下らないだろう。要は大仕事だ。ジャーニーマップを使っているカスタマーサクセスチームなら、プリセールスからポストセールスへ引き継ぐ際の標準手順にこのマップを活用すべきだ。営業からの引き継ぎには、当初の商談時に培った信頼を損なう可能性がひそんでいる。同時に、価値を提供できるまでの時間が長くなる可能性にもつながる。移管しなければならない情報はあまりにも多い。引き継ぐ際には、必ずそれまで蓄積したカスタマー関連情報を漏れなくスムーズに移管しなければならない。それが、商談からの流れの維持につながるからだ。

　引き継ぎの質は、カスタマージャーニー全体の質を決める。カスタマーとの関係が最初から不協和音のようであれば、美しいハーモニーを奏でるパートナーシップに行き着くのは困難だ。またカスタマーサクセスマネジャーが、手に余る数のアカウントを担当することも珍しくない。そのような場合でも冷静に対処するスキルを身につけておくことは必須だ。新規カスタマーとの関係を構築する決定的な局面において、自身の不安を露呈し懸念を抱かれることは望まないはずだ。求められるのは、カスタマーの信頼を勝ちとれるようなジャーニー全体をマネジメントすることであり、中でも特に引き継ぎは

重要である。

　ジャーニーを明確に定義したら、必ずそれに沿って動くよう留意されたい。カスタマーライフサイクル全体をマッピングして、ライフサイクルのステージ、トランジション、イベントなど今後のマイルストーンを設定しよう。引き継ぎの際、チームのメンバーがカスタマーの優先順位を見失わないために重要な作業をすることは大切である。また案件に即したアクションをとったか否かの確認もできる。あらゆるステップに目を配ることが可能になる。加えてこうした手法は自社内で利用するだけではない。自社のためであり、カスタマーのためでもあるのだ。健全なカスタマーとは情報武装されたカスタマーである。ジャーニーマップを作成すれば、カスタマーが疑心暗鬼にならず、「購入後の後悔」も防止できる。つまり、カスタマー体験を向上させることにつながるのだ。

ジャーニーマップの作成法

　ジャーニーマップの作成方法は1つではないが、最初のプロセスは、カスタマーサクセスチームが実際に顔をあわせてカスタマーについて検討することである。社内にしかるべきスペースがあれば構わないし、社外のコワーキングスペースや貸会議室などでクリエイティブに意見を戦わせるのもいいだろう。

　次のステップは、利用するツールを決めることである。ホワイトボードを好む人、様々なサイズや形の付箋紙を好む人、インデックスカードを好む人もいる。自社でよく使われる手法があるならそれを使うといいだろう。そして大抵は、時系列にもとづいたマッピングが適している。

　何よりこの2点に注意してほしい。1つはインプットを吟味すること。通常、出席者全員がペンを握りしめ、ジャーニーマップに含めるべきと各人が思うポイントを書きだすことから始まる。しかし、検討を重ねるにつれ、自社カスタマーのジャーニーマップだと自信をもって言えるまで精査すべきだと気づく。事実、汎用ジャーニーマップなどというものはない。カスタマーのタイプ、規模、ニーズが異なれば、異なるマップが必要だ。実行以前に、ジャーニーマップへの合意を形成することがより重要だ。プロセス全体を熟慮する

ことに大きなメリットがあり、それをグループで行えばより良い結果につながる。

　もう1つは、カスタマーの視点を念頭におくこと。常にカスタマーの立場にたってマップを作成すること、と言い換えてもいい。契約からゴール達成までを統合的に捉えるのだ。カスタマーと他社との関わりを考え、最大の競合が誰であるかを思いうかべてほしい。それから、カスタマーのカルチャーや社内言語を熟慮する。掲げている信条はあるか？　よく登場するキーワードが存在するか？　ジャーニーマップをプレゼンテーションするとき、こうしたことがらは非常に重要だ。最後に、ジャーニーの中で、彼らの心に刺さる瞬間はいつかを考えてみよう。こうした一連の思考プロセスを経ると、かなり細かいところまで配慮できるようになるだろう。

　ロードマップもそうだが、ジャーニーマップでも同じ目的地に到達するルートは複数ある。ジャーニーマップの場合、目的地は契約更新、契約拡張またはその両方だ。どのルートをとるかはカスタマー次第だし、カスタマーの規模やセグメント、成果、目標、どのくらい早く目標達成したいかなどによっても違ってくる。また、フェーズごとにカスタマーが自社の様々なチームや部門と関わるのを忘れてはならない。カスタマーが何を達成したかを見れば、次のフェーズに進むタイミングがみえてくる。注意すべきは、あるベンチマークに到達さえすればいい、というほど簡単ではない点だ。カスタマーが可能性を確信し達成感を実感できるよう、ライフサイクル全体をマネジメントしなければならない。図 7.3 に、ジャーニーマップを作成するにあたって検討すべきマイルストーンを示しておく。

　明確なライフサイクルやジャーニーマップがなければ、カスタマーとのやりとりが場当たり的になり、目的意識もオーナーシップも感じられなくなる。社内の知識共有がうまくいっていないことも原因となりうる。または、カスタマー数の増加に対応できないアナログ作業を繰り返していることも考えられる。このように統一性が欠ければ、カスタマーごとの体験が異なり、カスタマーヘルス全般に悪影響がおよびかねない。明確さ、方向性、オーナーシップに欠けた状態では、カスタマーは自ら依頼したものしか提供されず、ほんとうに必要なものをカスタマーサクセス担当が見ぬき提供することはない。

図 7.3 ジャーニーマップの例

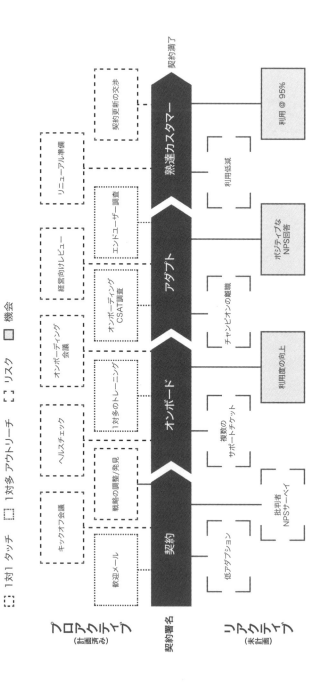

これでは、あなたのプロダクトやサービスから付加価値を得るのは不可能である。

　一貫性ある確かなジャーニーマップをライフサイクルの各フェーズで用意することで、このような事態を予防できる。ジャーニーマップがあれば、関係するすべてのチームが各カスタマーのジャーニーを念頭に対応でき、カスタマーも安心してあなたのチームと関わることができる。

　ジャーニーマップの作成は、カスタマーのセグメントを明確に把握することから始まる。ジャーニーマップは、カスタマーごと、セグメントごとに異なる。しかし、ライフサイクルの各フェーズにおいて必ず達成しなければならない共通の項目もある。ジャーニーマップの特徴は、カスタマーがどのようにセグメンテーションされているかに大きく影響される。

カスタマーをセグメンテーションする

　第6章で述べた通り、カスタマーとの関係を管理するうえで、カスタマーデータは非常に貴重なアセットだ。カスタマーデータを整理する手法の1つがセグメンテーションである。『*Data Mining Techniques in CRM*（仮邦題：CRMにおけるデータマイニング）』という書籍で、著者はセグメンテーションを「各カスタマーの特性に合わせて差別化したマーケティング戦略を構築するために、カスタマーを同じ性質をもつ個体で構成された独立したグループに分けるプロセス」としている[1]。ここでいう、同じ性質をもつグループとは、共通する一定の特質をもったカスタマーおよびカスタマー候補のサブグループである。著者の言う通り、この情報を利用すれば、「成約や強固な関係の構築からカスタマーの離脱防止や一度離れたカスタマーの再獲得に至るまで、カスタマージャーニーの全フェーズをとおして、『個別』かつ最適化したカスタマーマネジメントが可能になる」。[2]

　セグメンテーションを適切に行えば、予算に合わせてタイプ別カスタマーニーズを満たすことも可能である。カスタマーを理論的にグループ分けするのは、カスタマーサクセスチームの効率性を最適化する点で重要だ。また、

各カスタマーの相対的な価値も明らかになり、それに基づいてタッチモデルを決められるというメリットもある。つまり、カスタマーをセグメンテーションすることで、適切なタイミングでふさわしいリソースを投下できるのである。

　カスタマーをセグメンテーションする方法は、業種・業界によって異なる。セグメンテーションが改善するほど、カスタマーマネジメントも改善する。では、正しいセグメンテーションとは何だろうか？

　最も有効なセグメンテーションは、バリューセグメントと呼ばれる。これは、自社にとっての価値の高さでカスタマーを分類することであり、契約金額、カスタマー規模、業界、ブランド、カスタマーの推薦の5つの軸が、最も一般的に使用されている。

- **契約金額**……契約金額によるセグメンテーションは、売上の多寡に基づくシンプルなカスタマーのランク付けである。これを唯一無二の尺度としている企業も多いが、残念ながらこのように狭い視野ではカスタマーサクセスの「人間ファースト」な性質が損なわれるだろう。

- **カスタマー規模**……2つ目の基準はカスタマーの規模である。「セグメンテーションのホワイトスペース戦略」と呼ばれることもある。単なる事業規模ではなく、契約拡張を見据えた定期収益への総合的なポテンシャルを意味する。

- **業界**……業界別セグメンテーションにも大きなメリットがある。たとえば、自社ソリューションはテクノロジー企業に最適だとしよう。一方、会社は金融サービス業界に参入したいなら、現在担当している金融サービスのカスタマーの戦略的価値はテクノロジー企業のカスタマーよりも格段に高くなる。

- **ブランド**……ブランドとは、プロダクトや企業の独自性を示す概念やイメージである。ブランドコンセプトはカスタマーの価値にもつながる。従って誰もが、有名ブランドのカスタマー獲得に躍起になる。有名ブランドとの取引は、その他の巨大ブランドや大口カスタマーの獲得につながるのだ。

- **カスタマーの推薦**……これが期待できるカスタマーは最高だ。カスタ
  マーヘルスの指標が申し分なく、プロダクトを使いこなしていて、長い
  取引関係が既にある、ないし今後も長い取引関係が続くだろう。こうし
  たカスタマーは、見込み客に素晴らしい「推薦」をしてくれる。したがっ
  て、高い価値のあるセグメントとすべきなのは自明だ。

　この他にもセグメンテーションの方法はある。人口分布、地理分布、それ
らと組み合わせた企業分布などだ。従業員数や売上高といった事業規模の軸、
本社所在地（シカゴの中心部かユタの農村部かなど）の軸のほか、SaaSやテク
ノロジー系事業、もしくは従来型事業などカスタマーの業界を軸にセグメン
テーションする方法もある。また、利用中のテクノロジーやソフトウェアな
ど、より詳細にセグメンテーションする方法もある。
　こうしたセグメンテーションモデルは、規模、所在地、事業タイプなど、
基本的にカスタマーを基軸にしたものだ。それ以外にも、効率性を基軸にし
た方法、つまり自社プロダクトやサービスに関連するセグメンテーションも
検討できそうだ。自社プロダクトやサービスに対するニーズや費用対効果に
応じたセグメントを定義してみよう。その際、プロダクトやサービスを購入
してから成果を達成するまでの進捗を示すマイルストーンは、必ずセグメン
トごとに設定してほしい。
　より高度なセグメンテーションは、カスタマーのニーズに基づくアプロー
チだ。たとえば、ドロップボックスなら、ストレージソリューション、生産
性、シェアツール、サポートレベルなどに関する要件に基づいてカスタマー
をセグメンテーションするとよい。また、自社プロダクトやサービスをカス
タマーがどれほど使いこなしているかに基づいて分類することも一案だ。要
は、習熟度に基づく分類である。行動に基づくセグメンテーションもある。
カスタマーの行動を理解すれば、カスタマーヘルスを判断しやすくなる。た
とえば、現在の利用状況から契約拡張したほうが彼らにとってメリットにな
ると思ったことはないだろうか？　逆に、チャーンの可能性が潜んでいない
だろうか？
　カスタマーサクセス業界のベンチマークとなった、ゲインサイトの2019

年調査で、800名以上の回答者がカスタマーをセグメンテーションする際の3大要素を明かしている。(**図7.4**) 結果は予想を裏切らず、上から契約金額(ARR)、カスタマー規模、成長ポテンシャルだった。そして、最も頻繁に使用されるセグメンテーションの軸は、成長性と企業規模を含む契約拡張ポテンシャルだった。

セグメンテーションの際に考慮すべき要素をここにまとめておく。

- 収益
- カスタマーライフサイクルのステージ
- 成熟度合い
- 成長余地
- 地理分布／商圏
- 業界／業種
- 直販／流通経路
- ユースケース
- カスタマーヘルス
- カスタマーサクセスマネジャーの必須スキル
- セキュリティの厳しさ

図7.4 企業のカスタマーセグメンテーション軸に関する調査結果（ゲインサイトによる）

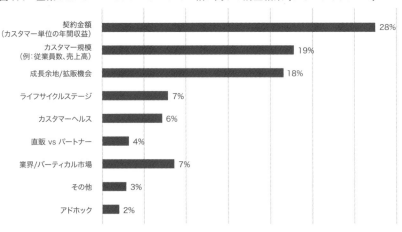

- 短期的な TLC タッチモデル（訳注：最上級の配慮を行う仕組み。TLC は Tender、Loving、Care を指し、傷ついたり怒ったりしている人に感情面を配慮したケアを行うことを意味する）
- 戦略的な関係構築
- プロダクト

セグメンテーションの軸はたくさんある。しかし、分類プロセスを複雑にしないよう注意されたい。シンプルな 3 〜 4 のセグメントに留めよう。その下にサブセグメントを少数設定してもいい。なるべく少数に留めることで、新規カスタマーを簡単かつ論理的に分類できる。また、社内にどう説明するかも考慮されたい。シンプルでかつ一般的なセグメンテーション軸の一例は収益である。年間の定期収益に基づくセグメンテーション方法を用い、カスタマーを「エンタープライズ」、「ミッドマーケット」、「スモールビジネス」の 3 セグメントに分けることが多い（**図 7.5**）。

- **エンタープライズ**……カスタマー 1 社あたりの売上が最も大きいセグメント。このセグメントのカスタマーは少数（カスタマー数の 10 〜 20%）だが、売上に占める割合は 50% 超となる場合が多い。戦略的、または

図 7.5　収益ベースのセグメンテーション

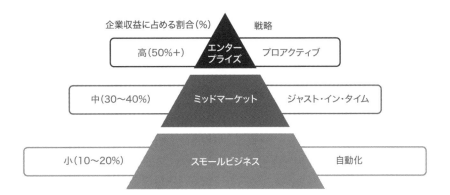

グローバルセグメントと呼ぶ企業も少なくない。

- **ミッドマーケット**……カスタマーごとの売上が次に大きいのがこのセグメント。通常、カスタマー数や売上において 30 〜 40％を占める。
- **スモールビジネス**……1 社あたりの売上はごく小さいものの、合算すると無視できない額の収益になる小規模カスタマーで構成される、「ロングテール」セグメント。数が多いため、同セグメントのカスタマー1 社1 社に力をいれるのは経営面から考えて現実的ではない。そのため、多くの企業がこのセグメントのカスタマーにほとんど時間を使わないか、可能なかぎりテクノロジーを活用することでヘルスチェックやアウトリーチなどの業務を自動化している。

カスタマーをどのようにセグメンテーションするかは会社次第であるが、全部門（営業、マーケティング、カスタマーサクセス、サポートなど）で共通のセグメント軸を使用することが望ましい。しかし、カスタマーサクセスマネジャーの取り組みが規定のセグメンテーションと相性が悪い場合は、独自のセグメンテーション軸を利用するほうがいいだろう。たとえば、一部のカスタマーだけが、技術的もしくは戦略的により高度なアドバイスやプロダクトや案件のより詳しい知識、対面でのサポートを必要としているとする。該当するカスタマーとそうでないカスタマーが同一セグメント内に区分されてしまう場合は、カスタマーサクセス独自の軸でセグメンテーションするべきである。セグメンテーションは、カスタマーを分類して費用対効果や時間効率を向上できるだけでなく、各カスタマーのニーズや優先順位を正しく反映したジャーニーマップの作成にも役立つ。セグメンテーションとジャーニーマップは、あなたのプロダクトやサービスを選んでよかったと思わせるカスタマージャーニーを、両輪となって支えるものである。

カスタマージャーニー

ここまで、カスタマーライフサイクルとは何か、そして「検討または評価」、「成約」、「オンボーディング」、「アダプション」、「契約更新」、「チャーン」といったフェーズを解説してきた。ジャーニーマップが、フェーズごとに異なるマ

イルストーンやトランジション、イベントを明確にし、進むべき道筋を示す有効なツールであることも理解してもらえただろう。そして、カスタマーのめざす目標やセグメンテーションのニーズをとらえたジャーニーマップを作成できるようにもなったと思う。ジャーニーマップがあれば、営業からサービスへの引き継ぎを経ても、チームがカスタマーの優先順位を見失うことはないはずだ。それは自身のアクションが案件にとってプラスになるものであるか否かを確認することにもなる。何よりも、ジャーニーマップはあなた自身のためでもありカスタマーのためでもある、と理解いただけただろう。カスタマーの不安、懸念、感情レベルをコントロールし、より快適なカスタマージャーニーを提供するのに役立つからである。

　カスタマージャーニーは、作成されたジャーニーマップやカスタマーライフサイクルにおける感情面と深くつながっている。それは、ジャーニーマップやカスタマーライフサイクルからもたらされるカスタマー体験の結果だと言ってもいい。あるべき姿を描くジャーニーマップに対し、カスタマージャーニーは実体験だ。つまり、カスタマージャーニーは「リアル」、ジャーニーマップは「願望」であり、両者が一致するのが理想である。カスタマージャーニーの中で体験が大きな意味をもつのはとても興味深い。ゲインサイトのアリソン・ピッケンスCOOは、パルス2019の基調講演で、「テクノロジーというトレッドミルが自発的に何かを経験する時間を奪い、今や我々は省察する習慣を失ってしまった」との考えを述べた。我々は、カスタマージャーニーを考えるうえで、この言葉がどのような意味をもつかを熟慮すべきである。

　テクノロジーやソフトウェア業界における各社は、自社カスタマーをより成功させるためのプロダクトやサービスを開発している。しかし、そんなプロダクトが人間らしさやつながりを感じにくくさせ、安心よりも恐怖を感じさせることすらあるのは、不思議と言うほかない。ピッケンスは、後日この基調講演についてオンライン記事を書いている。「今日のプロダクトは、我々の最も基本的な感情——劣等感や、見逃したり置いていかれたりすることへの恐怖——の上になりたっている。そのために、自律的思考や深慮、自己の行動コントロールなど、かつて重視し人間らしさにもつながっていた習慣が失われつつある。今日のプロダクトは、人間の最も人間らしい部分を一顧

だにしない。テクノロジーが最優先であり、人間性は二の次なのだ」[3]。それでは、カスタマーが自身の目標をめざして前進できる環境は、どうやってつくればいいのか？　ピッケンスが提案したのは、人間ファーストの概念に沿った対策や原則だ。

　カスタマーサクセスマネジャーもしくはカスタマーサクセスチームのリーダーは、カスタマーが特定の目的のためにプロダクトやサービスを購入すると理解しているはずだ。では、自社プロダクトやサービスを利用したカスタマーが、成功するだけでなく、最も人間らしい感情を喚起するようなポジティブなジャーニーを体験できたとしたら、どうだろう？　ライフサイクルの各フェーズで「介入」し、ジャーニーマップに組みこむことで、それを達成できるとしたら？　また、収集したカスタマーデータを活用して、しかるべきタイミングでふさわしい場所に、付随する感情と一緒にインプットできるとしたら？

　目標達成したカスタマーから総合的な体験をとおして称賛を受けるだけでなく、知識を備えた有力なカスタマーを育て、自社プロダクト、自身そして自身の会社との間に強固な絆を築くことになるのだ。

原注

1. Tsiptsis, K.K. and Chorianopoulos, A. (2011). *Data Mining Techniques in CRM: Inside Customer Segmentation*. Wiley, Kindle Edition: Kindle locations 202–203.
2. 同上。Kindle locations 194–196.
3. Pickens, A. (2019). 5 Principles of Human-First Products, Gainsight, 22 May 2019. Retrieved from: https://www.gainsight.com/blog/5-principles-of-human-first-products/

「真実の瞬間」により カスタマージャーニーを 現実化する

　前章「カスタマーを成果へ導くジャーニーを定義する」では、カスタマーのデータを収集し、ジャーニーマップのようなツールを使ってカスタマーの成果をマネジメントする手法を紹介した。具体化されたカスタマーライフサイクルと、明快に定義されたジャーニーマップがあれば、カスタマーに完璧なカスタマージャーニーを体験してもらうことが可能だ。

　こうしたアセットがあれば、不測の事態が起こるリスクを軽減でき、期待値、目標、感情的な体験をより良いものに調整したり管理したりできる。それらはカスタマーに関する知識の蓄積になるので、目的や目標と同様、意味あるものとして再確認し、記録にも残すべきだろう。また、カスタマーの体験をきっちり観察してガイダンスできれば、プロダクトで何ができる・できないに関するカスタマーの期待値を正すことで、感情的にもポジティブな成果をもたらすことができる。

　カスタマーサクセスマネジャーがカスタマーの達成目標とその背後にある「理由」とをつぶさに理解すれば、それを反映して**すべての**ポストセールス業務を組み立てられる。その中には「真実の瞬間」と呼ばれる体験も含まれる。

「真実の瞬間」を特定する

　ジャーニーマップには、カスタマーの印象に残るようなプロダクトとの

関わりや体験も描かれる。中でも最も重要なのは、ジャーニーマップに必須の「真実の瞬間」と呼ばれる体験である。『*Customer Genius*（仮邦題：カスタマーの守護神）』の著者ピーター・フィスク氏は、「真実の瞬間」を「ある件についての特徴あるやりとりに関する有意義な体験」だとする[1]。カスタマーに自ら模索させる代わりに、自社プロダクトや機能、また自社が提供するその他サービスを試す自由と保証を与える。そうすれば、そのカスタマーの体験するカスタマージャーニーはより良いものになるというのだ。

　こういった「真実の瞬間」は「成否の分かれ目」となる。カスタマーが感情面から成果にコミットし、あなたとのパートナーシップの価値を判断する瞬間だからだ。カスタマージャーニーの節目々々でカスタマーの成果を達成するようチームの意識をひきしめるのに有用なのが、この「真実の瞬間」である。ジャーニーマップ上には、しかるべき「真実の瞬間」（MoT：Moments of Truth）を設定しなければならない。

　B2C 企業は「真実の瞬間」になじみがあるはずだ。ホテルのフロントでチェックインする瞬間は典型的な「真実の瞬間」である。その際の対応で、宿泊期間中の気持ちが左右される。もうひとつ例を挙げるならば、自宅のケーブルサービスにトラブルがあってケーブル会社に連絡した時である。どのような体験をしたかによって、契約を継続するか、また友人や家族にそのケーブル会社を勧めるか否かが決まる。世界的な B2C 企業であるプロクター・アンド・ギャンブルの社長兼会長兼 CEO の A・G・ラフリーが、2005 年に「真実の瞬間」を 3 つに分けて再定義している。[2]

１．店頭、オンラインを問わず、カスタマーがプロダクトを見ている時。
２．カスタマーが実際にプロダクトを購入し、使用した時。
３．カスタマーがプロダクトについてフィードバックした時。フィードバック相手は、メーカー、友人、同僚、家族のいずれの場合もある。

　何年も前の話だが、スカンジナビア航空の元 CEO ヤン・カールソン氏が革命的なビジネス書を発表した。タイトルは『真実の瞬間』——そう、目下のトピックである[3]。この中でカールソンは、企業はカスタマーセントリッ

クであるべきだと説いている。「どんなに小さな接触であれ、カスタマーが自社に関わったら、その時には必ず何らかの印象を抱かれると思ったほうがいい」

ラフリーとカールソンは、カスタマーが自社に関わりをもった時「すべて」が、他者に共有したいと思うような永続的な印象を残すチャンスだと述べている。だからこそ、あらゆる機会をとらえて「真実の瞬間」をつくるべきなのだ。

「真実の瞬間」は、プロダクトやニーズに左右されるものではない。ピーター・フィスク氏の言葉を借りれば、「真実の瞬間」は、「あらゆる接点において矛盾がないだけではない――全体的に一体感、一貫性がある完全なジャーニーを提供するものである。加えて、ジャーニーに生命をふきこみ、当該案件にふさわしく独自性があり、様々な付加価値を提供するものである」[4]。言い換えれば、「真実の瞬間」は競合プロダクトを利用しているカスタマーにとってもうなずけるものだ。そして、その瞬間がくれば、カスタマーには分かる。何よりとにかく重要なのは、カスタマーがどう感じるかだ。

これまで「真実の瞬間」を定義づけたことがない読者の皆さんには、初めからあまり大きなことは考えないようお勧めする。自社とカスタマーの双方に共通する「真実の瞬間」をほんの少数ピックアップしてみてほしい。カスタマージャーニーを完璧に策定することは重要だが大仕事でもある。参考までに、カスタマーを長期的な成功に導くのに重要不可欠な「真実の瞬間」を8種類示しておく（**図 8.1** 参照）。

図 8.1　カスタマーライフサイクルにおける「真実の瞬間」（例）

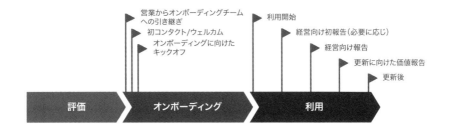

営業からオンボーディングチームへのハンドオフ

　ある見込み客が、長い期間をかけて営業チームとの商談を進めてきた。いよいよ契約を締結してカスタマーになる段階にきた。とたんに、これまで顔を合わせたことのない大勢の人——オンボーディングチーム、サポートサービス、カスタマーサクセスマネジャーなど——が登場する。カスタマーは不安な気持ちになる。この人たちは信頼できるだろうか？　ポストセールスチームは自分たちのビジネスをよく理解してくれているだろうか？　過去数カ月にわたって営業チームに説明したことを、また最初から説明し直さなければならないのだろうか？　これらは人間としてごく自然な反応であり、放置するわけにいかない。カスタマーサクセスマネジャーの仕事は、相手の懸念をやわらげることだ。心して準備しよう。

　営業チームからオンボーディングチームへの引き継ぎは、とても重要なマイルストーンだ。引き継ぎ会議がうまくいけば、その後はスムーズに進む。会議の終了時に、カスタマーが、私たちと良い関係を築けると確信できなければならない。新しいメンバーみんなが自分たちのことを理解してくれたと、カスタマーが感じられることが肝要だ。準備を万端にすれば、カスタマーに「いいスタートが切れた」と思ってもらえるだろう。

　契約締結が正式に終了すると、営業チームは成約案件として CRM に入力する。カスタマーサクセスマネジャーは、ここで 2 ～ 3 のアクションをとる。まず、営業のメイン担当者、セールスエンジニアまたはその両者と面談し、カスタマーのビジネスとステークホルダーを把握する。または、商談に深く関わった社内の人に、初回会議前にカスタマーについて知っておきたい内容をメールで質問するのも有効だろう。営業チームから得ておいたほうがいい情報を、いくつか以下に挙げる。

・ビジネスモデル、プロダクトのターゲットユーザー（グループ、部門またはその両者）、何をもって成功と考えるかなど、カスタマーに関する全般的な情報

- 役員クラスの支持者やアダプションチャンピオン（訳注：利用・定着の推進者）、メイン担当者、管理担当者（決まっていれば）などのステークホルダーと、それぞれのコンピテンシーレベル（わかれば）
- 入手可能なデータとそのクオリティ（提供するプロダクトやサービスに関連する場合のみ）
- IT チームを巻き込む必要性、データにアクセスする際のセキュリティやプロセスの要件、新規プロダクトのリリースプロセス（ならびにブラックアウト日程）など、IT およびセキュリティ関係の必要事項
- 事業展開とのかねあいで厳守しなければならないスケジュールや期日
- 購入されたプロダクトやライセンスの数、有料サポートプランが採用されているか否か、インテグレーションの要不要など、契約関係の詳細

　最後に、ヒアリングした内容は、社内共有して後日見返すためにもデータとして保存しよう。CRM システムの利用者には自明の理かもしれないが、データを最適な方法で収集／保存／利用していない企業は多い。適切に保存して共有可能な状態にしなければ、情報は活用されず、組織にとっての資産となりえない。

カスタマーを歓迎し、オンボーディングをキックオフする

　カスタマーの期待値は最初のコンタクトで決まる。だからこそ、慎重に臨む必要がある。電話や会議が終わる頃に、あなたが提案したプロセスならば成果を達成できそうだとカスタマーが確信できなければならない。また、参加者がネクストステップを理解することも重要だ。最後に、新しく参画したメンバーは事前に情報を把握していて、カスタマーに再度同じ説明を求めることはない、と明確に伝えよう。カスタマーはこれまで、営業やその他の担当者に対して時間をかけて関連情報を伝えている。それ以外のメンバーに対してトレーニングをするのは彼らの責務ではない。言い換えれば、**抜け漏れ**

なくハンドオフを実行するのはあなたの仕事なのだ。

ハイタッチ（訳注：個別の手厚い対応を行うこと）案件の場合、カスタマーサクセスマネジャーもしくはオンボーディングチームが最初にやらなければならないのは、役員クラスの支持者との電話または対面での会議設定だ。目的は、プロダクトやサービスをオンボーディングするにあたって、めざす成果やプロジェクトプランを確認することである。また、プリセールス期からの継続性を担保するために、アカウントエグゼクティブに参加してもらうのも重要だ。終了後に、カスタマーサクセス担当役員とCEOからウェルカムメールを忘れずに送信しよう。そして、カスタマーサクセスマネジャーもしくはプロジェクトマネジャーからは、プロジェクトプランとネクストステップを明確にした議事録を送信しよう。

実装またはサービスイン

オンボーディングが完了すると、アクセス権が設定され、カスタマーが利用を始める。このタイミングは、プロダクトやサービスに対する第一印象が形成される時なので、非常に重要な「真実の瞬間」が生まれるタイミングでもある。第一印象はきわめて崩しにくいので、この導入期にカスタマーが素晴らしい体験をするよう工夫するのは、しごく当然である。そして導入期の終わりには、カスタマー側の主要な意思決定者が目標達成を確実視してくれるようにもっていく。このまま走れば、めざすゴールに到達できると思ってもらうのだ。また、ジャーニーのネクストステップの責任者が誰なのかを明確にすることも必要だ。何より、自身と自身のチーム、そしてプロダクトがビジネスを変えるのだと、カスタマーの頭に刻みこまなければならない。

導入期またはサービスイン完了時に、カスタマーは効果的なプロダクト利用法を身につけているはずだ。不明点があった際の対処方法や問い合わせ先もわかっている。プロダクトを利用するたびに、これで自分たちの仕事がやりやすくなると実感できている。カスタマーが成功に向かって着実に進んでいることがわかるように、利用データを共有するのもいいだろう。

サービスインでは大抵、カスタマーのトレーニングが必要だ。オンラインでもバーチャルでも構わないが、現地に赴くトレーニングが含まれているといい。ちょっとした子どもっぽい遊び事を盛りこむことで、エンドユーザーのエンゲージメントを維持するのに成功した事例がある。我々がよく好んで挙げる例は、ゲインサイトのプロダクト実装時に「イースターエッグ」を隠した事例である。注意深くトレーニングを受けたユーザーでなければ気づかないような、小さなヒントという「イースターエッグ」だ。

新規カスタマーの役員またはチャンピオン

　ビジネスに変化はつきものだ。そのひとつが、カスタマーの主要担当者、もしくは役員クラスの支持者の退社または異動である。これは、長期的な関係の維持にとって喫緊のリスクである。新たな支持者が着任すれば、優先順位が変わる可能性を意味するからである。

　こうした異動があった場合、早々に新任の役員に連絡し、新たな優先順位を確認することが、その後のパートナーシップのあり方を大きく左右する。着任したての役員に、あなたの会社が心から彼らの成功を願っていると認識してもらわなければならない。長期的なパートナーと認められるためのステップがある。

　役員が1人入れ替われば、経営陣の優先順位が変わる。従って、時間をかけてでも新しい優先順位を理解すべきだ。そして、なるべく早く、あなたがその目標達成に協力を惜しまない所存だと理解してもらうべきだ。とにかくタイムリーな行動がすべてだ。役員クラスの支持者が異動すると聞いたら、新任者を紹介してもらえるまで、カスタマーとの電話を切ってはならない。メールでも同じだ。まだなら、今すぐに連絡すべきだ。

　同時に社内連絡も忘れてはならない。CRMシステムに新任の支持者の氏名と役職を入力しよう。当該アカウントに関わる自社の主要メンバーと、着任したての支持者との会議をすぐに設定しよう。単なる顔合わせではない。これまで構築した関係性と、現時点までの貢献内容を説明し、今後の目標を

再確認するのが会議の目的だ。難題や予期せぬ要求を受けるかもしれない。あなたは、カスタマーにとって最善なことを常に念頭に行動していることを、新任者に理解してもらわなければならない。早期に確固たる関係を築くのだ。

　並行して、前任者の現状も調べるべきだ。退社していれば、現在の勤務先を確認して営業に伝えよう。特に関係が良好だった場合、それは必須だ。新しい営業先になる可能性が高いので、このコネクションを放置する手はない。

ビジネスレビュー──役員向け以外にもレビューはある

　カスタマーに対し、ヘルス状態や全体的な進捗を伝える方法はいくつもあるが、その中でも効果的なのが四半期ビジネスレビュー（QBR）、エグゼクティブビジネスレビュー（EBR）、そしてヘルスレポートやデータ解説の自動送信である。いずれも、あらかじめ合意した達成目標やターゲットに向かって進展していることをカスタマーに示すものである。注意すべきは、これらは必ずしも四半期ごとに実施しなければならないものではない点である。大抵は、エグゼクティブビジネスレビュー、または単にビジネスレビューという呼称が用いられ、実施頻度も、年に1、2回から毎月まで様々である。

　エグゼクティブビジネスレビューの際にカスタマーヘルスを報告するのは、カスタマーライフサイクルを管理する上できわめて重要だ。明確な目的と共に適切に説明できれば、現状報告でさえ有用な武器となる。狙いは、カスタマーに報告内容を理解してもらうことでなく、現況を踏まえて提案したアクションを確実に実行してもらうことである。この種の報告をアクションにつなげるには、内容を解説する必要があるため、エグゼクティブビジネスレビューのように対面で会議する時のみ、カスタマーヘルスを報告することにしているカスタマーサクセスチームもある。

　ある例はこうだ。あなたはカスタマーがオンボーディングするよう真摯に努力を重ねてきた。現時点でカスタマーはうまくアダプションし、一部なりとも成果を達成しつつある。しかし、もし絶好調な進展ではなく、組織間の障壁をとりのぞくなどのために支持者の協力をとりつけたい場合、エグゼク

ティブビジネスレビュー以上にふさわしい場があるだろうか？

誰に出席を依頼するか

　エグゼクティブビジネスレビューは、その時点までの達成内容を共に喜び、何かが障害となっていればそれについて討議する機会である。形式は対面、または電話による会議で、カスタマーの様々な部門のステークホルダーが出席する。ただし、「エグゼクティブ」ビジネスレビューと称するからには、上級職者の出席は必須である。カスタマーの副社長以上の職位にある人に出席してもらえればベストだ。

　あなたの会社からも、複数の部門——カスタマーサクセス、営業、サービスなど——が出席する。あなたの会社が総力戦で臨んでいることを示すためだ。レビューの結果、進捗状況は上々でネクストステップも妥当だと、カスタマーの役員に確信してもらう必要がある。何より大切なのは、自社を戦略的パートナーと認識してもらうことだ。カスタマー側の経営陣に当事者意識を醸成することも重要な目的のひとつである。

　エキスパートからのアドバイス……役員がひとりも参加できない、または直前にキャンセルがあった場合は、レビュー自体の日程変更を検討されたい。**エグゼクティブ**ビジネスレビューとは、単なる名称ではない。ゲインサイトのニック・メータ CEO はブログ記事で、エグゼクティブビジネスレビューはコース料理のように複数のパートで構成されるとする、「前進するためのエグゼクティブビジネスレビュー」というコンセプトを紹介している[5]。準備として、プレ・エグゼクティブビジネスレビューを行ってほしい。準備と周到な配慮をして損はない。役員の時間は長くもらえない。短い時間を最大限活用しなければならず、事前準備をすればより効率化できるはずだ。

アジェンダ

　エグゼクティブビジネスレビューは出席者の紹介から始まる。特に初回のレビュー時、または初めての出席者がいる場合はそうだ。組織変更や財務の最新情報など、あなたの会社の簡単なバックグラウンドやアップデートもするといいだろう。資金調達ラウンドや合併、買収などの情報であなたの会社

の財務体質や安定性がわかるため、関心を示すカスタマーは多い。

　新任のステークホルダーが出席している場合、直近にリリースされたプロダクトやサービスをデモンストレーションするのもいい。カスタマーサクセスマネジャー、もしくはカスタマーサクセス担当役員として肝に銘じておくべきは、これまでの進展と提供価値の大きさとを踏まえて、カスタマーがあなたの会社とのパートナーシップに価値があると認識することだ。その時点までの進展状況と提供した価値を、費用対効果の分析などとともにしっかり説明しよう。

　そして次は、プロダクトのロードマップである。プロダクトの活用状況を説明し、事例を紹介するといい。今この瞬間に予定されている、または進行中の案件のアップデートを漏らさず伝えよう。

　シンプルに言えば、カスタマーの役員が「必ず出席しなければ」と思う価値あるエグゼクティブビジネスレビューを準備すること、それこそがカスタマーサクセスマネジャーの責務だと心得よう。

エグゼクティブビジネスレビューを実施する

　ダイヤルインシステム、モニター、プロジェクター、Wi-Fi 接続などの動作確認は、会議開始の直前に行っておこう。書けないホワイトボードマーカーばかりでないかも確認すべきだ。技術的な問題で予定時間の半分を無駄にする役員会議も少なくない。会議開始直後は、スピード感とエネルギーを感じさせるスタイルをお勧めする。立ちあがって前に進み出るといい。あなたが実際に動くことで、会議室にエネルギーが生まれる。そして自己紹介は省こう。リンクトインのバイオグラフィーもどきの披露に 10 分かける人がいるかもしれない。代表者がメンバーを紹介するスタイルにすれば、短時間で終わる。カスタマーサクセスマネジャー、もしくはカスタマーサクセス担当役員が自社メンバーを紹介し、カスタマー側も同様にする。そうすれば、15 分かかりかねない紹介パートが、2 分で終わる。

アペタイザー

　続くフェーズは「アペタイザー」だ。大事なアドバイスをしよう。これ

を必須のフェーズと考えるのだ。役員はせいぜい 30 分ほどで退出するので、出席中に話せる議題は 1 つか 2 つ、3 〜 5 枚のスライドを見てもらえればいい方だ。効率的に最重要事項を伝えるには、エグゼクティブサマリーの用意をお勧めする。プレゼンテーション全体を 1 枚に要約したものだ。そうすれば、数分で最重要ポイントを伝えられる。形式は、時間のない人でも理解しやすい箇条書きがいいだろう。

　優れたエグゼクティブサマリーは様々だ。カスタマーサクセスマネジャーなら、問題に対し提案したソリューション、そしてそれがもたらしたメリットを役員の耳に入れたいだろう。エグゼクティブサマリースライドを作成する際は、以下の 3 点に留意されたい。

1．問題を説明する──現状と、それが問題であることを示す関連ファクトを提示する
2．問題を放置した場合の影響（費用や時間などのロス）、根本原因と解決時の障壁を明示する
3．問題解決に必要と考えられるアクションを提示する。既にアクションをとった場合は、成果やそこから学んだものを明らかにする

　この「アペタイザー」フェーズには、一般的に自社の上級役員と現場チームが出席する。最初の 30 分でプロジェクトに関わる自社の戦略目標を明確に伝えよう。自社側の出席者、特に役員には、事前に準備をして、「時短」を徹底すべきだ。役員は**とかく話したがる**ものだからだ。

　カスタマー側のプロジェクト責任者には、彼らの役員に対して最新状況をインプットしてもらおう。良い方向に進んでいるというポジティブな内容なら最高だ。あまり芳しくない内容の場合、ぼかしてはならない。カスタマーは誠実さと透明性を求めている。隠し事をしてもメリットよりデメリットのほうが大きい。そして、最も職位の高い自社の出席者のプレゼンテーションでは、特にカスタマー側の状況について発表してもらうこと。必要なら、さらに一歩踏み込んだアドバイスを加えよう。

メインディッシュ

「メインディッシュ」フェーズに参加するのは現場チームのみだ。このフェーズは1〜2時間を要するが、この種の会議に長時間割く役員はまずい。大抵のビジネスレビューは、「メインディッシュ」の時間に行われる。ここで扱う議題が、アジェンダに記載されることが多い。

デザート

現場チームがネクストステップを調整するのが、エグゼクティブビジネスレビューの「デザート」フェーズである。20〜30分に留め、役員の示した戦略目標をアクションに落としこむことに専念しよう。自社プロダクトを利用してカスタマーのチームとともに実行するアクションを明確化するのだ。図8.2は、左側に「アペタイザー」フェーズでカスタマーの役員と確認した戦略目標を、右側で「メインディッシュ」での結論であるアクションプランを示したものだ。

フォローアップ

エグゼクティブビジネスレビューを弾みにプロジェクトを加速させよう。なるべく会議と同日にフォローアップレポートとサンキューノートをメー

図8.2　エグゼクティブビジネスレビューをアクションにつなげるためのフォーマット（例）

戦略目標	アクション
・ カスタマーおよび社内会議の準備に必要な時間を25%短縮 ・ プラットフォーム1の顧客基盤の20%をプラットフォーム2に移行	・ データソース1、2、3をゲインサイトに取り込む ・ CSMが手動で送信していた電子メール1、2を、ゲインサイトの電子メール自動送信機能に置き換える ・ ゲインサイトを使い、カスタマーごとのサクセス計画を策定して進捗を追跡する ・ 移行ずみ、移行中、移行リスクあり、それぞれのカスタマーの割合を示すダッシュボードを作成する

ルしよう。その際は、議事録に加えてプレゼンテーション資料の PDF も添付することをお勧めする。また、同じものを、カスタマーサクセスプラットフォーム、CRM システムほかの社内の情報シェアツールにあげるといい。カスタマーとコンタクトをとる可能性のある人全員が、この情報にアクセスできるようにしておこう。

　最後に、サクセスプランを作成して終了だ。「サクセスプラン」とはタスクとネクストステップを共有するものであり、自社とカスタマーが共同で利用する。これについては、第 11 章で詳しく述べたい。

契約更新

　カスタマーサクセス界では、カスタマーが自社プロダクトまたはサービスをうまく活用して成果を達成すれば、必然的に契約は更新されると思われがちだ。原理原則はその通りだが、契約更新を後押しする「真実の瞬間」をもたらすには、更新時期の前後に周到な準備が必要である。

　ここで少し時間をとって、契約更新とはそもそも何かを考えてみよう。契約更新とは商取引の一種であり、2 タイプに分けられる。1 つは、署名／捺印した契約書など明示的なもの。この場合、契約を継続するにはカスタマーの意思表示が必要だ。もうひとつは、自動更新や「オプトアウトなし」の契約などに代表される暗示的なもの。自動更新はしばしば「エバーグリーン」契約と呼ばれる。このタイプでは、カスタマーの意思表示が必要なのは契約終了時であり、それがなければ、署名／捺印なしで自動的に契約が更新される。カスタマーサクセスマネジャーの責務は、常にカスタマーに自分たちと仕事をしたいと思わせ、契約更新を必然とすることである。

　こんなシナリオを思いうかべてほしい。健全な状態のカスタマーが 1 社ある。さほどコミュニケーションをとってこないカスタマーではあるが、過去の利用状況やネットプロモータースコアから、あなたは次回の契約更新も確実だと考えている。彼らとのエグゼクティブビジネスレビューは、契約期間満了の 1 カ月前に予定されている。さて、あなたは何をすべきか？

更新日になってからカスタマーに取引条件を提示する、などしてはならない。最低でも更新の120日前に連絡すべきだ。1つのやり方は、エグゼクティブビジネスレビューに組みこみ、その時点までに提供した価値やパートナーシップから今後も期待できるメリットを説明することだ。何らかの懸念やイエローカードが出されたとしても、更新期限までに立て直す時間がある。担当カスタマーが多いなら、オンラインで行えばいい。

　御社のプロダクトやサービスに価値があるとカスタマーが確信してくれているのが理想だ。価値が実証されていれば、契約更新が会社にとって得策だと意思決定者を説得できる。すぐは無理でも、2〜3カ月あれば可能だ。先のシナリオでは、エグゼクティブビジネスレビューの予定は契約更新のわずか1カ月前だ。今後は、エグゼクティブビジネスレビューを契約更新の120日より前に設定するようお勧めする。

　更新手続きが完了したら、仕上げにとりかかろう。カスタマーの役員や現場チームに、更新を感謝する短いメールを送るのだ。ロータッチのカスタマーには、自動メールで謝意と計画詳細化の機会をもちたい旨を伝えるといい。カスタマーに、今後の展望が楽しみだと思ってもらうことが必要だ。そして、あなたやあなたのチームが自分たちの目標達成に向けて力を尽くしてくれるのだと確信させるのだ。

＊　＊　＊

　本章では、「真実の瞬間」を効果的にマネジメントしてカスタマージャーニーを現実化するための具体的な手法を紹介した。カスタマーサクセス業界でよく知られる「真実の瞬間」にいかに準備し向きあうべきかを提示した。以下に要約を記しておく。次章からは、ヘルススコアの定義づけとカスタマーに関する理解度と洞察を向上するテックタッチ戦略について述べよう。

カスタマージャーニーを成功させる必須要件
［オペレーション］
1．ライフサイクルのステージを確認する

２．セグメンテーションの軸を決める

３．タッチモデル（ハイタッチ、ミドルタッチ、ローまたはテックタッチ）をセグメントごとに決める

４．カスタマーの主要ステークホルダーを特定する

５．「真実の瞬間」と主なマイルストーンを特定する

６．アウトリーチ用テンプレートを作成する

７．プレイブックを作成する

８．アクションを要請すべき、または次のステージに進むべきと判断する基準を規定する

［データ］

１．セグメンテーションの可変要素

２．最初の契約日

３．直近の契約日

４．契約更新日

５．直近の契約期間

６．自動更新（有無）

７．セグメント名（またはタッチモデル名）

８．「真実の瞬間」とマイルストーン

９．アウトリーチ用メールテンプレート

原注

1. Fisk, P. (2009). *Customer Genius*. Capstone Publishing Ltd.
2. Hyken, S. (2016). The new moment of truth in business. *Forbes* (9 April 2016).Retrieved from: https://www.forbes.com/sites/shephyken/2016/04/09/new-moment-of-truth-in-business/#3fac6d2d38d9
3. 『真実の瞬間』、ヤン・カールソン著、堤猶二訳、ダイヤモンド社、1990 年
4. Fisk, P. (2009). *Customer Genius*. Capstone Publishing Ltd, p. 216.
5. Mehta, N. (2018). How to Put the 'Executive' Back in Executive Business Review, 6 November 2018. Retrieved from: https://www.gainsight.com/blog/how-to-put-the-executive-back-in-executive-business-review/

ヘルススコアを活用して
カスタマーを管理する

　前章で、カスタマーの記憶に長く残る、カスタマージャーニーの中でも重視すべき瞬間——「真実の瞬間」——について述べた。カスタマージャーニーの最中、カスタマーは進捗や心情を示すシグナルを出してくる。本章では、ヘルススコアというコンセプトを用いてシグナルをキャッチし、意味を正確に理解して、カスタマーをうまくマネジメントする手法を紹介する。特に、いくつかのタイプや自社のニーズに合わせて微調整するための枠組みについては、丁寧に書いてみたい。

ヘルススコア
——カスタマーの健全性をどう判断するか

　ヘルススコアは、カスタマーサクセス関連で最も多く議論されるトピックのひとつである。カスタマーは、プロダクトやサービスに対する満足度を伝える「シグナル」を、明示的にも暗示的にも常に発しているという考えに基づいた概念である。そして、カスタマーに関する様々なシグナルを統合することで、カスタマーを定量的に判断できるとするのが、カスタマーヘルススコアである。しかし、そんなにシンプルなものかと疑念を抱く人もいるだろう。このコンセプトを理解するには、自身の健康状態を例にとってみるとわかりやすい。

　子どもは少しずつ免疫力をつけ、疾病に対する耐性を獲得していく。それ

と同じで、プロダクトやサービスの利用を開始したばかりのカスタマーには、価値を感じられるようになるまで、かなり手をかける必要がある。

　成長するにつれて活動レベルも上がる。ジムに通うようになれば、健康状態はおおむね良好だろう。しかし、時にはマイナーな問題にでくわす。たとえば、骨折して治療が必要になるかもしれない。カスタマーも同じだ。最初から万事うまくいってスムーズにアダプションし、早期に価値を実感できるカスタマーもいるが、大半は何らかの問題に直面する。プロダクトのバグが原因でうまくアダプションできないケースもあれば、カスタマーの役員の交代で優先順位が変更された結果、プロダクトやサービスの利用状況が変わる場合もある。

　大人になると優先順位が変わり、健康に影響する習慣を身につける。過度の喫煙や運動不足などがあてはまるようになるかもしれない。カスタマーのプロダクトやサービスの利用状況にも、同様にいろいろとあるのだ。

ヘルススコアを定義する

　カスタマーヘルススコアは、カスタマーに価値とポジティブな体験を提供できているエリアとそうでないエリアがわかる、一貫性ある共通指標である。カスタマーの視点にたち、プロダクトから価値を得ることができているか、あなたの会社との取引に満足しているかを意味する指標だ。ベンダーにとって、カスタマーが契約を継続、拡大してくれる、または推薦してくれる可能性を高めるツールだと言える。

　しかし現在、大抵の企業がヘルススコアの設計に苦慮している。データに基づいてカスタマーヘルスを判断し可視化でき、しかも全社で使える共通指標を策定するのは至難の業なのだ。過度に単純化して1つの指標しか使用しない企業もあれば、対極的に指標が多すぎる企業もある。必要以上にパラメータが多いと、どの指標を基に対策をとるべきかの意見が分かれることにもなりかねない。本章では、信頼できるヘルススコアの設計方法と、ヘルススコアにあらわれた変化にどう対処すべきかを解説する。

　カスタマーヘルスは、アウトカム（成果）と体験という2つの要素に大きく影響される。第1章で紹介した、カスタマーサクセスの方程式を思い出

してほしい。

カスタマーサクセス　　　カスタマー体験　　カスタマーのアウトカム（成果）

$$CS = CX + CO$$

　たとえば、ライドシェアサービスを利用してどこかに向かうとする。この時の「アウトカム（成果）」は、A 地点から B 地点への移動である。移動中にどう感じたか？　ドライバーがかけた音楽は気にいったか？　ドライバーは話し上手だったか？　最短ルートまたは最も早く到着できるルートをとったのか？　これらの質問に対する答えが「体験」をつくる。

　アウトカム（成果）も**体験**も同等に重要であり、いずれもその後同じ頻度でそのライドシェアサービスを利用するか否かに影響する。楽しさという点で体験の質が向上すれば、サービスの利用頻度は上がるはずだ。ポジティブな体験が続けば、友人や同僚に推薦することもあるだろう。体験が変容して不快なものになれば、最悪の場合は競合に乗り換えるようになる。

　カスタマーも同じである。アウトカム（成果）と体験で、あなたの提案やプロダクト、サービスを継続利用するか利用を中止するかを決める。アウトカム（成果）のヘルスについては、カスタマーがアウトカム（成果）を達成し価値を得ていることが、健全と判断するための必須要件となる。体験のヘルスに関しては、自社や自社プロダクトの利用体験がカスタマーにとってポジティブかどうかを評価することになる。全体的なカスタマーヘルスを判断するには、これらの指標を両方見ていく必要がある。

アウトカム（成果）のヘルススコアを設計する

　アウトカムのヘルススコアは、カスタマーがアウトカムを達成し、あなたの会社のプロダクトやサービスから価値を得ているか否かを示す。これは、4 つのカテゴリーに分けられる。

デプロイメント

　スマートフォン用アプリを購入した時を考えていただきたい。ダウンロード後に初期登録する。これは一種のデプロイメント（訳注：アプリケーションやサービスを利用可能な状態にすること）である。デプロイメントは、カスタマーが購入したプロダクトやサービスをアクティベートしたかどうかで確認できる。通常、1件の契約で複数のプロダクトやサービスをサブスクリプションするが、いずれもアクティベートしなければ利用できず、価値を得ることも不可能である。これはチャーンや解約につながる。まさにカスタマーサクセスマネジャーが避けたい状況だ。

　SaaSビジネスにおける典型的な**デプロイメント**は、アクティベートされたライセンス、オンにされた機能、初期トレーニングの修了数などで判断される。オンプレミスのプロダクトがほとんどであれば、ソフトウェアのダウンロード回数、オンにされた機能やモジュールの数、初回の訪問サービス利用回数などが最も一般的に使用される。

エンゲージメント

　自社の社員とカスタマーとの間のコミュニケーションすべてが、エンゲージメントである。マーケティングによる最新版プロダクトに関するプレゼンテーションや、営業による別ライセンスの商談やエグゼクティブビジネスレビューもエンゲージメントだ。また、反応がない、協力を拒まれるなどは、カスタマーのエンゲージメント欠如の表れだ。

　エンゲージメントは、カスタマーの主要ステークホルダーと自社とのコミュニケーション状況と関与度を示す指標であり、それによって定期的に関わることができているかが判明する。最低でも、意思決定者または役員クラスの支持者とは定期的にコンタクトしておくべきだ。基本的に、パワーユーザーまたは管理者とは高頻度にコンタクトしたい。成熟度の高い企業では、プロダクトのエンドユーザーとのつながりも推奨される。特に大企業では、IT部門も重要なステークホルダーだ。イベントの参加状況やトレーニングの修了数、ウェブサイトの訪問などをトラッキングして、人的交流の代替指標とする企業もある。

自社にとってベストな指標が何であろうと、忘れないでほしい点がある。大小問わず、すべてのカスタマーの主要ステークホルダーとのエンゲージメントを、テクノロジーを使わずしてトラッキングすることは不可能だという点だ。つまり、システム化は必須である。

アダプション

　テクノロジー業界で「アダプション」といえば、「プロダクトアダプション」を指す。カスタマーがプロダクトやサービスを利用することだ。カスタマーサクセスマネジャーならば、カスタマーには継続的にプロダクトを利用、すなわちアダプションしてもらいたい。そのために、プロダクトを利用することでカスタマーが価値を得るよう促すのが、カスタマーサクセスマネジャーの責務だ。**アダプション**の指標を用い、カスタマーが適切な頻度でプロダクトを利用しているかを評価する。高度な機能をカスタマーが使いこなしているかを把握するのだ。この指標は、少なくとも2つに分類される。

　1つは、**アダプションの深度**である。「ユーザーは『アクティブに』ログインしているのか？」という質問の答えだ。プロダクトやサービスはライセンス供与というかたちでデプロイメントされることが多い。最も一般的なアプローチは、アクティブユーザーを日、週、月単位で測定することだ。契約内容にもよるが、カスタマーがログインすればプロダクトを少なくとも利用すると考える。ただし、オンラインアクティビティやトランザクションの量、ログイン時間などのほうが、深度をよくあらわすケースもある。

　自社プロダクトがクラウドベースではなくオンプレミスであれば、他の指標も検討してみるといい。最もよく使われる指標は、カスタマーがプロダクトを最新バージョンにアップデートしているか否かを見る指標である。逆に、何世代前のバージョンを利用し続けているかでもよい。もう1つの代替指標は、サポートチケットの使用数またはトレーニングの修了数である。また、自社のプロフェッショナルサービスチームへのコンタクト回数からもアダプションの深度はわかる。

　2つ目は、**アダプションの幅**である。これでわかるのは、プロダクトやサービスの利用状況が健全であるかどうかだ。利用状況を細かくみれば、カスタ

マーがしかるべき機能を活用しているかがわかる。自社プロダクトにとりわけ「使える」機能があれば、可能なかぎり多くのカスタマーにその機能を活用してもらうことは、自社にとってのメリットともなる。

費用対効果（ROI）

　費用対効果は、あなたの会社のプロダクトやサービスに期待するアウトカムを、カスタマーが達成できているかどうかを測る指標である。もしカスタマーが得ている価値をトラッキングする機能がプロダクトに内蔵されていれば、そのデータとこの指標を連動させるべきだ。もしなければ、アウトカムとそれを達成するのに必要なアクションをトラッキングするサクセスプランを、カスタマーと協同で策定すべきだ。図9.1に示すように、アウトカム、すなわち費用対効果は、経済性、オペレーションの容易さ、インスピレーションの3つに類別される。

図 9.1　カスタマーが達成するアウトカムのタイプ類型

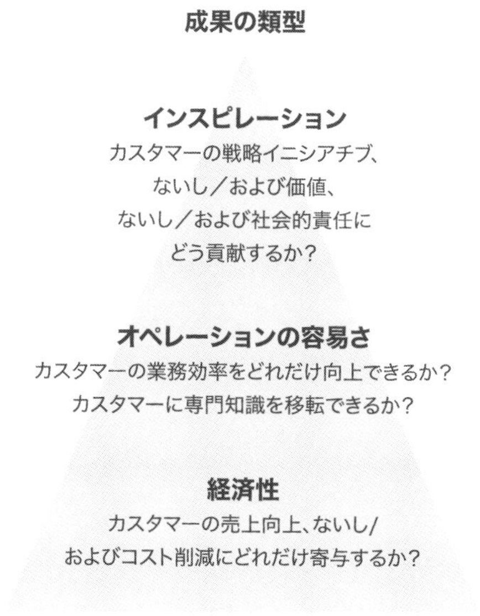

成果の類型

インスピレーション
カスタマーの戦略イニシアチブ、
ないし／および価値、
ないし／および社会的責任に
どう貢献するか？

オペレーションの容易さ
カスタマーの業務効率をどれだけ向上できるか？
カスタマーに専門知識を移転できるか？

経済性
カスタマーの売上向上、ないし/
およびコスト削減にどれだけ寄与するか？

体験のヘルススコアを設計する

　体験に関わるヘルススコアは、カスタマーがベンダーまたはパートナー企業としてあなたの会社と取引する中でポジティブな体験ができているかどうかを示すスコアである。少なくとも以下3点がわかる。

体験全般

　これは、カスタマーのユーザーやステークホルダーがあなたの会社との取引を肯定的にとらえているか否かを示す指標だ。ロイヤルカスタマーになり、他者に推薦してもいいと思うほど「好意度」が高いかどうかもこれで判断できる。代表格はネットプロモータースコア（NPS）である。

　NPSと略されることも多いネットプロモータースコアは、カスタマーの全体的な満足度を測る目的で多くの企業が採用している指標・手法であり、カスタマーヘルスやロイヤルティを示す。また、将来的なプロダクトアダプションや成長の可能性を示唆する重要な指標でもある。読者諸氏も1度くらいは、オンラインやメール、電話などでネットプロモータースコア調査に協力したことがあるだろう。内容としては、たったひとつの質問をするだけである。「弊社のプロダクトを友人または同僚に勧める可能性はどのくらいありますか？」　スコアが70を超えれば、世界中のどこでも通用するとされる。

　カスタマー調査とネットプロモータースコアは、カスタマーのセンチメントのみならず、カスタマーサクセスマネジャーとしてのあなたや、カスタマーサクセスプログラム全体を間接的に評価する。カスタマーライフサイクルのどのステージにおいても、ほとんどの企業が他の指標とネットプロモータースコアを併用して、全体的なカスタマーヘルスや成功度合いを評価している。

サポート体験

　サポートの対応は、サポート提供後に顧客満足度調査を毎回実施することで評価できる。「今回の対応にどの程度満足されましたか？」という質問に対し、カスタマーに5段階で回答してもらうのだ。

1. 非常に不満
2. 不満
3. どちらでもない
4. 満足
5. 非常に満足

　回答結果を平均して CSAT（Composite Customer Satisfaction Score）とも呼ばれる顧客満足度指数を導きだす。通常、CSAT はパーセントであらわされる。完全に満足している状態が 100％であり、0％はカスタマーがまったく満足していないことを意味する。

センチメントスコア

　カスタマーサクセスマネジャーが考慮すべきデータは数多い。可能なかぎり多くの情報を収集しよう。分析チームの解析結果を表面的に把握するだけではだめだ。センチメントスコアは、自社の担当者の主観によってカスタマーのステークホルダーの感情をトラッキングする指標である。カスタマーサクセスマネジャーは自身が定期的にコンタクトする相手を基準としてカスタマーヘルスを判断するが、センチメントスコアの算出に用いるインプットはそれだけではない。あなたの会社にはカスタマーとつながっている人がほかにも多数いる。また、つながりは仕事関係にかぎらない。たとえば、カスタマーサクセスの担当役員は、カスタマー企業の同じ役職者と連絡をとりあっている可能性がある。また、営業チームのリーダーがカスタマーのメインの意思決定者と知り合いかもしれない。各関係者にはそれぞれの立ち位置や経験があり、またカスタマーとの関係性も異なるため、視点も様々である。したがって、カスタマーや総合的なカスタマーヘルスについての見たても異なる。

　センチメントスコアは、主観に基づく定量ヘルスデータを解釈する際の重要な洞察を示す指標である。しかし、これだけを基にカスタマーヘルスを判断してはならない。カスタマーの状態をホリスティック（全体的、統合的）

に理解するには、すべての情報をしかるべき割合で勘案することが必須だ。時に、人間の着眼点が最も有用だ、というのは事実である。そして、センチメントスコアも人間の着眼点のひとつである。

基準値を正しく設定する

　本章で紹介してきたデータ指標それぞれについて、健全性を判断する基準値を設定しよう。そうすれば、カスタマーヘルスがどのような局面で危機的な状況、または下降線をたどるかが明確になり、とるべきアクションを判断しやすくなる。

　アウトカムのヘルススコアについては、最低3段階（赤、黄、緑）から最高5段階（赤、オレンジ、黄、薄い緑、濃い緑）で評価することがお勧めだ。なお、色の名前は低いほうから列記している。基準値の設定は、カスタマーを特定のスコアに基づいて3つないし5つのグループに分けて考えるのがいい。結果がタータイル（5つに分けた場合にはクインタイル）と呼ばれる同サイズのグループとなるように調整しよう。デプロイメントされるライセンス数などの指標でグループを分けるといいだろう。最初からバランスを重視して分けられるとベストである。カスタマーが各クインタイルに20％ずつ（すなわち、等分するかたちで）ふりわけられるように設計すると、各カスタマーの状況を把握しやすい洞察が得られる。また、カスタマーベースの中での成長性の判断にも利用できる。ヘルススコアが常に現状を正しく反映するよう、基準値や関連指標を半年または1年に1度見直すことも重要だ。関連する要素すべての平均値を、成果に関わる統合的ヘルススコアと考えていい。むろん、特定要素を加重平均してもかまわない。

　体験のヘルススコア付けは、総合的な体験、またはネットプロモータースコアから始めよう。あるカスタマーのネットプロモータースコアを複数の回答に基づいて算出する場合、回答が60〜100％の範囲であれば、このカスタマーは緑の段階にいると考えられる。30〜60％の範囲であれば、そのカスタマーは黄であり、30％未満のカスタマーは赤となる。サポート体験ス

コアも同様だ。平均スコアが4以上のカスタマーは緑、3と4の間ならば黄、3未満であれば赤である。総合的体験スコアは関連する全スコアの平均値と考えていいが、特定スコアを加重平均することももちろん可能である。

　総合スコアはアウトカムと体験のスコアの平均となるが、いずれかをより重視すべきとの仮説があれば、加重平均するといい。

ヘルススコアを設計するその他のフレームワーク

　カスタマーアウトカムとカスタマー体験は、カスタマーヘルスを的確に示す指標である一方、ヘルススコアの設計にあたっては、その他の方法も数多く存在する。目的に応じて選択してほしい。

　ゲインサイトのニック・メータ CEO が、「The CEO's Guide to Measuring your Customers（仮邦題：カスタマーの状況を判断するための CEO 向けガイド）」というブログ記事で、本質をついた解説をしている。カスタマーが出す多種多様な「シグナル」をヘルススコアに反映するアプローチを紹介しているのだが、メータが紹介したアプローチは今では広く活用されている。重要なのは、複数のソースからデータを取得することだ。メータによれば、「カスタマーヘルススコアという概念を導入するにあたって、企業が犯しがちなミスは、すべてをひとつの数字に集約できると考えること」である。[1]

ベンダーのアウトカムヘルススコア

　自社の成長に対するカスタマーの寄与度を測りたい場合に使用するのが、このスコアである。カスタマーがベンダーに提供する価値は単一ではないため、それぞれ独立した指標が必要となる。一般的には、以下のアウトカム指標が考えられる。

- カスタマーが取引を継続した場合の価値
- カスタマーが契約範囲を拡張した場合の価値の増分
- カスタマーが新規カスタマー獲得に協力してくれた場合（紹介など）の

価値の増分

　ベンダーのアウトカムスコアカードは、リテンション（取引継続）、エク
スパンション（契約拡張）、アドボカシー（推薦）の3エリアに大別される。
リテンションは、「取引を継続してくれそうか？」だ。エクスパンションは、
「契約額を増やす可能性はあるか？」だ。アドボカシーは、「我が社を推薦し
てくれそうか？」だ。**図9.2**にスコアカードの一例を示しておく。

ベンダーの契約範囲拡張ヘルススコア
　いわゆる「ホワイトスペース」を、営業チームに対して開示する企業もあ
る。「ホワイトスペース」とは、カスタマーとの間で契約内容や定期収益を
拡大・増大できる余地の大きさを示す。そのため、このエリアの指標や基準
値は、カスタマーが自社プロダクトを購入してくれる可能性に基づいて算定
される。時には、最大の拡販機会、すなわち「ホワイトスペース」、がみつ
かるのは、必ずしも最大のカスタマーではないこともあるだろう。

カスタマーエンゲージメントのヘルススコア
　通常、カスタマーの健全性は主に「先行指標」で管理される。カスタマー
とベンダーのエンゲージメントレベルを示すとされることの多い先行指標は、
リテンションや契約範囲拡張機会である。カスタマーのエンゲージメントス
コアカードには、以下の項目を含められたい。

- プロダクト／サービスの利用実態……カスタマーは、当該プロダクト／
  サービスをどの程度使いこなしているか？
- マーケティング活動の利用実態……カスタマーは、ウェビナーやイベン
  トなどにどのくらいの頻度で参加しているか？
- コミュニティの参加実体……カスタマーは、ベンダーのオンラインコ
  ミュニティのアクティブメンバーか？
- 推薦実体……カスタマーは、ベンダーを積極的に推薦してくれるか？

図9.2 ベンダーのアウトカム／ヘルススコア（例）

カスタマーの習熟度ヘルススコア

　この指標は、カスタマーの習熟度を上げるために必要となるリソースの大小を示してくれる。カスタマーのプロダクト習熟度を上げる努力をしている企業もあり、特にハイタッチのカスタマーについてはその傾向が顕著である。カスタマーの習熟度を評価できれば、人的その他のリソースを適切に投下できる。習熟度スコアカードには、以下の項目を含めることをお勧めする。

- プロセス……カスタマーは、ベンダーのプロダクトやサービスを中心としたプロセスを導入しているか？
- 習熟度……カスタマーは、ベンダーのプロダクトやサービスをどの程度使いこなしているか？
- 期間……ベンダーのプロダクトやサービスの利用期間はどのくらいか？
- トレーニング……ベンダーのプロダクトやサービスのトレーニングを受けた人員は何名いるか？
- 推薦……カスタマーは、ベンダーを積極的に推薦してくれるか？

ヘルススコアを実務に活用する

　本章の寄稿者を検討するにあたり、カスタマーサクセスのもつ2つの側面——テクノロジーと人間——の両方に通じている人物に依頼したかった。ビジネスインターフェースのテクノロジー活用と、能力を最大限に引き出すピープルマネジメントのいずれにも知見の深い人を探し、エリン・シーメンスにたどりついた。様々な規模の企業にソリューションを提供するインプリメンテーション部門から始まるADPでの長いキャリアと、認定資格をもつ人事専門家としてのバランス感覚は、まさに我々の理想とするところだった。またシーメンスは、組織全体にまたがるカスタマーサクセスのデプロイメントについて、パルス2019で講演している。これが決め手となった。シーメンスには、ヘルススコアの実務への活用について述べてもらった。

稼働中のヘルススコア

ADP　クライアントサクセス担当上級副社長　エリン・シーメンス

　20余年にわたりカスタマーを成功に導く職務にあたってきたが、カスタマーヘルスを定量化することは常に課題だった。現在もほとんどの企業が、赤、黄、緑といったシンプルかつストレートな評価を採用している。20年の間に多くの変化が起きたが、カスタマーヘルスの判断が評価者の主観にゆだねられているところは変わっていない。メーカーである弊社の、最大カスタマーだった企業を例に説明しよう。

　当時のリレーションシップマネジャーは、彼女とカスタマー側の担当者とが個人的にきわめて良好な関係を築いていたことから、同アカウントを緑中の緑と評価していた。両者の子どもたちは同じ高校の野球チームのメンバーだった。彼女の推薦で、カスタマー側の担当者は弊社のエグゼクティブアドバイザリーボードの一員だった。強固で継続性の高い取引関係であることに疑念をはさむ理由はなかった。もし何かあれば、その担当者が必ず教えてくれると信じていた。ある時、カスタマーの社長が交代した。会社の方向性が変わり、弊社の唯一の窓口の影響力がうすれていった。何の前ぶれもなく、カスタマーのヘルススコアが緑から赤中の赤に変わった。ほどなく担当窓口は退社し、アカウントにコンタクトをとっても返事がなくなった。気づかないうちに、我々は競合にカスタマーをひきぬかれていた。名実ともに痛い失点だった。このようなことがあるから、私の同僚は「緑は否定の色である」と言うのだろう。

　カスタマーヘルスは、もっと効果的に把握しなければならない。チャーンを予見するだけでなく、パートナーシップに問題の兆候が見えた時に、カスタマーサクセスマネジャーがとるべきアクションを判断できなければならない。弊社が使っている5つのカスタマーヘルス評価項目をご紹介しよう。他社でも適用可能な項目だと思う。

・財務上の健全性……カスタマーの取引金額は増加傾向にあるか、減少

傾向にあるか？　契約はあるか？　定期的にディスカウントをしている
か？　支払いが遅延したことはないか？

- プロダクトの活用……カスタマーの戦略部門と深く関わっているか？
彼らからコモディティやトランザクション相手にすぎないと認識されてい
ないか？

- エンゲージメント……カスタマーはあなたのプロダクトのロードマップを
示唆するアドバイザー的役割を担ってくれているか？　御社が主催する
カスタマー向けイベントに参加したことはあるか？　調査その他に協力
し、フィードバックを提供してくれているか？　あなたの会社のプロダク
トを紹介してくれているか？　パートナーシップ会議にカスタマーの役
員は出席するか？

- サービス提供……カスタマーはサポート体験を好意的に捉えているか？
サポートチームはサービス品質保証契約どおり業務を遂行し、依頼に
タイムリーに対応しているか？　カスタマーはしかるべきルートでサポー
トにコンタクトしているか？　カスタマーサポートへの要請頻度は想定
内か？

- チャーンのリスク……カスタマーの経営陣が最近交代していないか？
競合とコンタクトをとっていないか？　カスタマーが買収される可能性は
ないか？

　カスタマーヘルスを測定したら、懸念すべきあらゆる兆候の発生時に備
えて、自社のしかるべき部門を巻き込んだプレイブックを用意しよう。同
時に、カスタマーにも同じ情報を共有することをお勧めする。健全なパー
トナーシップを構築するにはカスタマー側にも果たすべき役割があると理
解してもらい、より大きな成果の達成に向け積極的に関与してもらおう。

　カスタマーサクセスという職種が進化を続け、多くの知見が蓄積される
につれ、カスタマーヘルスを評価する時の必須項目も変化した。我が社
ではヘルススコアを今でも見直しており、成果に向けた進捗状況と利用中
の個々のプロダクトに関する項目を加える予定だ。御社がヘルススコアを
設定して活用する際に、微調整し改善すべきエリアがみつかるのに時間は

かからないだろう。

　最後に、カスタマーサクセス担当というキャリアに足を踏みいれようとしている人にアドバイスをしたい。それは、プロセスを変更する柔軟性をもとう、ということだ。完璧なアプローチができるまで座して待っていてはならない。手持ちのデータでヘルススコアを設計しよう。完全に網羅的なデータが揃うことなどない。おもしろいもので、利用すればするほどデータの質は向上する。そして、カスタマーヘルスは全社で共有しよう。プロダクト、テクニカルサポート、営業に至る全部門で共有するのだ。ヘルススコアを活用し、カスタマーと彼らの成功のために最善の意思決定をしよう。完璧なヘルススコアはない。知見の蓄積とともに進化と変化をし続ける。明確な意図をもってカスタマーヘルスを測定して改善を試みるプロセスは、あなたのカスタマーにも自身の会社にも、間違いなく最初から大きな価値をもたらすだろう。

　エリン・シーメンスが述べたように、スコアカードを作成するには複数ソースのデータが必須である。ただ、それだけでも不十分だ。せっかく取得した情報も、適切に活用しなければ宝の持ち腐れとなる。カスタマーと接点を持つ社員がスコアに従って行動するところまで周知徹底しよう。何より重要なのは、データがないから仕方ないという言い訳を捨てることだ。それは単なる逃避であり、卑怯なだけだ。積極的にデータを収集し、カスタマーがゴールを達成できるよう導いてこそ、カスタマーファーストというカスタマーサクセスの本質にたどりつけるのだ。

カスタマーヘルススコアカードの未来と人的要素

　我々が活用できるデータ量は増加の一途をたどっている。データサイエンスと AI が急速に進化する中で、カスタマーサクセスマネジャーという職種

の現在と未来に、人間はどのような役割を果たせるだろうかという疑問をもつ人もいるだろう。

ノーマライゼーション vs. インディビジュアライゼーション

ヘルススコアは、本質的に各カスタマーの個性を最小化／標準化するものだが、それが何を意味するのか少し考えてみよう。幅広い項目と事前に設定された基準値を多種多様なカスタマーに適用するのが、ヘルススコアだ。つまり、カスタマーごとの個性を勘案するようには設計されていない。代わりに、複数のモデルを適用することで、カスタマーの全体的な状態、という非常に重要度の高い情報が得られる。しかし、潮流は変わりつつある。カスタマーの個性を理論的に排除してカテゴリー分けするヘルススコアは、カスタマーがより個別対応を求めるようになってきている流れと、一見相いれない。

収益、業界、プロダクトミックス、習熟度などの類似性とヘルススコアを組み合わせて、カスタマーをセグメンテーション、すなわちグループ分けする定型的なアプローチではカスタマーの個性が分かりづらい。人間が1人ひとり違うように、カスタマーにも異なる個性があるという現実を反映できないという事実が明らかになってきている。

子育てを例にとって、カスタマーの個性について説明しよう。子ども3人を育てる夫婦を思い浮かべてほしい。子育てが初めての時は、自分が育てられたやり方を「プレイブック」として使おうとする。もしくは、書籍を読んだりセミナーに出席したりして、少し進歩的な方法で子育てスキルを磨く人もいるだろう。しかしどれほど努力しても、気の毒だが最初の赤ちゃんは実験台にならざるをえない。第1子の子育てをとおして親が学ぶのは、うまくいったことよりもうまくいかなかったことの方が多い。そして、より完成度の高いプレイブックができ、ヘルススコアのようなものを参考に特定の行動を選択するようになる。親としての「直感力」も鋭敏になる。しかし、第2子以降に同じプレイブックは使えず、バージョンアップが必要だ。すべての子どもにそのまま通用できるプレイブックはない。あなたが担当することになる新規カスタマーも同じである。新規カスタマーに対して自分が慣れたアプローチをすること自体に問題はないが、どこかのタイミングで調整する

のを怠ってはならない。

　子どもの躾であれカスタマーのコーチングであれ、人を相手にするには、それぞれの個性に合わせた個別戦略が必要だ。現在のヘルススコアやセグメンテーションモデルの根本的な欠点は、カスタマーの固有ニーズを加味できない点である。カスタマーヘルスをマネジメントする上でスコアカードの果たす役割は小さくないが、全容を知るにはほど遠く、また各カスタマーの潜在的な可能性を最大化するには役立たない。

「スコアカード頼み」なシステムの限界がそのまま、カスタマーサクセスマネジャーが重要な理由だ。可能なかぎり個々のカスタマーと直接コンタクトすることで、カスタマーサクセスマネジャーはカスタマーを成功に導き、自社との現在進行形の関係に継続的な付加価値を与える。CEOもカスタマーサクセスマネジャーと同じヘルススコアを参照するが、集約されたヘルススコアから顧客基盤の全般的状況とセグメント別の傾向を把握するに留まり、カスタマーの個別状況は確認しない。一方、カスタマーサクセスマネジャーは個別カスタマーに対してホリスティックに責任を負う。カスタマーサクセスマネジャーは、共通のプレイブックを使ってカスタマーの個別ニーズに応えていく。ここにある種の乖離がある。ヘルススコアモデルは標準化を目的とするのに対し、カスタマーは個別対応を望んでいるという点だ。

人工知能（AI）vs. エモーショナルインテリジェンス

　カスタマーサクセスマネジャーは人間だ。カスタマーの個性をヘルススコアの方程式に取り込める。カスタマーの個別事情に応じてカスタマイズしたアプローチをリアルタイムで実行することが多い。「カスタマイズ」と「カスタマー」という単語は、いずれも「習慣、利用状況、方法、活動、慣例、熟知」を意味する consuetudinem というラテン語からきている[2]。固有の習慣や活動、習性は、誰にでもある。そういった独自性を認めなければならない場合もある。カスタマースコアにも、各セグメントにも、生身の人間が関与している。それを忘れないでほしい。

　AIは進化を続けていて、カスタマーサクセスプラットフォームもAIによる顔認証やリアルタイムの音声感情解析を実装するようになってきた。ビデオ

会議中のカスタマーの感情を「判断する」テクノロジーだ。それぞれのカスタマーに合わせたアプローチは今日でも重要性、必要性ともに高いが、カスタマーサクセスマネジャーなしでは実行不可能である。そこで問題となるのは、予測と判断のいずれがより重要かである。『ロットマン・マネジメント・マガジン』のカレン・クリステンセンと、クリエイティブ・デストラクション・ラボの首席エコノミストであり多くの著書でも知られるジョシュア・ガンズの対談記事でも、このトピックがとりあげられている。記事とケーススタディのタイトルは、「Prediction vs. Judgment（仮邦題：予測 vs 判断）」だ。[3]

ガンズは予測を以下のように定義している。「手持ちの情報を基にして、手元にない情報を生成しようとした時に生まれるのが予測である……重要なのは、これが機械学習のメカニズムだということである。因果関係の検証はしないため、不確実な要素が含まれていたりデータが限られていたりする場合、利用には注意が必要だ」。ここから、人間とAIがタッグを組むのに必須の事項が2つあることが分かる。1つはデータを必ず複数のソースからとること、もう1つは人間が判断する余地が必ずあることだ。ガンズはこうも述べている。「**我々が心配する必要はない**。AIは人間の認知能力を代行するためのものではない。前述のように、AIが『行う』のは予測というほんの一部の行為に留まる。AIの複雑性はコーディングのアルゴリズムであって、結果ではない」

ガンズは、AIは膨大なデータを解釈し予測した結果を提供する一方で、常に既知の情報に縛られている、いや、むしろデータベースにない情報が制約になると言う。そして、人間だけがもつ3タイプの「データ」――感覚的に分かるもの、恣意的に選択するもの、プライバシーを守るために行うもの――にとって代われるものはないとも言っている。機械は人間の感覚にはかなわない。我々が**選択内容**を描写できても、我々に代わって選択はできない。特に、3番目の人的「データ」は非常に興味深い。機械は与えられた情報から予測する以上のことはできない。ガンズは、「自身の経済状況、健康状態、そして意見を公表しない人が多ければ、予測機能はデータ不足でほとんどの行動予測ができなくなるだろう。そのため、我々が他人を理解する時には、機械がとって代われない判断力というスキルが常に必要なのだ」と言う。

つきつめれば、人間の健全な判断力の代わりになるものはないということだ。

　だからといって、ヘルススコア作成を通した洞察収集を軽視するつもりは断じてない。AIに大きなメリットがあるのを疑う余地もない。しかし、AIには限界があり、それがカスタマー分析の制約となる。人間の判断と個人的なつながりは依然として不可欠なのである。

　ここで登場する新しい用語が「マイクロセグメンテーション」である。単独では重要性をもたないが集約すればカスタマーの個性をあらわす、無数の小さな要素のことである。カスタマーインテリジェンスシステムやヘルススコア、セグメンテーションといったモデルは、将来的にこの方向に変化していくと考えている。現行のモデリングでは、年次定期収益や規模、展開する業界、商圏などの面で類似し、ヘルススコアの指標も同等のカスタマーが複数いる場合、彼らは実質的に同質と判断される。しかし、ヘルススコアでは把握しきれない要素があって、それぞれに異なるアプローチが必要なこともあるだろう。その際に何が適しているかを判断するのが人的要素である。

　人はそもそもマイクロセグメンテーションのエキスパートだ。相手の心をリアルタイムで読み、A氏とB氏にはそれぞれどのアプローチが最適であるかを判断する能力が、生まれつき備わっている。関連データをすべて評価し、処理して脳にインプットするのだ。簡単に言えば、システム――この場合は人間――は、マイクロセグメンテーションによって、無数に存在する各カスタマーに固有の要素を、リアルタイムで効率的にふるい分けることができる。現時点では、このスキルに関して人間に勝るソフトウェアはない。そのようなソフトウェアが開発されるまで、いやそうなった後でも、カスタマーサクセスマネジャーは、ヘルススコアを非標準化し、各カスタマーの個性に組み直して、それを加味したアクションを選択するにあたって不可欠である。

　カスタマーサクセス担当にとり、究極的に最も価値があるのは人とのコンタクトだ。まだしばらく我々が提供するプロダクトを購入し利用するのは人間だ。そうである以上、カスタマーサクセスマネジャーは、スコアカードを解読し誠実に対応するために不可欠な存在である。彼らが介在することで、最大限に個別化された体験を各カスタマーに提供できるのだ。

$*$　$*$　$*$

　本章の冒頭で述べたように、カスタマーサクセスマネジャーとしての成功
は、スコアカードの設計と実施にかかっている。カスタマーのスコアカードは、
チャーン防止の万能薬でも、誰にでもフィットする解決策でもないが、スコ
アカードから分かる情報は会社の成長に不可欠だ。カスタマーサクセスのテ
クニックは日々進化している。カスタマーヘルスの評価やアプローチのカス
タマイズ方法が、これからも改善され続けることを期待してほしい。

原注

1.　Mehta, N., Srinivasan, P., and Robins, W. (2017). The CEO's Guide to Measuring Your Customers. Gainsight, 4 August 2017. Retrieved from: https://www.gainsight.com/blog/ceos-guide-measuring-customers/
2.　Online Etymology Dictionary.© 2001-2009. Douglas Harper. Retrieved from: https://www.etymonline.com/search?q=consuetudinem
3.　Gans, J. and Christensen, K. (2019). Exploring the impact of artificial intelligence: prediction vs. judgment. *Rotman Management Magazine* (1 January 2019).

カスタマーの声（VoC）と
テックタッチを活用する

　カスタマーがめざす成果を達成して期待どおりの体験ができているかを診断し、カスタマーをより効果的にマネジメントするためのツールがヘルススコアである、と前章で説明した。本章では、カスタマーからのフィードバックを傾聴して対策に反映する手法を紹介したい。また、最小の手間で広範なカスタマーにリーチできる、自動配信メールとプロダクト内蔵型のコミュニケーション手段を活用したテックタッチ戦略についても触れようと思う。

カスタマーから有意義なフィードバックを引き出す方法

　20年ほど前は、B2B企業がフィードバックを求めて積極的にカスタマー調査を行うことはなかった。しかし調査手法が大きく進化し、今では調査が過剰な状態ともいえる。取得したデータを活用しているだろうか？　データはあるものの、カスタマー体験の向上につながるような、一貫性があり完結したアプローチに落としこめていない企業も多い。また、フィードバックがないカスタマーがいる、フィードバックに基づくアクションがない、確実にエスカレーションされない、などの状況もよく目にする。フォローアップされたケースでも、効果のほどを判断するすべがないのが現実だ。

　カスタマーからフィードバックを受け、しかるべき対応をするまでのプロセスは、通常のワークフローの一部であるべきだ。我々がお勧めするのは、カスタマー体験に関するフィードバックを理解して対策行動につなげる次の

4ステップである。

- **カスタマーの話を傾聴する**……カスタマーの体験内容を把握できるデータを収集する方法はひとつしかない。カスタマーの話を傾聴することだ。
- **カスタマーの声を理解する**……リアルタイムでカスタマーの意見を対策に反映し、「カスタマーの声」を聞くフィードバックプログラムを、対応・行動計画までを含めた完結型にしよう。
- **進捗を可視化する**……カスタマー体験の改善状況を分析する。これで、経営陣から現場チーム、そしてカスタマーサクセスマネジャー自身まで、実情を理解しやすくなるはずだ。
- **組織を横断してインプットを求める**……関係する全部門からインプットを得てカスタマー体験を改善しよう。

カスタマーの話を傾聴する

カスタマーからフィードバックを得るには、何よりもフィードバックを依頼して傾聴しなければならない。先にも触れたが、非常に有効な手法がネットプロモータースコア調査である。全カスタマーを対象に、半年ごとに実施しよう。意思決定者にはメール調査が適しているが、エンドユーザーに対しては、時間の面からも業務の一環として対応できる点からも、プロダクト内蔵型にすると回答率が上がる傾向にある。顧客満足度調査(CSAT)については、大きな案件についてのコンタクト、またはサポート事案が完了した直後に実施するといい。

フィードバックを受け入れる

カスタマーからフィードバックを受けたら、必ず対策をとらなければならない。上得意なカスタマーには個別に連絡してインプットへの謝意を伝え、小口のカスタマーには自動化された対策をとるべきだ。ネットプロモータースコア調査に協力してくれたカスタマーへの対応として、「推奨者」と判定されたカスタマーには、サンキューメールの送付時にカスタマー紹介プログラムへの参加を打診するのもいいだろう。「推奨者」以上に周囲にあなたの

会社を推薦してくれる存在はないことを肝に銘じよう。もしくは、G2 やト
ラストラディアスのような外部企業のオンライン推薦プログラムを利用して
もいい。**図 10.1** は、「推奨者」に調査への協力の謝意を伝える、簡単なメー
ルテンプレートの一例である。**図 10.2** は、推薦プログラムへの参加を依頼
する際のメールテンプレートのサンプルである。

「中立者」に対するフォローアップとしては、サンキューメールを送る際に、
詳細をヒアリングする機会を依頼することをお勧めする。状況によってはプ
ロダクト利用状況に関するブログ記事やニュースレターへのリンクを、あなた
からの提案として記載するのも一案だ。

図 10.1　「推奨者」タイプのネットプロモータースコア調査に対する回答への完結型フォロー
　　　　　アップメール（例）

> **調査へ回答くださり有難うございます**
>
> アレックスさん、
>
> この度は時間を使って回答くださり有難うございます。ゲインサイト利用時の体験を向上させる余地があると
> 拝察します。
>
> いつかアレックスさんがゲインサイトを推薦くださることを願っています。そのために私たちは毎日、
> プロダクトの改善とカスタマーの支援に努めています。ポジティブな評価をいただくことで、ゲインサイトが
> 正しい方向に向かっていることを確認できます。
>
> ゲインサイトがどうお役に立てていて、どこに改善余地があるのかを知りたいです。次の会議でぜひ聞かせて
> ください。もしお急ぎの用件があれば、いつでもご連絡ください。
>
> 敬具

図 10.2　推薦を依頼する完結型フォローアップメール（例）

> **調査へ回答くださり有難うございます**
>
> サラさん、
>
> 高い評価をくださり有難うございます！　正直、今日は最高の日になりました！
> ぜひ簡単なレビューコメントをお寄せくださいませんか？　より多くの人にゲインサイトの良さを届けたいです。
>
> **ゲインサイト体験を共有する**
>
> 敬具

「批判者」に対しては、ともかく早い対応が求められる。まず、フィードバックを真摯に受け止めたとするフォローアップメールを送る。回答に対して丁重に質問して、内容を深掘りするのだ。必要であれば、直接話を聞く機会をもらえるよう打診してもいいだろう。特に上得意にあたるカスタマーについては、役員クラスの支持者を巻き込むことも検討されたい。

情報を分析する

　フィードバックやフォローアップで追加情報を収集したということは、宝の山を手にしたことを意味する。この時点できちんとデータを分析し、自社がよりカスタマーセントリックになるための洞察を抽出しておこう。調査の回答に共通するトレンドやキーワード検索に関するテキストアナリティクス機能が搭載されたプラットフォームも多い。プロダクトや機能、（サポートやカスタマーサクセスなどの）サービス、提供された価値に関するキーワードを検索してみてはどうだろう（**図10.3** 参照）。また、時系列で傾向を追うのも有用だ。プロダクトのリリースやユーザー研修などのマイルストーン通過後の状況変化は、しっかりと把握してほしい。

分析結果を実務に活用する

　最後のステップでは、よりカスタマーセントリックな企業をめざして洞察を活用し、各部門の業務改善または組織を横断した協力体制の強化をはかっ

図10.3　調査への回答に基づいたワードクラウドとテキストアナリティクス（例）

ていく。カスタマーサクセスマネジャーには、洞察をカスタマーの声として社内に周知徹底する権利と義務とがある。回答に一定パターンが見られる時は、関係部門またはチームに共有し、しかるべき改善を要請しよう。たとえば、ネットプロモータースコアが低い原因がユーザーインターフェースの悪さにあるとする回答が多く見られた場合、プロダクトチームに知らせなければならない。オンボーディングプロセスの複雑さが原因に挙げられているようであれば、プロセスの再設計が必要である。事例分析としてまとめて全社に共有するのもいい。ネットプロモータースコアと会社の業績との間に相関が見られる場合、特に重要だ。

カスタマーからのフィードバックの隠れた価値

本書で扱うトピックと章の構成を検討した際、カスタマーの声、そしてテックタッチというテーマに行き当たった。テックタッチは人間を介さない自動化したアウトリーチであり、あまり論じられないことに我々は興味をおぼえた。実際、それはまったくの誤解だった。そこで、特に基本的にはテックタッチとしているカスタマーから有用なフィードバックを引き出す際の留意点について、リンクトイン・セールス・ソリューションズのカスタマーサクセス部門のグローバルヘッドであるステファニー・バーナーに寄稿を依頼した。バーナーは、「金鉱探し」を例にとった、分かりやすく示唆に富んだ解説をしてくれている。

金鉱探し

リンクトイン・セールス・ソリューションズ　カスタマーサクセス部門
グローバルヘッド　ステファニー・バーナー

カスタマー調査プログラムを実施後まもなく、プロスペクティング（訳注: 潜在カスタマーの探索・発見）スキルを磨く新しい研修プログラムを実施するとチームに伝えた。営業の仕事をさせられるのではないかと考えたチー

ムは、動揺し反発した。「カスタマーからのフィードバックとどう関係するのか?」しかし、私は反対をおしきった。

　私は、1800年代中盤の金採掘者の話をひきあいに出した。1848年にアメリカン川で金塊が発見された直後から、サクラメント渓谷は人であふれかえるようになった。我先にと駆けつけ、川底の小石をふるいにかけて金を発見しようと躍起になった。この方法でも多少の金は見つかったが、皆が求めたのはひと目でわかる場所にころがっている大きな金塊だった。残念ながら、それは夢に終わった。しかし、ひと握りの人たちは別の方法をとった。手がかりを求めて、川の流れや地質、果ては植物の生育状況まで調査したのだ。金脈のありかを示すパターンに気づき財をなしたのは、こういったプロスペクティングの天才たちだった。

　カスタマーからのフィードバックにおいて重視すべきは、スコアや1つ1つのコメント、回答の有無などの個別データではない。近接する要素を組み合わせたところから浮かびあがってくる洞察である。リレーションシップスコアは低いが特定の機能についてのコメントがポジティブな場合、価値を実現できていない可能性を疑うべきだ。ステークホルダーのセンチメントは低いのに、エンドユーザーのセンチメントが高ければ、ステークホルダーをもっと巻き込む必要があるだろう。逆の場合は、潜在的なリスクを意味する。プログラム管理者からの反応が変わらないにもかかわらず、新任の役員から予期せぬフィードバックがあった時は、費用対効果について協議を始めるべきだ。

　手がかりはパターンに転じ、パターンは洞察となって、アクションにつながる。テックタッチが対象のカスタマーを含めた、多種多様なカスタマーからフィードバックという金塊を見つければ、それが情報や洞察という名の金鉱へと導いてくれる。この「金」には無限の用途がある。プロダクト、チャーンの予測、ステークホルダーのエンゲージメント、新規のビジネスチャンスなど、枚挙にいとまがない。見つかったパターンに沿った電話やメール1本で、カスタマーとのその後の関係が大きく変わる。

「カスタマーからのフィードバックは、金塊のようなものだ」。私はチームに告げた。「各データの意味を否定するつもりはないが、金鉱を探しにいっ

てこそ大きな収穫がある。スコアの高低を論じるにとどまってはいけない。財をなした金採掘者にならって、本質を理解するための最初の一歩となる手がかりを探すのだ」。そして、チームが具体的にイメージしやすいように、「金塊」を発見したカスタマーサクセスマネジャーの実例をいくつか紹介した。

ジョディのカスタマーはともかく反応しないカスタマーだったが、健全ではあった。アダプションはうまくいき、エンドユーザーからのプロダクトに関するフィードバックも良好で、技術的な問題はないに等しく、変更なしで何回も契約が更新されてきた。ジョディが万事順調と考えるのも無理はなかった。そこでジョディは、別のもっとやっかいなカスタマーに時間をかけることにした。しかし、反応しないカスタマーにも1つだけ問題があった。電話に出てもらうどころか、四半期ビジネスレビューの実施すらままならなかったのだ。彼女がさじをなげかけた時に半期ごとに実施しているリレーションシップ調査があり、推薦の可能性は9だとする回答があった。内容を深掘りしていったジョディは、コメント欄で**金塊**を発見した。カスタマーはプロダクトを高く評価してはいたものの、競合のほうが新たな適用案件を想定したイノベーションが速いと考えているようだった。

ジョディがただちにアクションをとったのは言うまでもない。彼女は調査への回答を「根拠」として、最新のイノベーションと新たな適用事例を紹介するべくカスタマーにコンタクトをとったのだ。そして、既にアダプション状況がポジティブだったことも幸いし、カスタマーと協力して、新たな案件への適用や新機能の利用をめざした新規サクセスプランを作成するに至った。もしジョディが表面的なデータ――ポジティブなアダプション、警戒信号なし、調査スコアも良好――だけを見ていたら、潜在リスクを見おとしたかもしれない。6週間もしないうちに、このカスタマーは契約更新を確約しただけでなく、これまでの2倍の取引金額になる内容の検討を始めた。

ケビンは、カスタマーリレーションシップ調査を重視するカスタマーサクセスマネジャーだった。チームメンバーが休暇中に実査が行われたため、ケビンは彼の代わりに回答内容に細かく目をとおし、上得意にあたるカス

タマーについては最後のフォローアップまで行った。あるカスタマーは7の
スコアをつけ、「満足してはいるが、コストが非常に高い」とコメントしてきた。
状況を細部まで確認した結果、毎年オーガニックに取引金額を増やしてい
るにもかかわらず、このカスタマーはボリュームディスカウントを提示され
ていなかったことがわかった。そこで彼は、アカウントエグゼクティブと相
談し、カスタマーが今後も継続的に取引金額を増やしていける価格体系
をまとめ、契約期間の延長を前提として1ライセンスあたりのコストを下げ
るほうがより高い価値とアウトカムにつながるという提案をした。

　ヘイリーは、エンタープライズ担当のカスタマーサクセスマネジャーだっ
た。彼女はフィードバックデータの中に興味深い不一致があることに気づき、
それを商機に変えた。関係性および意思決定者のネットプロモータースコ
アは、常に中立をさしていた。メインの担当者はプロダクトの継続的トレー
ニングに対して消極的だった。そのため、適用案件は増えず、プログラム
が進化することもなかった。情報を求めてエンドユーザーのデータを探し
たところ、そこに金鉱が隠れていた。エンドユーザーのネットプロモーター
スコアは一貫して高かったのだ。プロダクトを激賞していたと言ってもいい。
もっと使いこなすためのトレーニングを要望し、使い勝手の悪い類似プロ
ダクトの利用を停止する可能性すら示唆していた。その後の四半期ビジネ
スレビューで費用対効果について報告した際、ヘイリーはエンドユーザー
のネットプロモータースコアの高さにふれた。実際のコメントを紹介して
継続的なトレーニングが求められていると示したのが、とりわけ功を奏した。
カスタマーは、トレーニングと案件を増やすことを中心とした新規のサク
セスプランを承認した。結果として、チャーンのリスクを回避し、関係性
のあり方も大きく変えることができた。それだけではない。ヘイリーはこ
の事例をプロダクトチームに紹介し、エンドユーザーのネットプロモーター
スコアをカスタマーサクセスマネジャーに共有することがいかに重要かを
理解させたのだった。

この３つの事例を読んで、なぜバーナーのチームが自分たちの「金塊」探しに熱心なのかがわかった。カスタマーサクセス担当者がカスタマーの声を傾聴し続けなければならない理由が、ここにあるのだ。フィードバックを受けるには若干手をかけなければならないこともあるだろうが、それでもフィードバックには成功という宝に変貌する可能性が秘められている。

テックタッチ
──ロータッチのカスタマーを成功に導く秘訣

　先の章で「セグメンテーション」について述べた際に詳しく触れなかったのが、「ロータッチ」または「テックタッチ」と呼ばれるセグメントである。ほとんどの企業は、1社あたり収益の低い小規模カスタマーを「ロングテール」にかかえている。「ロングテール」とは、『ワイアード・マガジン』の元編集長、クリス・アンダーソンが提唱した言葉である。同誌の記事と2006年に出版した『ロングテール──「売れない商品」を宝の山に変える新戦略』で発表された概念で、さほど需要が高くない商品の合計売上が、実は全体の利益性に影響があるとする [1]。SaaS業界およびカスタマーサクセスという分野における「ロングテール」は、合計すれば規模の大きな利益性の高い取引先とみなせる、小口カスタマーの集合体と思ってもらえばよい。エンタープライズカスタマーほど注目されないが、利益性に大きく影響するような要求をしてくることもない。テックタッチのカスタマーも合計すれば無視できない持久力や収益性があることは、読者諸氏もやがて実感されると思う。

　テックタッチのセグメントに何名ものカスタマーサクセスマネジャーをつけるのは、ビジネスとして現実的ではない。このセグメントにおいても高い利益がとれているなら、会社の課題としてあがってくるのは、以下のような点だろう。「我が社のカスタマーサクセスマネジャーは働きすぎだ」。「うちのカスタマーサクセスマネジャーは同じことばかりしている」。「中小企業（SMB）のカスタマーが多すぎて、カスタマーサクセスマネジャーたちが定期的にコンタクトをとりきれないでいる」。いずれかが該当するなら、テッ

クタッチ戦略でカスタマーサクセスマネジャーをサポートしてはどうだろうか？

ただし、テックタッチのカスタマーセグメントがいかに大きくとも、カスタマーサクセスマネジャーが不要になることはないと断言しておく。カスタマーサクセスマネジャーは非常に重要だ。テックタッチとは、基本的に自動化、デジタル化したコンタクト方法をとり、人間が関わるのはほんとうに必要な時にかぎる手法である。テックタッチ戦略を適切に実行すれば、ライフサイクルの全フェーズにおいて、ロングテールのカスタマーを、自動化したプロセスで効率的に管理できるようになる。目的は、ここぞという局面以外では人の手をかけずに大きなセグメントをマネジメントし、隠れたリスクや契約範囲を拡張する機会を発見することである。本セクションでは、最も一般的と考えられるテックタッチのカスタマー対応策を紹介しようと思う。

テックタッチでオンボーディングする際のワークフロー

セットアップが比較的容易だったり、週や月単位でなく日単位でオンボーディング可能だったりするプロダクトを扱う企業は、オンボーディングのワークフローにテックタッチ戦略を取り入れることを真剣に検討すべきだ。自社とカスタマーにとって最適なオンボーディングのワークフローを策定する際の留意点を、以下に記す（**図 10.4**）。

- ある企業が契約を締結しカスタマーとなった時に、担当として挨拶がてら、これから数日間に双方が何をしなければならないかを一両日中に連絡することが重要だ。これはメールで構わない。
- 成約の直後は、双方が関係構築に対して前向きかつ勢いのある時期なので、適切にコンタクトをとることがきわめて重要であり、この期間を無駄にしてはならない。万一、カスタマーがメールを開かず、記載したリンクをクリックすることもなければ、それはリスクだと考え、ただちに担当者が介入して軌道修正する必要がある。文字通り、最初が肝心だ。

図 10.4 テックタッチでオンボーディングする際のワークフロー（例）

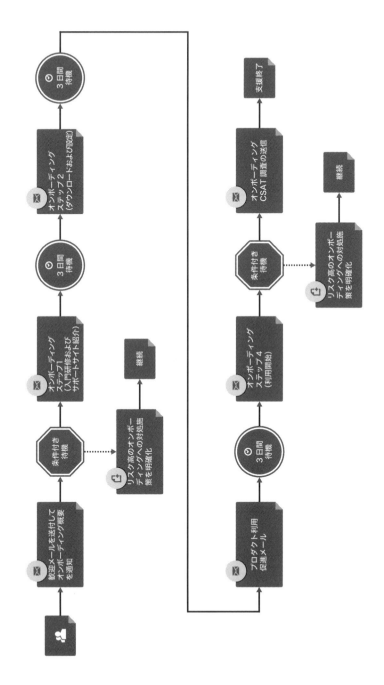

- 2日ほどたってから、プロダクトやサービスの導入トレーニングの案内をメールする。この時、テクニカルサポート関連のリンクも送っておくことをお勧めする。たとえば、技術的な問題に備えて、サポートの電話番号やサポートサイトへのリンクを伝えるのは有用だ。
- 想定どおりの進捗が見られたら、次のコンタクトは数日後にするといい。そして、インストール説明書——ダウンロードして設定などの際に利用できる資料——をメールする。
- 設定が完了しプロダクトの利用が始まったら、ベーシックな機能を利用する際のアドバイスを送っておこう。メールでも構わないが、そうした内容がポップアップで表示されるようプロダクトを設定するのもいいだろう。
- 「日常的」にプロダクトを利用し始めてから1〜2週間経過したあたりで、利用に対する謝意のメッセージを送る。もしオンボーディングプロセスのどこかで中断している場合には、リマインダーを送付する。それでも状況が変わらなければ、担当者が直接連絡してオンボーディングを促す必要がある。
- 最後に、メールまたはプロダクトのポップアップなどで顧客満足度調査を実施し、ここまでのジャーニー体験は満足のいくものだったかを確認する。この調査は非常に有用だ。

テックタッチで契約更新をマネジメントする際のワークフロー

サブスクリプションビジネスを展開している企業にとってもう1つの重要なワークフローが、契約更新関連である。契約更新ワークフローを策定する際に参考にしていただきたいステップを以下に紹介する（**図10.5**）。

- 契約更新の90〜120日前には必ずカスタマーに連絡し、リマインドすることを習慣にしてほしい。メールでもプロダクトのポップアップ機能

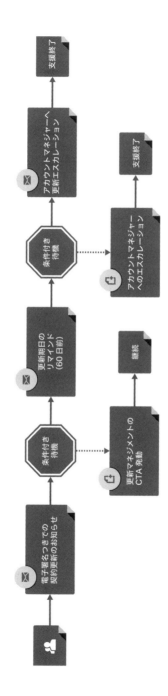

図10.5 テックタッチで契約更新をマネジメントする際のワークフロー（例）

でも構わない。メールを送付する際に、契約更新をどの程度考えている
かを簡単な調査形式で確認する企業もある。たとえば、「現時点で、貴
社はどの程度 X 社のサブスクリプション契約を更新しようと考えてい
らっしゃいますか？」と訊き、回答の選択肢を「可能性は低い」、「未定」、
「可能性は高い」などとするのだ。

- カスタマーがメールを開いてくれない、または質問に回答してくれない
  場合には、そのカスタマーは「リスク」と考えて、人が介入すべきだ。「可
  能性は低い」または「未定」との回答に対しては、カスタマーサクセス
  マネジャーにコンタクトさせる必要がある。

- 60 日前にメールまたはプロダクトのポップアップで再度リマインドす
  るのがベストだ。ディスカウントやイベントチケット、無料サービス、
  トレーニングなどを（特に「未定」と回答した）カスタマーに提示して、
  早めの契約更新を促す企業もある。

- 最後に、無事契約更新にこぎつけたら、自動的にカスタマーへのサン
  キューメールが送信されるように設定しておこう。

テックタッチでリスクマネジメントする際のワークフロー

　カスタマーに関わるリスクを能動的にマネジメントするのは、カスタマー
サクセスマネジャーの基本業務だ。小口カスタマーは件数が多いため、大抵
の企業がワークフローをテックタッチにしている。例えば、自社プロダクト
やサービスの利用状況が大幅に鈍化した、あるいは何日間もログインされて
いない場合などにテックタッチで対処するケースだ。テックタッチを行う際
のガイドラインを以下にいくつか紹介しよう（**図 10.6**）。

- 30 日単位で、プロダクトやサービスの利用状況が鈍化しているカスタ
  マーを特定し、彼らに対して現状を伝えるとともにカスタマーサクセス
  マネジャーに相談してはどうかとの提案をメールで伝える。

- 数日後、プロダクトの利用事例や活用方法の改善案をメールでフォロー

図 10.6　テックタッチでリスクマネジメントする際のワークフロー（例）

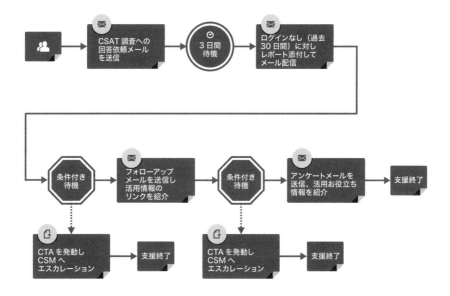

アップする。この時、新しいプロダクトリリース情報についてもふれ、利用を再度促してもいいだろう。

- 改善が見られたら、メールまたはプロダクトのポップアップ機能で、利用がすすんだ機能のどれを便利だと考えているかを調査しよう。今後、カスタマーにどの機能を提案したら最も価値を実感してもらいやすいかを把握する上で重要な情報になる。
- 2週間待ってもメールを読んでもらえず、利用状況も改善しない場合は、カスタマーサクセスマネジャーの方から連絡する必要がある。

テックタッチで推薦をマネジメントする際のワークフロー

　プロダクトの価値を実感したカスタマーには、周囲にあなたの会社を推薦してくれるよう依頼することも十分可能だ。小口カスタマーの場合はワークフローをテックタッチにすると効率的である。ネットプロモータースコアや

顧客満足度調査に回答する際に、あなたの会社の「推奨者」になってもいいと表明したカスタマーに対して、推薦を依頼するのがよくある例である（**図 10.7**）。

　調査をメールまたはプロダクト内のポップアップで自動的に送る。メールを開いたものの回答がない時や部分的に回答するに留まる場合はリマインダーを送るように設定するといい。

- 回答がネガティブだった場合は、カスタマーサクセスマネジャーがフォローアップして状況を理解すべきだ。
- 回答がポジティブであれば、会社を推薦してくれる意志を伺う質問をメールやプロダクト内のポップアップで伝えるよう設定しておく。調査に協力し推薦にも同意してくれたカスタマーに対して、ギフトカードなどを送って具体的に謝意を伝えるようにしている企業もある。

図 10.7　テックタッチで推薦をマネジメントする際のワークフロー（例）

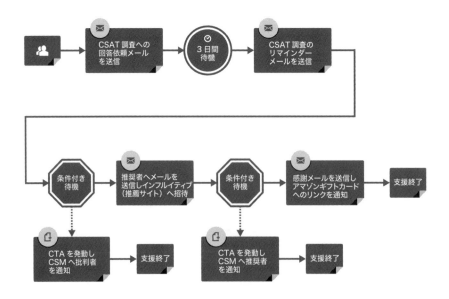

本章では、プロダクトや自社に関する体験について貴重なフィードバックをくれたカスタマーに対するフォローアップのテンプレートとプロセスをご紹介した。フィードバックは宝の山であり、しっかり分析すれば会社のビジネスをひとつ上のステージに格上げすることも夢ではない。また、ジャーニーを戦略的にデジタル化することで、より多くのカスタマーにリーチできるようになる。次章では、さらに範囲を広げて、カスタマーサクセスのプロセスを紹介しよう。

原注

1. 『ロングテール――「売れない商品」を宝の山に変える新戦略』、クリス・アンダーソン著、篠森ゆりこ訳、早川書房、2006年

第 11 章 | Help Customers Achieve Their Business Goals

カスタマーのビジネスの目標達成を支援する

　カスタマーが目標を達成できるよう導くことは、カスタマーサクセスマネジャーの真骨頂だ。ただし、願うだけでは達成できない。常に行動を意識し、カスタマーが成功するための具体的な計画をカスタマーと一緒にたてる必要がある。その際、客観的に判断できるよう、両者が合意するマイルストーンと指標を必ず設定しよう。そうしてから、プロアクティブにプロダクトの活用を促し、カスタマーをコーチングし、チェンジマネジメントを成功させよう。

　当然だが、プロダクトが優れていなければアダプションは格段に困難となる。そのため、自社プロダクトに対するセンチメントと実際の利用状況をしっかり理解することが必要不可欠だ。うまく使いこなせない機能、高く評価している特徴、使い勝手が悪いと考えている部分がどこなのかを把握し、現在そして将来のカスタマーに代わって、よりユーザーフレンドリーなプロダクトとは何かを、自社のプロダクトチームに伝えるのだ。

　最後に、適切な利用法やベストプラクティスに関するきちんとしたトレーニングを提供するのもカスタマーサクセスマネジャーの責務だ。残念ながら、社内の各部門が作成しているカスタマー用コンテンツやトレーニングなどの各種素材に統一性がなく、カスタマーの固有ニーズにあわせて情報を提供しにくい状態にある企業は少なくない。つまり、適切なメッセージを、ふさわしいタイミングで、しかるべきカスタマーに発信できないのだ。本章では、これらの課題に対する対策について解説したい。

アダプションマネジメント──プロダクトの利用とアダプションを能動的に管理する方法

　アダプションマネジメント、または「アダプション」という単語そのものは、カスタマーがプロダクトを設計上の想定に合致した方法で利用している状態をさす。利用者の総数、利用頻度、契約範囲内の機能の利用度合いの3点で判断されることが多い。通常はサービスインの過程、あるいは実装直後から始まるが、カスタマーがうまくチェンジマネジメントを実行できているかどうかに影響されるところが大きい。違う表現をしよう。人間は習慣の生き物であり、プロダクトの新規導入は混乱と変化である。変化は歓迎されることもあるが、抵抗にあうことも非常に多い。

　アダプションの円滑化は、何といってもカスタマーサクセスマネジャーの義務である。カスタマーがより積極的にプロダクトを利用するようになるために同職種がある。自社プロダクトは、日常業務の遂行手順の一部になっているか？　カスタマーは期待どおりの価値を得ているか？　いずれもイエスであれば、契約更新の可能性は格段に高まり、契約拡張に自然とつながる。第2章で紹介したベンチマーク調査（**図2.1**）にあるように、「プロダクトのアダプションを円滑化する」のがカスタマーサクセスチームの優先順位のトップ3に入るのも納得がいく。

　アダプションマネジメントの方法は企業の数だけあるが、懸念事項には共通点がありそうだ。

- どのカスタマーがアダプションに問題をかかえているのか分からない
- カスタマーのアダプションが改善しているのか否か分かる時ですら、一貫性ある対応をできていない
- 介入しても、時間がかかるわりにその効果を予測しにくい
- カスタマーの主要ステークホルダー（カスタマーサクセスチームのマネジャーやパワーユーザーなど）が、アダプションに関する情報を利用できず、チームが直面しているアダプション上の問題に即座に対処できない

どのようなタイプの企業が対象であろうと、基準にするアダプションの枠組みには、以下の点が含まれているのが望ましい。

- プロダクトを活用しきれていないカスタマーを特定し、状況を把握し、優先順位を設定する
- アウトリーチを自動化し、標準化されたプレイブックを用いることで、多数のカスタマーに首尾一貫した手法で対処する
- アダプションの改善に最も効果的なアプローチを特定し、そこから学んだ内容を今後のオペレーションに活かす

図 11.1 は、アダプションマネジメントの好循環である。まず、自社プロダクトにとっての「アダプション」は何かを明確にし、介入が必要なカスタマーに優先順位をつけ、順位に応じて人手をかけるか、デジタル化するかを決める。最後に、一連の過程からの学びに基づいて、トラッキングや優先順位づけの基準を改善する。これを繰り返していく。

アプローチを業務に反映する際は、以下 4 つのポイントに注意してほしい。

1.　担当カスタマーのアダプションが健全かどうかを判断する方法を決める。これはセグメント別に考えよう。ヘルススコアについては、第 9 章を参照されたい。

図11.1　アダプションマネジメントの好循環──トラッキングし、優先順位をつけ、対策をとる

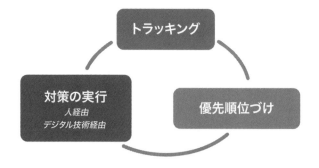

2. 一般的には「プレイブック」を策定し、アダプションに応じてとるべき
   ステップを規定する。ステップごとのアクションについては、以下に少
   し細かく解説を加えよう。

- **デプロイメントレビュー**……カスタマーに、ライセンスをアクティベー
  トし、機能をオンにし、初期トレーニングを修了し、ソフトウェアをダ
  ウンロードし、初期調査を完了してもらう。そのために必要なことを考
  える。プロダクトやサービスは、利用を開始してもらえなければアダプ
  ションは望めない。デプロイメントされていないのは、本来どのような
  目的で開発されたライセンスや機能であるかを、営業やオンボーディン
  グチームに確認することから始めるのが一般的である。そして、カスタ
  マー側の役員クラスの支持者の協力をとりつけて、課題解決のための行
  動計画を作成する。
- **「チェアサイド」面談**……エンドユーザーに「密着」し、利用状況ギャッ
  プを把握する。実際のユーザーと面談し、日常業務を詳細に説明しても
  らう。オンラインでもリアル対面でも構わない。ここで、プロダクトに
  関するナレッジレベルを把握し、ギャップを特定する。そうすれば、ワー
  クフロー全体をより効率的、効果的にするための変更と、必要なトレー
  ニングプログラムを提案することができる。
- **インスタンスの最適化**……カスタマーが選択したプロダクト設定を評価
  し、彼らのニーズにより寄せるために必要な変更を提案する（「チェア
  サイド」面談後に行うことが多い）。このプロセスは、ソフトウェア業界
  で言われる「技術的負債」——適切だがアダプションに時間のかかるア
  プローチに代えて、簡易で限定的なソリューションを選択したために後
  から修正と追加費用が発生すること——を軽減できる。
- **アダプションレビュー**……カスタマーの社内で最もアダプションが進ん
  でいるユーザーのプロダクト利用状況をつぶさに観察し、他のユーザー
  との違いをパターン化し、理由の把握に努める。
- **エンドユーザー向け相談室**……ユーザーと定例会議を設定し、ユーザビ
  リティに関する質問やフィードバックを受ける。

- **機能ロールアウト**……新規リリースを紹介する。カスタマーが長年かかえていた課題を解決するものなら特に大切なアクションだ。クリック数が少ないなど、ユーザー体験に関する改善内容を強調するといい。
- **リフレッシュトレーニング**……リフレッシュトレーニングを実施する。実装期にアダプションが一時休止し、そのまま数カ月経過しているカスタマーに対してはとりわけ重要である。
- **成功事例の紹介**……チェンジマネジメント実行上の課題についてカスタマーと話し合う。カスタマーの利害関係者に向けて、他社カスタマーの成功事例を紹介するのもよい。状況が許せば、健全にアダプションできているカスタマーを直接紹介するのも有効だ。
- **プロダクト利用促進キャンペーン**……未活用のテーマまたは機能をトリガーとしたドリップキャンペーンを実施する。これは健全なカスタマーに対しても有効だ。

3. 働きかけるべきカスタマーを判断する。これは、多数のカスタマーを担当している場合は難しい。基準を事前に決め、テクノロジーを使うことで、最も手を差し伸べるべきカスタマーを特定するといい。シンプルなダッシュボードを2点参照すれば、適切なタイミングで、しかるべきカスタマーに働きかけられ、業務スキルも大幅に向上する。**図11.2**は、あるカスタマーサクセスマネジャーの担当カスタマーのヒートマップだが、どのヘルススコア指標に問題があるかが一目でわかる。デプロイメントスコアが赤なら、デプロイメントレビューを行うといい。アダプションスコアが赤なら、アダプションとインスタンスのレビューを優先すべきだ。**図11.3**は、主要ヘルススコア指標の週次トレンドである──ここからは、アクション（デプロイメントレビューやアダプションレビューなど）が、デプロイメントやアダプションスコアの上昇につながったかどうかが分かる。

4. アダプション関連の情報をカスタマーに報告する。プロダクトが価値を生みだしているか、価値をさらにどう向上できるか、をカスタマーの利害

図11.2 カスタマーのデプロイメントおよびアダプションスコアを併記した、あるカスタマーサクセスマネジャーの実際の担当アカウント一覧

アカウント(E) 別DEAEスコア

☐ 行折り返し ⚙ ⊞ ▼

アカウント名 ▲	CSM名前	契約更新日	全体スコア	グループカスタマー…	実装(DEAR)	関与(DEA…	活用深度…
=	=	=	=	==	==	==	==
コンフィデンシャル	コンフィデンシャル	コンフィデンシャル	78 ⬥	43 ⬥	40	0 ⬥	100 ↑
			80 ⬥	73 ⬥	40	100 ↑	80 ↑
			60 ⬥	63 ⬥	60	100 ↑	60 ↑
			59 ⬥	37 ⬥	60	0 ⬥	20 ↑
			88 ⬥	57 ⬥	40	60 ↑	80 ↑
			88 ⬥	63 ⬥	60	60 ↑	60 ↑
			58 ⬥	17 ⬥	20	0 ⬥	60 ↑

カスタマーの成果

関係者に知ってもらう。プロダクトが利用されているか否かは、価値を評価する重要な指標の１つだ。さらに重要なのは、アダプションはベンダーだけで推進できるものでなく、プロダクトを使い倒すチャンピオンが生まれるかどうかは究極的にはカスタマー次第、という点だ。しかし、アダプションに関するデータが提供されれば、連携も進む。そうした連携を大規模に展開したいなら、週次でアダプションに関するデータをカスタマー側の支持者にメールするといい（この時に使うメールのテンプレートを**図11.4**に示しておく）。

サクセスプランニング──カスタマーが期待どおりの長期的成果を達成できるよう導く

　サクセスプランニングとは、ベンダーとカスタマーがめざす共通目標に合意するまでのプロセスだ。合意する内容には、最終目標の達成に必要な戦術ステップ、道中の成否を判断するマイルストーン、そして目標達成のタイムラインが含まれる。目的は、両者による合意目標に対する達成責任意識の醸成で、取引開始直後に作ることが多いが、新規カスタマー向けとはかぎらない。どうであれ、「契約を毎回更新してもらうために達成しなければならないこと、そして達成の基準値は何か？」への明確な答えを用意できなければならない。
　一方、短期目標に集中した緊急対策を計画しなければならないこともある。たとえば、リスクカスタマーに対し、組織横断で対応するリカバリー計画や、自社プロダクトや自社の積極的な「推奨者」になってもらうための推薦獲得計画、確実に目標達成するための追加的な取り組みなどだ。
　サクセスプランを取り入れるなら、まず対象カスタマーと対象セグメントを特定しよう。つまり、戦略カスタマーに限定してきめ細かくカスタマイズするのか、標準化して類似性の高い複数カスタマーに向けて展開するのかを決めるということだ。この時、サクセスプランの作成と展開に慣れるまでは、小さめのサブセットを対象にすることをお勧めする。もちろん、将来は数多くのカスタマーに展開できるプロセスを構築しておくべきだ。必須要素は３つ

図 11.3　カスタマーサクセスマネジャーの担当別デプロイメントおよびアダプション状況の週次推移

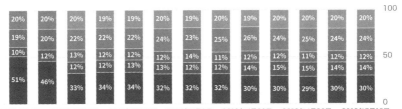

図 11.4　カスタマーにアダプションデータを報告する際のメールテンプレート

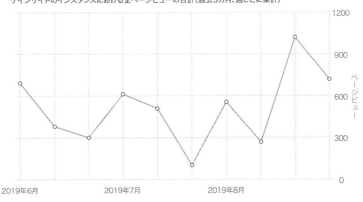

ある。カスタマーのビジネス上の目標を確認すること。目標達成に必要なアクションを特定すること。そして、計画どおりのアクションをとることである。

サクセスプランは、シンプルで普遍的な枠組みにするといい。フェーズや関連ステップも同じだ。ただし、サクセスプランは不変でないことを肝に銘じてほしい。一度つくって完結する芸術品ではない。キュレーションと定期レビューが必要な生物で、図11.5に示すような現在進行形のプロセスだ。物事が順調に進み、サクセスプランの価値を早期に提供できたなら、直ちに次の目標を設定しよう。また、カスタマー側の優先順位が変わって、達成目標も変わるかもしれない。たとえば、カスタマーが別の企業を買収すれば、以前に設定した目標よりも企業統合が優先されることになる。また、計画を実行する中で、年初に設定した目標が高すぎることが判明し、タイムラインの再設定が必要になることもあるだろう。だからこそ、カスタマーサクセスプランは流動的であり、常に見直しが必要なのだ。

ビジネス目標を確認する

カスタマーのビジネス上の目標は、新規カスタマーである彼らとの「顔合わせ」という「真実の瞬間」に確認するといい。営業から共有された内容以

図11.5　サクセスプランのプロセス

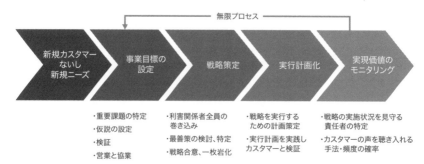

カスタマーの事業目標達成支援

無限プロセス

新規カスタマーないし新規ニーズ	事業目標の設定	戦略策定	実行計画化	実現価値のモニタリング
・重要課題の特定 ・仮説の設定 ・検証 ・営業と協業	・利害関係者全員の巻き込み ・最善策の検討、特定 ・戦略合意、一枚岩化	・戦略を実行するための計画策定 ・実行計画を実践しカスタマーと検証		・戦略の実施状況を見守る責任者の特定 ・カスタマーの声を聴き入れる手法・頻度の確率

上に理解を深めるのが狙いだ。注意してほしいのは、一度の会議ですべてがわかるわけではない点だ。カスタマーの会社には、垂直的にも水平的にも様々な利害関係者がいて、それぞれが重要な情報をもっている可能性がある。また、プランニング会議の前に、誰からのインプットを得るべきかをしっかり考えることも大切だ。何をもって成功とみなすかについては、定量的基準、定性的基準のいずれも必要である（**表 11.1**）。

表 11.1　定量的および定性的な成功の基準と関連するリスク

ビジネス目標の設定	落とし穴：カスタマーが言う目標
（定量目標） ・ 次期会計年度のグロスリテンションを10% 向上 ・ 30 日内のオンボーディング達成 90% ・ 最初の 3 カ月間に寄せられるカスタマーからの問い合わせエスカレーションを 10% 削減	非現実的……「今年中に NPS を 50 ポイント向上」 真の目標でない……「50% のユーザーが新機能を利用」。顧客が望むのは機能の利用ではなくビジネスインパクト。後者を測定しよう 測定不能……カスタマーが何と言おうと、目標は測定可能でなければならない。測定不能な事柄は主観的な目標と位置づけよう
（定性目標） ・「営業との協業事例を増やす」 ・「すべての日次および週次報告を自動化する」 ・「カスタマーに対する新プロダクトの紹介を強化し、エクスパンション機会を増やす」	枝葉末節……「Sunset MySQL ETL」といった専門用語は、契約更新の最終権限を持つ経営者にとって何の意味もない。彼らにとって意味のある、ビジネスインパクトを示す目標にしよう マストでない……カスタマーの全社ないし部門の戦略優先順位、そして当四半期、当期の目標を質問した上で、それが「必須」なのか「あればいい」なのかを明確にしよう 曖昧……「聞こえのよい営業トーク」は素晴らしいが、それは達成したかどうかを確認できることだろうか？　より具体的にしよう

戦略セッション

　戦略セッションの目的は、カスタマーのビジネス上の目標を、カスタマーの利害関係者自身に確認してもらうことである。加えて、購入を決めてくれたプロダクトやサービスで解決したい課題を具体的に理解することも狙いである。提案ないし成功事例を紹介し、それがあてはまるか議論することから始めるといい。目標が複数ある場合は、様々な角度から質問し、カスタマー自身が優先順位を決められるよう導く必要がある。最大の受益者が誰かを明らかにすると判断しやすい。また、すぐ達成できる目標があるかどうかも確認しよう。優れたサクセスプランでは、カスタマーと自社の主な実務担当者、および責任者が明らかになっている。

サクセスプランを文書化する

　サクセスプランに関するヒアリング結果は、仔細に記録してほしい。まず記録すべきは、「次年度のカスタマーリテンション率を 10%上げる」といった**目標値**だ。次に、サクセスプランを参照するたびに進展がわかるよう、**現在値**も記録しよう。そして、各目標を**定量的**または**定性的**のいずれかに分類する。定性目標については、何をもって成功とみなすかの主観的基準を記録しておくことが大切だ。

価値をトラッキングする

　提供した価値と目標達成に向けた進捗をトラッキングするには、以下の 3 ステップをお勧めする。

1. **カスタマーをリードし、進展させる。**引き継ぎ、または「真実の瞬間」のたびにサクセスプランをレビューする。責任者の交代時には内容を更

新し、優先順位や現実的な実現可能性を踏まえて目標を検証しなおす。常にネクストステップを明確にし、自社の上級職者とも共有しておくことがお勧めだ。エグゼクティブビジネスレビューのほか、定例会議も活用し、活用に向けた勢いを維持しよう。

2. **成功を記録に残し、関係各位にシェアする。**エグゼクティブビジネスレビューなどの定例会議では、目標を更新し、長期的またはポジティブな傾向について説明する。目標が1つでも達成されたら、確かに達成した旨をカスタマーに書面またはメールで確認してもらおう。そうしてカスタマーと喜びをわかちあい、さらに社内にも共有するといい。

3. **ビジネス目標を検証し更新する。**ビジネス環境は流動的だ。サクセスプランを途中で変更しなければならないこともある。可能なかぎり自動化し、テクノロジーを活用して、目標のリストと各目標の成功基準をメールで確認依頼し、必要ならカスタマーからコメントをもらうとよい。これを主要な会議前の習慣にすれば、準備が効率化される。なお、各目標を「最後に確認した」日付も忘れずに記録しよう。

　カスタマーサクセスはよく、チームスポーツにたとえられる。サクセスプランをつくること自体、カスタマーサクセスマネジャーだけではつくれない。組織横断での協業体制が必要で、特にサービスおよび営業との連携が不可欠だ。**図11.6**は、効果的な計画策定において各チームが果たす役割の図解だ。

図11.6　サクセスプラン──組織横断型の協力プロセス

	ビジネス目標の設定	戦略の議論	計画の策定	成果のトラッキング
サクセス	理解を深める	カスタマーに理解と合意を促す	サクセス計画を策定しカスタマーと合意する	カスタマーからのインプットをサクセス計画に反映させる
サービス		プロダクトやサービスの活用ゴールに向けた詳細マップを明確にする		実績を記録し進捗を監視して、サクセスプラン通り進捗しているか確認する 実績を記録し進捗を監視して、遅れがあればカスタマーに警鐘する
営業	（営業期間中に）カスタマーを深く理解し、成功像を伝える	（営業期間中に）プロダクトやサービスに対するニーズをマッピングする		進捗を監視して、拡販や契約更新の会話を始める

他チームを巻き込む方がよい場合もある。たとえば、プロダクトチーム主導のプロダクト改善が、目標の早期達成に役立つ可能性もある。ギリギリにもちこまれるサポート依頼に対応できるサポートチームを巻き込むほうが、スムーズに導入できるケースもあるだろう。

プロダクト体験
——プロダクトの改良は最優先事項である

カスタマーが目標を達成できるよう導くには、アダションマネジメントの成功事例、および本章で紹介したサクセスプランに基づいて、系統だった対策をとらなければならないことがお分かりいただけたと思う。常に自社プロダクトの改良に貢献したいという精神の醸成も、同じくらい重要だ。カスタマーサクセスマネジャーは、カスタマーのために時間を使う。カスタマーを支え、教育し、コーチングや助言をすることで、**自社プロダクト**を使って価値を得られるよう手助けするのが仕事なのだ。

本書は、カスタマーサクセスマネジャーがどう行動すべきか解説することを目的としている。カスタマーサクセスマネジャーの業務を一言で表現すれば、カスタマーが**自社プロダクト**を使って課題解決するよう導くことだ。であればこそ、プロダクトの改良にも貢献すべきだ。カスタマーサクセスマネジャーにとって、**プロダクト**は何よりも重要だ。カスタマーはプロダクトを利用するためにカスタマーになったのであり、それ以外に理由はないのだ。

すべての成功はプロダクトから始まる

優れたプロダクトを提供できない企業は生き残れない。特に SaaS ではそうだが、成功するには最高のプロダクトが不可欠だ。そもそも、カスタマーのニーズに合致しない、標準以下のプロダクトに価値があると思わせるのは、カスタマーサクセスとは何かとの概念に根本的に反する。ニーズに適さないプロダクトで、カスタマーを成功に導けるはずがないのは自明である。

弊社のカスタマーサクセス先駆者であるダン・スタインマンは折にふれ、

こう述べている。「非常に優秀なカスタマーサクセスマネジャーであれば、初回の契約更新は自分が個人的に築いた関係性とロイヤルティだけでのりきれるかもしれない。しかし、それだけで2度も契約を更新してくれるカスタマーはいない。**結局のところ、確実に契約を更新させたければ、カスタマーにプロダクト**を利用してよかったと思ってもらうほかない。そのため、自社プロダクトの改良が、カスタマーサクセスマネジャーの優先順位のトップにくるのだ」。またこれは、デジタル時代のカスタマーの期待値というものを熟知しなければならないことも意味する。

　読者の皆さんも、自身がデジタル社会に生きる消費者として、テクノロジーが進歩し、消費者の期待値が加速度的に高くなっていることを実感しているだろう。『ウォール・ストリート・ジャーナル』の「Customer experience is the key competitive differentiator in the digital age（仮邦題：デジタル時代には、カスタマー体験こそが差別化ポイントとなる）」という記事に、「かつては喜ばれた体験が当然視されるようになるのに、さほど時間はかからない」とある[1]。たとえば、かつてはフライト中にWi-Fiを利用できるのは革新的で高級なサービスとされていた。しかし、今では利用できるのがあたりまえで、できなかったりつながりにくかったりすれば不満の原因になる。

　カスタマーサクセスマネジャーは、カスタマー側の主要な担当者と定例会議やビジネスレビューを行う。そうした会議の参加者である数少ない利害関係者は、直接報告を受けるなどの高い価値体験をする。一方、同じカスタマーの会社で、プロダクトを利用しているが、そうした機会のないユーザーはどうだろう？　カスタマーサクセスマネジャーとして、全ユーザーに素晴らしいカスタマー体験を提供するにはどうすればいいのか？　正直に言おう。それは不可能だ。究極的に、すべてのユーザーに優れた体験を提供できるのはプロダクトだけだ。つまり、個人単位で成果達成が可能なのはプロダクトだ。最も広範囲にカスタマーサクセスを提供できるのがプロダクトであることに、疑問をさしはさむ余地はない。

カスタマーサクセスマネジャーとプロダクトチームは共存関係にある
　プロダクト体験の改善はプロダクトチームの仕事だと考える人もいるだろ

う。たしかに、組織図的にはそうだが、実際はプロダクトチームとカスタマーサクセスとは共存関係にあると考えるべきだ。プロダクトチームは、あらゆるカスタマーのニーズを把握する一方、自社の商機となる市場の展望にも精通していなければならない。ハードルは非常に高い。しかも、リソースはかぎられている。多数のカスタマーをかかえた企業のプロダクトチームが、各カスタマーについて質と量ともに十分な情報を得るのは、困難になりつつある。また、プロダクトチームには、チェンジマネジメントを円滑化してエンドユーザーのアダプションをアシストするためのプロダクトの開発も求められている。

　カスタマーサクセスチームの強みは、プロダクトの価値を実感するようカスタマーを導く中で、ニーズを深掘りできるところにある。自社のプロダクトチームと強固なパートナーシップを組めば、間違いなくカスタマーが契約を更新・拡張したいと考えるようなプロダクト体験の提供に向けた第一歩となる。

　ゲインサイトのグロース担当副社長であるトラビス・カウフマンは、誰よりもカスタマーサクセスチームとプロダクトチームの関係を熟知している人物だ。カウフマンいわく「プロダクトチームとカスタマーサクセスチームが協力しなければ、包括的なプロダクト戦略は策定できない。優先順位のトップがプロダクトならば、チーム戦で取り組むほかない。私の経験によると、ビジネス目標と合致したプロダクト戦略は、チャーンの先行指標としての利用状況データを組みこんでいないかぎり完璧とは呼べない。また、エンドユーザーからのインプットも軽視してはならない」のだ。

プロダクトチームとの協力

　カスタマーサクセスチームとプロダクトチームは、信頼に基づいたパートナーシップをどのように組めるだろう？　まず、両者のコミュニケーションが、いずれかからの一方的なものにならないよう注意することだ。プロダクトチームはカスタマーからのフィードバックに耳を傾けるべきであり、カスタマーサクセスチームはどのような段階を経てカスタマーのニーズを満たすプロダクトが開発されるか理解すべきだ。この2チームが顔を合わせるのは大問題が発生した時のみ、という企業は非常に多い。「**プロダクトがXYZ**

に対応できないために、我が社最大のカスタマーがチャーンしようとしている。手を尽くしてひきとめなければならない」。テクノロジー業界に少しでも身をおいた人ならば経験したであろう状況かと思う。

　コミュニケーションを積極的にとれば、プロダクトの新機能のアダプションが進む。（急速成長中のスタートアップなら）毎月、もしくは（プロダクトが市場に定着している大企業であれば）四半期ごとに情報交換会を設定することをお勧めする。プロダクトチームが新規機能について説明し、カスタマーサクセスチームからは、カスタマーに価値を提供できそうな新規機能を提案するのだ。特定のカスタマーから要望のあった機能が実装された際には、この会議は特に有用である。

　次にやるべきは、両者が共通で使用する成功の基準値を設定しトラッキングすることだ。業績考課や変動報酬のベースにすれば、双方とも意識が高まるはずだ。ここでは、カスタマーのチャーンのような遅行指標を使わないよう注意されたい。第9章で紹介したデイリーアクティブユーザーのように、カスタマーがプロダクトから価値を得ているかどうかを示唆する先行指標が適している。

　3番目は、プロダクトの将来的な方向性に共通認識をもつことである。プロダクトチームは、検証をとおして、実現にむけて動くべきアイディアとそうでないものを常に選別している。結局のところ、協力する目的は、多くのカスタマーが金を払ってでも解決したいと考えている課題をあぶりだすことのはずだ。このためにプロダクトチームがよく用いるのが、ベータ版——実際の利用環境下で試用してもらうために、正式リリース前に配布するソフトウェア——だ。この時、適切な配布先を選定し、プロダクトチームがタイムリーにフィードバックを受けるように動けるのが、カスタマーサクセスチームである。

　カスタマーニーズに合致する優れたプロダクトを開発し、カスタマーを成功へと導ければ、それはカスタマーサクセスという概念の単なる実行を超え、その真髄をきわめたといっても過言ではない。

＊　　＊　　＊

カスタマーとの関わりは、単純な構造の行動ではない。多数の関係者が一体となって協力し、カスタマーが目標を達成できるよう導くのだ。アダプションのフェーズで、常にカスタマーの動向を観察しマネジメントして、進捗が滞った時にはただちに介入しなければ、達成できるものではない。また、成功の基準とそれ以上に重要な測定方法を、カスタマーのステークホルダーとの間で明確に設定することも不可欠である。

　しかし、カスタマーがゴールを達成できるよう導くだけでは十分ではない。自社プロダクトを改善し、さらに上のプロダクト体験を提供する、たゆまぬ努力も求められるのだ。結局のところ、多くのカスタマーに長期的に価値を提供するには、プロダクトの改善以上の策はない。カスタマーがプロダクトの利用方法をどのようにして学ぶかも、提供するコンテンツからノイズを省くことも、同等に重要である。しかるべきカスタマーに、適切なタイミングで、ふさわしいコンテンツを提供できるシステムが必要だ。こうしたホリスティックなアプローチが、カスタマーを成功に導くという任務の大きなプラスになる。

原注

1. Wladawsky-Berger, I. (2018). Customer experience is the key competitive differentiator in the digital age. *The Wall Street Journal* (20 April 2018). Retrieved from: https://blogs.wsj.com/cio/2018/04/20/customer-experience-is-the-key-competitive-differentiator-in-the-digital-age/

収益を拡大する──エンゲージメント、積極的リスクマネジメント、チャーン分析、契約拡張、推薦獲得

　カスタマーはたった1人ではなく、意思決定者、部門長、ユーザー、IT、Cのつく役職者など、複数の利害関係者の集まりであることを忘れてはいけない。そして、各人が考える、プロダクトから得られる価値が全く一致しないということも往々にしてある。本章では、複数の利害関係者が関与する状況をマネジメントする時の成功事例を紹介しよう。さらに、早期にリスクに対処して解約を防止する戦術に関しても実例をまじえて解説する。万一、カスタマーが解約した場合、その経験から学び、同じ轍を踏まないことが重要だ。カスタマーサクセスマネジャーにとってはすべてが決定的に重要なプロセスである。

利害関係者の一枚岩化──カスタマーの役員クラスの支持者とその他の利害関係者をどうマネジメントするか

　カスタマーサクセスや営業のマネジャーの多くがこうだと考えている、解約やダウングレード（契約レベルを下げることで解約による収益損失を阻止する行為）に共通する原因は2つだ。①役員クラスの支持者が交代した。②プロ

ダクトやサービスの価値が、役員クラスの支持者に伝わっていなかった。これらの状況をもう少し深掘りすると、是正策のとれる根本原因は、それほど多岐にわたらないことがわかる。

- カスタマーの優先順位の変化にカスタマーサクセスマネジャーが気づかなかった
- カスタマーにとっての「価値」の変化についていけなかった
- カスタマーの役員にとって、自社は優先順位の高いベンダーではなかった
- カスタマー企業における複数の職位の人とつながっておらず、また主要なインフルエンサーとのコンタクトがなかった
- 自社のプロダクトのチャンピオンや支持者が突然退社した。特に企業数の多い中小企業のセグメントでは各社の役員人事を追いきれず、このような結果になることも少なくない

役員クラスの支持をとりつけるためのカスタマーセントリックな枠組みを紹介しよう。目的は明確だ。カスタマーの優先順位が変わり、戦略が調整される中、カスタマーの役員や意思決定者との関係を維持するのは、カスタマーを目標達成に導き、自社をさらに成長させるための最重要事項である。うまくいけば、クロスセルやアップセルといった契約範囲の拡張につながる。我々が推奨するのは、以下の4ステップのプロセスである。

ステップ1　主要ペルソナを定義してマッピングする
　カスタマーのセグメンテーション同様、利害関係者を共通のゴール、ニーズ、課題、動機で分類すると便利だ。カスタマーの場合は、支持者、バイヤー、システム管理者、パワーユーザー、チャンピオンなどになる。注力すべきは、意思決定者とインフルエンサーだが、阻害要因になる可能性のある人がいれば、その人にも目を向けるべきだ。さらに、CRMの担当者情報に、「ペルソナ」の入力欄を設けることをお勧めする。以下の例を参考にしてほしい。

- CEO、CFO、COO……彼らが購入決定に対し大きく関与する場合は重

図 12.1　主要な利害関係者を特定し、維持する

要な利害関係者である

- 支持者、バイヤー……通常は、プロダクトやサービスを実際に利用する部門の上級副社長もしくは副社長
- インフルエンサー……CIO、IT 部門、CS オペレーションズ部門
- システム管理者とパワーユーザー
- アダプションチャンピオン……通常は、プロダクトやサービスのアダプションに影響をもつチームのマネジャーやディレクター

次に、**図 12.1** に示した理想的フローに沿って、プロセスを実行していこう。

ステップ 2　スポンサー、つまり「バディ」を特定する

　主要なペルソナを構成するスポンサーをマッピングし、どのペルソナを誰のバディとするか（ミドルタッチ対象のカスタマーの CCO は、カスタマーサクセス担当副社長のバディなど）を決める。自社の CEO や COO なら、最大手エンタープライズカスタマーのスポンサーのバディが適切だ。同様に、ディレクターやマネジャーは、中小カスタマーのスポンサーのバディとすると、数多くのカスタマーに対応できる。CRM を設定し、こうしたメタデータを管理して自動化しよう。

ステップ 3　定期的な連絡を業務に組みこむ

　バディにリマインダーしたり行動を促したりする時はテクノロジーの力を借りよう。可能なら、最新の進捗や自社のアップデートを含めたメールテンプレートを利用するといい。自社の役員の代わりに文面をつくって送信してもらえばいいだけにする、または代理送信することまで考えてもいい。必要に応じて、心がこもったメッセージを添えるのもいいだろう。ここでの目的は、

簡単な電話または会議の時間をとってもらうことだ。ただし、やりすぎないよう注意してほしい。自社が成長し顧客基盤が拡大するにつれ、ペースダウンし内容を調整する必要がでてくるだろう。最後に、後日参照できるようにアウトリーチ時のメモを文書化し、利害関係者のエンゲージメントをトラッキングしてヘルススコアに組みいれるといい。**図 12.2** と**図 12.3** に、利害関係者とコンタクトをとる方法を 2 タイプ例示する。

ステップ 4　バディのアウトリーチをトラッキングする

議論の余地はあるが、役員クラスとコンタクトできれば、望ましい方向へ

図 12.2　ハイタッチカスタマー（エンタープライズ）の利害関係者とコンタクトをとる方法

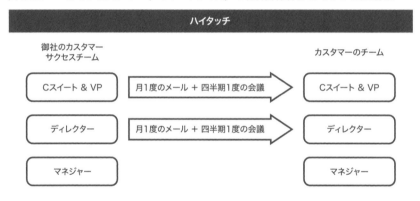

図 12.3　ロータッチカスタマー（中小企業）の利害関係者とコンタクトをとる方法

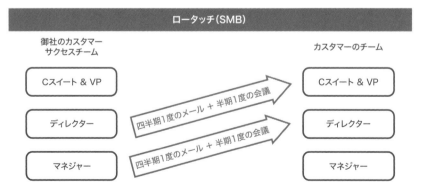

向かっていると考えていい。そして、うまくいった時もいかなかった時も、しかるべくトラッキングしてヘルススコアに組みこむべきだ。そうすることで、時系列的な進展具合がわかる（**図 12.4** 参照）。

- カスタマーの主要なペルソナとのコンタクト頻度をエンゲージメントスコアとしてヘルススコアに組みこむ
- エンゲージメントスコアの変化を週次でトラッキングする
- 1on1 会議で、スコア改善の阻害要因を特定する

リスクマネジメント──カスタマーに解約の兆候が見られたらすべきこと：リスクを能動的にエスカレーションしカスタマーの流出を防ぐ

　カスタマーサクセスマネジャーならば、カスタマー関連のリスクマネジメントに携わらない日はない。どのように対応し、動き、エスカレーションするかは、自社のみならずカスタマーの成功にも大きく影響する。恐らく、読者の皆さんの会社には、チャーンの防止に向けて、チャーンのリスクに対して警告を発したりリスク緩和策をとったりすることが積極的に奨励される企業文化があると思う。文化はあっても、リスクあるカスタマーを特定するプロセスがなかったり、プロセスはあっても、データや関連情報が社内のシステムや組織に散在していて必要なデータにアクセスできなかったりすることがある。オペレーションの不在は、カスタマーサクセスマネジャーの天敵、すなわち予期せぬチャーンの元凶だ。さらに、エスカレーションすべきリスクを判別できなければ、カスタマーサクセスチームは永遠に火消し作業に追われることになる。そうなれば、カスタマーがめざす成果の達成は遠い夢になってしまう。

　自社の経営陣および組織横断チームの力を活用して、リスクの特定から経過観察、エスカレーションを経て解決するまでの汎用プロセスの策定ステップを紹介しよう。

図12.4 ステークホルダーエンゲージメントの時系列チャート

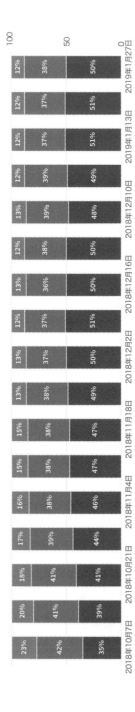

ステップ1　リスクフレームワークの設定

　まず、リスクの構成要素を定義する。その定義は全社に周知徹底できているだろうか？　どのようなカテゴリーやシナリオが考えられるか？　何がきっかけになるのか？　事前に定めた基準に合致する状況が発生したら自動的に注意喚起するシステムやデータはあるか？　人的要因で生じるリスクをトラッキングする一元化したシステムはあるか？　言わずもがなと思われるかもしれないが、会社がリスクとエスカレーションの違いを明確に理解していることを確認しておくほうがいい。**図12.5**に示すように、**リスク**とは計画通りいかないことである。自社にもカスタマーにも変化はつきものである以上、リスクはしばしば発生する。カスタマーサクセスマネジャーは、ほとんどのリスクに対応できるはずだ。しかし、時に他部門の力を借りる必要のあるリスクが発生する。この行為が、**エスカレーション**である。

　最初に、リスクやエスカレーションに関するよくある誤解についてふれたい。

・業績を示唆するものではない。安心してほしい。担当カスタマーの中にリスクのある企業が含まれるのはごくノーマルな状況だ。カスタマーサクセスマネジャーの業務の一部であり、自身の能力不足のせいだと抱えこんではならない。それどころか、リスクのマネジメントに長けているために、そういったアカウントの担当を命じられるカスタマーサクセスマネジャーもいる。

図12.5　リスク vs. エスカレーション

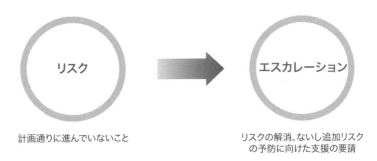

リスク
計画通りに進んでいないこと

エスカレーション
リスクの解消、ないし追加リスク
の予防に向けた支援の要請

・ 秘密ではない。自分の力だけで何とかしようと思わないことだ。優れた
チームは早期にリスクを察知し、コミュニケーションする。
・ 余分な仕事ではない。誰も見たくないものは、カスタマーのチャーンの
ほうである。思いきって手を挙げてみれば、周囲は驚くほど協力的なの
に気づくだろう。社内のエキスパートに相談する時間を直ちにもらえる
かもしれない。その代わりに必要なのは、自分にエスカレーションされ
た時に手助けすることだけだ。カスタマーを獲得し、維持し、また失う
のは、カスタマーサクセスマネジャーではなく会社だ。全員が運命共同
体なのである。
・ オプションではない。リスクを積極的に特定しエスカレーションしなけ
れば、きちんと仕事をしているとは言えない。

リスクのフレームワークを作成する際は、共通カテゴリーを設定するとい
い。**表12.1** に例を示しておく。

表12.1 リスクのカテゴリーマトリクス

リスク カテゴリー	責任者 ／部門	トリガー	具体例
ディプロイメント	CSM	自動	ライセンスの利用がベンチマークよりも 25% 以上低い
エンゲージメント	CSM	自動	カスタマーの経営者と 3 カ月間、会話していない
アダプション	CSM	自動	アクティブユーザー数が 3 カ月前に比べ 25% 以上減った
ROI ／バリュー	CSM	自動	カスタマーが ROI を実感していない
全般	CSM	自動	NPOS の批判者／中立者の数
サポート	サポート	自動	未解決サポートリスク案件数が X 日移動平均よりも大幅に高い
センチメント	CSM	自動ないし手動	カスタマーの利害関係者が満足していない、接点を持てていない、反応がない
社外	CSM	自動	カスタマーの利害関係者の喪失；M&A や財務リスク

ステップ 2　最初の対応とエスカレーションルートの設定

　ステップ 1 で定義したリスクシナリオそれぞれに対してどのように対処すべきだろう？　初動は何か？　責任者は誰か？　いつどうエスカレーションすべきか？　協力を要請したり知らせたりすべき人やチームは？　こうした問いへの基本動作をまとめたプレイブックとエスカレーションルートをあらかじめ決めておくことをお勧めする。当然ながら、シナリオごと、カスタマーごとにステップは異なる。しかし、汎用性のあるエスカレーションルートとシンプルなルールは存在する。

- ・エスカレーションルートとは、リスクをいつ、どのようにエスカレーションするかを規定するものだ。必要な人が必ず関与するよう、エスカレーション先を明確にすることが必須である。
- ・エスカレーションするとは、アクションを要求することであって、単なる連絡ではない。
- ・自社にとって運用しやすく、状況に応じたエスカレーションルート（**図12.6** 参照）がどういったものかを理解しよう。大抵の場合、規定ルートをベースとしつつ、細心の注意や喫緊の対応が必要な例外にも対応できるハイブリッド型アプローチがお勧めだ。

　エスカレーションのタイミングを規定することも重要なステップだ。例えば以下のようなケースでエスカレーションが必要になる。

図12.6　エスカレーションルートの 3 つのタイプ

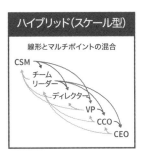

- カスタマーが**フラストレーション**を感じているのが分かるケース。「な
  ぜこんなに時間がかかるのか？」や「至急だ」がこれにあたる。メール
  や電話での否定的な表現にも注意すべきだ。
- カスタマーのほうから**エスカレーション**を要求してくるケース。
- 休暇や四半期末などの明確な理由がある場合を除いて、カスタマーが**5
  営業日**にわたって**返事をしない**ケース。
- **契約更新**手続きが進行中で、時間的にさしせまっているケース。
- サポートやサービス、営業など**内部からのエスカレーション**のケース。
- 今後の道筋や**達成予定タイミング**が明確になっていないケース。
- 迷ったり、自力での対処は困難そうだと思ったりしたら、**エスカレーショ
  ンすべきだ**。

ステップ3　継続的なプロセスと人の関与を決める

　プロセスと手順は、誰にとっても明確でわかりやすくなくてはならない。
必ず複数の事例とFAQを含めよう。また、作成したプロセスを長期間放置
してはならない。定期的に見直して、チームや会社の現状に即したものに更
新すべきだ。リスクのエスカレーションを効果的に行うには、会社全体が積
極的に関与しコミットすることが求められる。とりわけカスタマーサクセス
マネジャーの参画は重要であり、毎週1on1またはチーム会議を実施し、エ
スカレーションされたリスクを検証することが必須、と肝に銘じてほしい（**図
12.7** 参照）。

図12.7　リスクのエスカレーションプロセス

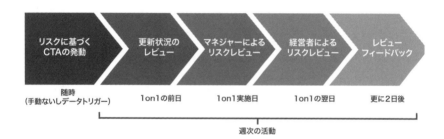

解約理由を深く理解してチャーンを低減する

　カスタマーのチャーンについて正しく理解したいなら、チャーンはリテンションに失敗したケースであるとかリテンション機会の損失だといった考え方をいったん脇において、むしろ、次のチャーンを防ぐ方策を考える好機ととらえるべきだ。こう自問してほしい。「ネガティブな出来事ではあるが、今後、他のカスタマーやこれから担当するカスタマーとより積極的に関わっていくための学びは何だったか、今後はどうしたらいいだろうか?」

　カスタマーから解約を通告された時、理由を把握するのはカスタマーサクセスマネジャーと会社の責任だ。カスタマーが一足飛びにチャーンに至ることはないため、その気になれば役立つデータはいくらでも収集できる。一方、カスタマーのほうから正直にすべてを話してくれるはずはない。チャーンするカスタマーの心にあるのは多種多様な感情である。いらだち、裏切り、安堵、後ろめたさ、失敗、フラストレーション、怒りなど、実に様々だ。残念なことに、チャーンの根本原因を探りながら、気まずくなりがちな会話をうまく舵とりできるスキルをもった人はごくわずかだ。

　解約を申し出たカスタマーには必ず事情を訊くことをお勧めする。自社の人間でやろうとしがちだが、外部のエージェンシーに依頼するか、よく練った無記名の調査票を送付するかして、忌憚のないフィードバックを受けることをお勧めする。それが、カスタマーの本音を引き出すテクニックである。

　手を尽くしてもカスタマーをひきとめられないとわかったら、すぐに気持ちを切り替えて解約理由の理解に努めるべきである。外部に委託するリソースがなければ、深刻な顔で言い訳を並べたてる代わりに、共感を示しながら接するよう努めよう。一度解約したカスタマーが後日再び契約する可能性も十分ある。解約時の対応が自社の評判と将来の可能性を決めると言っても過言ではない。

　ごくまれに発生するのが「ブラインドチャーン」、つまりまったく予期せぬチャーンである。この場合、根本原因を知るのは至難の業だ。カスタマーがタイムリーにオンボーディングできなかったという実装時のリスクだった

のだろうか？ カスタマー側の役員クラスの支持者が退社したことを知らなかったということか？ ユーザーがプロダクトをアダプションしなかった、もしくは通常ワークフローに組みこまなかったのか？ プロダクトがカスタマーのニーズに合わなかったのが原因か？ 競合のプロダクトに乗り換えか、従来のプロセスに戻ったのだろうか？

　カスタマーが解約理由を明らかにしてくれた場合でも、手間を惜しまず、社内で他の要因も検証して、根本原因の把握に努めよう。この作業を「検死」と呼ぶ人もいる。しかし、カスタマーの目をとおしてこれまでのジャーニーを確認するリバースエンジニアリングに近いのではないだろうか。これは、カスタマーがプロダクトやプロセスを利用した際の体験を仔細に分析し、問題点を包括的に理解する工程である。そのゴールは何か？ 今後、いかなるカスタマーとの間でも、このような状況を発生させないことである。

　ゲインサイトは幸運なことに、カスタマーのディスカバリーやチャーンのヒアリングに特化した企業とパートナーシップを組んでいる。素晴らしいプロダクトを提供する優良企業であっても、チャーンを経験することはあるのだ。ヒアリング結果は長文のレポートにまとめられ、CEOに直接送られる。すると、間をおかずして全社員にレポートがシェアされ、必ず読むように指示される。ただし、その際に誰も責められたり責任を問われたりしない。これこそ、失敗から学ぶ、透明かつオープンな方法である。このレポートから得られるものは非常に多い。特に自身の担当カスタマーや深く関わったアカウントの場合は、不快な気分になることもある。レポートが浮き彫りにするのは、カスタマーの率直な思いである。特にフラストレーションや失望といった感情が顕著にあらわれるが、それはカスタマーがあなたのプロダクトを利用して成功をおさめたいと思っていたからである。そのために、他社ではなくあなたの会社を選んだはずなのだ。

　このレポートが素晴らしいのは、カスタマーの生の声をひろい、驚くほど詳細をあぶりだしているところである。そこで、チャーン分析のヒアリング技術の高さに敬意を表する意味でも、我々のパートナーである、アイゲンワークスのアラン・アームストロングCEOを紹介したい。彼は、企業の本音を聞き出すことに特化したチームをつくりあげた立役者である。

アームストロングは、読者の皆さんがチャーンを学びの機会に変えられるよう、有用かつアクションにつなげやすいアドバイスを寄稿してくれた。心から感謝の意を表する。

　非常に残念だが、アームストロングが才能あふれる洞察を共有してくれるのは、これが最後となった。本書の原稿を出版社に納品するわずか数日前に、彼は突然この世を去ったのだ。実は、本書への寄稿をまず依頼した相手がアームストロングだった。彼は快諾し、考えうるかぎりのアドバイスをまとめてくれた。本書の中で彼の言葉を永久に留めておけることを光栄に思う。

カスタマーはうそをつく
──チャーンの真の理由を解明する

アイゲンワークス　CEO　アラン・アームストロング

共通認識があだになる

　チャーンの根本原因が、実際はまったく驚くに値しないことの場合でも、思いこみのためにそれが見えないことがある。根本原因が会社全体に関係することも多い。チームダイナミクスや業績に対する強いプレッシャーが、対処に必要な連携にネガティブに働くこともある。しかし、社内のノイズをかきわけて、カスタマーに目を向ける方法がないわけではない。最終的に必要なのは、カスタマーと本音で忌憚のない対話を重ねる、それを多数のカスタマーと実施する、そうすることで共通パターンを見出すことだ。調査や利用状況データに満足せず、先入観を排してチャーンの理由を探ることが重要である。

構造化された対話で本音を掘りおこす──バイヤー・アズ・ヒーロー™

　チャーンの背後にある事実を理解するには、カスタマーの世界に飛びこまなければならない。そして、それに必要なのが対話である。電話でも会議でも構わないが、カスタマーとの対話は言うは易く行うは難しなことである。電話で話す時でも、自身の先入観を無にするのは非常に難しい。

そして、先入観をなくそうとどれほど努力しても、他部門の人からすると先入観があると「思われる」ことはあり、その結果、洞察が軽視される可能性もある。

それを念頭において、アイゲンワークスでは先入観を排除してカスタマーの警戒心をとく、効果的な対話モデルを開発した。皆さんにも活用してほしいので、ここで紹介したい。

このモデルは「バイヤー・アズ・ヒーロー™」と呼ばれ、バイヤーをストーリーの主人公に据える。バイヤーは、カスタマーの企業で変革をリードしてきた中心人物だ。御社でも、御社のプロダクトでもなく、中心人物はバイヤーなのだ。そうすると、「カスタマーがプロダクトの採用を決めた時の目的は何だったのか？」や「カスタマーが達成したかった成果は何か？」、「これまでの経緯は？」、「ジャーニーから学べるものは何か？」などの考えをめぐらせることができる。

ステップ1　会話を調査モードに変更する

解約しようとしているカスタマーにヒアリングへの協力をとりつけるのは非常に難しい。実際に解約を申し出る頃には、カスタマーは協力する気持ちを既になくしていて、フィードバックの手間をかける時期は終わったと考えている場合が多い。

正直に言おう。カスタマーとの会話をリセットする必要がある。ただ、それは担当カスタマーサクセスマネジャーであってはならない。カスタマー調査の専任チームをおくのが望ましいが、複雑なプロセスも専従者も不要だ。特定の個人またはチームの業務とするだけでよい。担当者はカスタマーサクセス部門のメンバーでも他部門の人でも構わない。カスタマーに依頼する時は、目的は調査であり説得ではないことを明確に伝えよう。この機会を商談だと勘違いするなど言語道断である。

もうひとつリセットが必要なことがある。それはあなたの考え方だ。できる限りバイアスを排除しよう。カスタマーに**自分を主語にして話して**もらい、それを分析することがゴールと考えてほしい。

ステップ2　カスタマーに自己申告させる

　ナンシーの会社は業界最大手だった。収益が急成長し、株価もめざましいスピードで上昇していた。だが、私に連絡してきたナンシーは不安そうだった。最近まで歯牙にもかけなかった競合企業にカスタマーを次々と奪われていて、原因究明の指示を受けていたのだ。軽く調べただけで、1500万ドルもの収益がチャーンで失われており、その中には有名ブランドも含まれていることがわかった。

　我々のヒアリングは必ず自己申告と呼ばれるプロセスから始まる。何の誘導もなしでカスタマーからみた状況と原因を訊き、忌憚のない意見を得る。つまり、真実を追究するジャーナリストになるのだ。

　ナンシーのカスタマーの自己申告はかなり辛辣だった。サービスが悪い、移行プランなしでプロダクトが提供されなくなった、カスタマーを置いてきぼりにした強引な営業をされた、などだ。このような話を引き出すのは実はそれほど難しくない。適切な質問をして傾聴する、つまり**蛇口を開け**ればいいのだ。

　ただ、時には、それを実際に行うのは容易ではない。ナンシーのチームもカスタマーに話を聞こうと努力を重ねた。しかし、競合に乗り換えた瞬間、カスタマーはナンシーのチームに時間を割こうとしなくなった。そうなると、チャーンの原因をカスタマーから聞き出すには限界がある。取引を復活させようとしていると思われるのだ。それは事実でなくても、そう思われるのだ。話をしてくれたとしても、「予算がなくなった」などの表面的な説明にとどまりがちである。売りこみを受けたくないからだ。

　チャーン後のカスタマーが抱きがちな先入観を除くには、カスタマーの身になって考え、話をしてもいいと思うモードにもっていく必要がある。それには、「なぜ?」という言葉を発してはならない。最近あった予期せぬチャーンを思い出してほしい。社内でまず、そして最も頻繁に尋ねられる質問は「なぜ?」だろう。そう聞かれるとバイヤーは、その意思決定を正当化しなければならない気持ちになる。そうではなく、彼ら自身の口から状況を話してもらう必要があるのだ。さてあなたなら、「なぜ?」と訊かずに背後の話を引き出すことができるだろうか?

ステップ3　信頼を醸成する

　カスタマーが口を開いてくれたら、もうひと押ししよう。彼らが苦情を言い始めたら、「はい」や「そうでしたか」と相槌をうち、意見を受け入れたというシグナルを出すのだ。私はよくこう言う、「わかりました。おっしゃるとおりですね。もう少し聞かせてもらえませんか?」。そうして、カスタマーが発言するよう**しむける**のだ。

　この段階は、ジャーナリストとして調査を進めるべきであり、カスタマーの話を編集してはならない。ひたすら深く掘りおこしていくのだ。「他にありませんか?」、「なぜそれが重要だったのでしょうか?」など、質問を重ねよう。より具体的な質問をしてもいい。「その時期には、御社のヘルススコアは緑だったと記憶しています。私たちは何を見落としたのでしょうか?」

　全体像を把握できたらミラーリングしてみるといい。単なるオウム返しではなく、ヒアリングした内容を頭の中で再構築するのだ。例えばこんな言い方だ。「……と理解しました、正しいでしょうか?」

　カスタマーが開襟して対話する状態になれば、さらに突っ込んだ話が聞ける。相手が「率直に言うと」などと言えば、腹を割って話をしてもらえると期待していい。

ステップ4　「関しては」質問で、これまでの行動と意見の是非を問う

　大抵のカスタマーサクセスチームは、契約更新期日よりもずっと前、遅くともチャーンの兆候が見られる前に、あらゆるチャーン防止策への努力を惜しまない。だからこそ、カスタマーが期待はずれの体験をしたと語るのをひたすら聞き続けるのは非常に辛いと思う。

　しかし、もしチャーンを決めたカスタマーが話をする時間をとってくれるならば、今なお踏み込んだ質問に答えてもらえる信頼関係があると思われる。そこで、カスタマーを成功に導く**ことができたかもしれない**事項をリストアップして、尋ねてみよう。「……に関してはどうでしたか?」と聞くことが多いため、弊社ではこれを「関しては」質問と呼んでいる。

　「弊社のオンボーディングプロセスに関してはどうでしたか?」「四半期ビジネスレビューに関してはどうでしたか?」。プロダクトについても、この質

問は有効だ。「Xという機能に関してはどうでしたか？　きちんとご説明できていたでしょうか？」

「関しては」質問では、解決または対処可能だったが見過ごされた点が浮き彫りになる。もちろん、リテンションできたと確約はできないが、そこから得た洞察を活かして、他のカスタマーでは同じ失敗をくりかえさないようにできるはずだ。

ステップ5　決意の固さを判断する　「もし……なら?」

　カスタマーの話をしっかり理解した上で、介入したら結論が変わっていたかを探ってみよう。「もしプロダクトにXができたら？」「1週間ログインされていないことに気づいた時点で連絡していたら？」などを自問するのだ。その時に介入していたらチャーンを防げたかどうか。もっとも「たられば」の話には注意が必要だ。答える側も、異なる状況で自身がどう行動したかは断言できないので、回答の確度は低くなる。つまり、カスタマーの言う「たられば」をうのみにしてはならない。「困っていた時に連絡してくれたら契約更新したかもしれない」と言われたとしよう。これを額面どおりに受けとっていいのは、他に何名ものカスタマーから全く同じ発言があった時だけである。

ステップ6　もっと話を聞く！　では一体どれだけ話を聞けばパターンを特定できるのか?

　1件のヒアリング結果にすぐ反応したくなるのは、理解できるが、無責任な行為だ。もちろん、困っているカスタマーに支援が可能ならばエスカレーションすべきだ。しかし、複数のカスタマーの意見を聞くことなく、システマティックに状況を理解することはできない。

　では、複数とは何名をさすのか？　私の経験では、マジックナンバーは20人である。8人に話を聞いただけでも、5〜6のポイントが挙がるだろう。そうなると、わずか2〜3人の意見が合致しただけで、パターンなのか偶然の一致なのかを判断するのは難しい。

　定性調査で**飽和点**と呼ばれる状態まで話を聞くことを目標にしてほしい。

飽和点に達するとは、もう新しい話は出てこないと考えられる状態だ。では、何件話を聞けば飽和点に達するのか？　6件という意見もある一方、50件という人もいるが、我々は20人が目安だと考えている。

カスタマーセグメントについて

　20人から話を聞いたとしても、あらゆる市場に通用できる気づきが得られるわけではない。担当カスタマーは複数セグメントにまたがることが多い。その場合、セグメントごとに異なる対応が求められる。すべてのセグメントで20人から話を聞く必要はないかもしれないが、金融サービス企業とヘルスケア企業への対応を、同一の調査に基づいて決めるのは危険だ。

自社で実施するべきか、第三者の手を借りるべきか？

　受失注やチャーンの調査をどのくらい自社で実施すべきかクライアントに訊かれた時、私は「できる限り多く」と答えるようにしている。社内でチャーン調査モデルをもっておくことは非常に有用だ。

　しかし、独自調査には深刻な限界がある。仮に、十分な数のカスタマーにヒアリングして分析する時間と経験がチームにあったとしても、**プロダクトの開発や販売にあたってきた者として、一切の先入観をなくすのは難しい**。考えてみてほしい。チャーンしたカスタマーに腹を割って話してもらうどころか、電話にでてもらうのすら容易ではない。カスタマーは、これまで意思表示を十分してきたと思っているから、解約を決めた後になってまとわりつかれるのは不快であり、時既に遅しと思われても仕方ない。

　また、社内に存在する先入観も忘れてはならない。誰が実査を担当しようとも、特定の結果に誘導しているととらえられて、結果を矮小化される可能性がある。

ステップ7　チャーンだけでなく、成功事例もヒアリングする

　チャーンの根本原因と同様、うまくいっているカスタマーと彼らとのエンゲージメントについてもしっかり調査すべきだ。うまくいっている理由はわかっていると勘違いしてはならない。特に理解すべきは、変化に対するビ

ジョン、カスタマーの特性、他のカスタマーが苦戦しているプロダクトの機能を使いこなせている理由、の３点だ。

　成功事例をヒアリングすると、上得意客がプロダクトをどう活用し、何に価値を見出しているかがわかる。そうしたカスタマーの共通点は何だろう？　他にもそうしたカスタマーはいるか？　これらの疑問に対する答えもまた、チャーンの原因解明に役立つ。チャーンしたあるケースでは、プロダクトとの相性が悪く、そもそも導入させるべきでなかったケースもある。

　相性が良くて意欲の高いカスタマーでも、すんなりとプロダクトを使いこなせないこともある。成功した要因とチャーンしたカスタマーとの違いは何だろうか？

　アームストロングのアドバイスは非常に有用だが、見過ごされがちでもある。取引を停止したカスタマーにヒアリングするのは、ネガティブをポジティブに変えるまたとない方法だ。チャーンを学びの機会に変えると言ってもいい。喪失体験は教育機会であるとするアームストロングの考え方から教えられたと思っている。人間同士の会話から始まり、信頼を築いて傾聴する。ここでも、傾聴の技術がカスタマーサクセスマネジャーに必須のスキルであることがわかる。自分自身、そして自分の会社、何よりカスタマーのために、このスキルを大切にのばし、適切に活用してほしい。

契約拡張をマネジメントする
──顧客基盤のホワイトスペースを把握して
アップセル・クロスセルの機会を探る

　歴史あるビジネス習熟度の高いカスタマーがプロダクトの価値を認めてくれれば、そうしたプロダクトを提供する御社との関係にも価値を見出し信頼をよせてくれるようになる。御社とのパートナーシップの対象範囲を広げる

提案に対して、聞く耳をもつようになる。プロダクトの採用数を増やし新たな機能やライセンスを追加するのは、カスタマーにとって自然かつ理にかなったことであり、御社にとっては新たな定期収益だ。カスタマーサクセスの責務は、常にカスタマーをそういった気持ちにさせることである。

営業マンの行動を頭にうかべていただきたい。彼らの行動はすべて、成約して売上を積み重ねるためのものだ。では、カスタマーサクセスマネジャーはどうだろうか？　大抵の企業では、営業とは別組織であるカスタマーサクセスチームのゴールは、売上を積み重ねるための下準備と言える。新規案件の成約ほどわかりやすくないが、ロイヤルカスタマーの契約更新やアップセル、クロスセルというかたちの売上は発生する。そして、カスタマーの満足度やエンゲージメントを高めてロイヤルカスタマー化できるのは、カスタマーサクセスマネジャーをおいて他にいない。

つまり、カスタマーサクセスマネジャーにも直接的な売上責任がある。そのため、契約拡張に関連する基本概念を知ることはきわめて有用だ。契約拡張には2種類ある。**アップセル**と**クロスセル**である。

- 「アップセル」とは、カスタマーまたはカスタマーの事業部に対して、これまでと同じ内容の数量アップを提案することだ
- 「クロスセル」は、同じプロダクトやサービスをカスタマーの別の事業部に提案する、ないし同じ相手に異なるプロダクトやサービスを提案するため、通常、新たな営業サイクルが必要になる
- 「ホワイトスペース」とは、上述の契約拡張につながるあらゆる機会を意味する

アップセルまたはクロスセルの機会を特定して対応するプロセスを実行するのが基本戦略だ。それには、テクノロジーやデータを活用することに加え、営業とカスタマーサクセスが、お互い当事者意識をもち、カスタマーへの対応ルールを共有して協業することが必要不可欠である。今では、カスタマーサクセスマネジャーの業績評価に、契約拡張に関する指標が組み込まれる傾向が高まっている。よくあるのは、拡張の機会を見逃さずに積極的な行動を

とったかを測る指標などだ。直接的なコミッション制でなくても、そうした貢献に対して何らかの報酬は用意されるべきだろう。

　契約拡張の機会を探求する上で、カスタマーサクセスマネジャーとして知っておくべき点を以下に紹介する（**表12.2**参照）。

- 自社はカスタマーからどのように収益をあげているか？
- カスタマーは、どのようなタイプの「ウィジェット」を購入しているか？
- 拡張機会を特定して営業に情報供与できるだけ、自社プロダクトやサービスを熟知しているか？
- カスタマーに関するどのようなデータをみれば、機会の有無に気づけるか？
- カスタマーは「ウィジェット」を使いこなしているか？

　プロセスを設計する時、報告のしやすさはとても重要だ。契約拡張のパイプラインを管理するダッシュボードを構築しよう。この意味を正しく理解してほしい。カスタマーサクセスマネジャーは、営業とタッグを組んだ上ではあるが、契約拡張による売上パイプラインの責任を負う。以下は、ダッシュボードに含めるべきデータだ。つまり、カスタマーサクセスマネジャーは、

表12.2　契約拡張のタイプ（例）

	アップセル	クロスセル
すべてのビジネス	ライセンス、デバイス、ロケーション	追加機能、ないしプレミアムサービス
SaaS	トレーニングないしサービスの実施時間	追加プロダクト
オンプレミス	プロダクトのバージョンアップないしアップグレードサービスのアップグレード	追加プロダクト
コンサンプションビジネス	コンサンプション契約のコンサンプション／キャパシティ	

いつでもこうしたデータを共有可能でなければならない。

アプローチ可能な拡張機会を示す表

- カスタマーの名前
- 契約金額の増分
- 契約見込み日（日付の早い順にソートする）
- 最新のタイムラインを入力した際の留意事項
- 最新のタイムラインへのリンク

アプローチ可能な拡張機会を示す積み上げ棒グラフ

- 縦軸：契約金額の増分
- 横軸：成約見込み日（月別）
- 棒グラフのグルーピング：予測カテゴリー

前週に変更のあった予測カテゴリーを示す表

- カスタマーの名前
- 契約金額の増分
- 契約見込み日（日付の早い順にソートする）

表 12.3　契約予測率

基準	既定の勝率
意思決定者へメールを送付した	0%
意思決定者と話し合った	20%
契約書を送付した	50%
口頭で内諾を得た	80%
契約にサインされた（契約受注）	100%
失注（契約失注）	0%

- 変更前の予測カテゴリー
- 変更後の予測カテゴリー

　機会予測についてはベストプラクティスを参考にしてほしい。契約可能性の定義がまだ無い企業では、**表12.3**の数字を参考にするといいだろう。

　ホワイトスペースないし契約拡張機会の管理ダッシュボードは、通常の業務フローに組みこみ、さらに経営陣との社内会議でも定期的に共有すべきだ。カスタマーサクセスマネジャーが、カスタマーの売上をトラッキングし拡大させるために使う拡張機会ダッシュボードのうち、最も重要と思われる3種類を**表12.4**に示しておく。

表12.4　カスタマーサクセスマネジャー用の契約拡張機会ダッシュボード

ダッシュボード	目的	要約
上級マネジャー用の週次会議向けダッシュボード	アップセルとクロスセルの収益機会をどう捉えるか？　経営者／マネジャーの介入機会はあるか？	ステージ別アップセル／クロスセル機会数
CSM用の週次1on1会議向けダッシュボード	どのアカウントに拡販余地があるか？　それらアカウントの潜在収益はどれほどか？　この2つの要因に基づくと、どのアカウントを優先する必要があるか？	未攻略のホワイトスペースに関する報告 アップセルカテゴリーにおける拡販機会ステージ別の現行パイプライン収益額 拡販機会ステージ別のクロスセル機会数 CSM向けCTA数
ROIダッシュボード	その拡販機会が収益やGRRへ与えるインパクトは？	クロスセルおよびアップセル提案から生まれた拡販機会のうち契約締結した収益

推薦（アドボカシー）の獲得――最高のカスタマーをエバンジェリストに変える方法

　目指す成果を達成して満足しているカスタマーだけが、あなたの会社やプロダクトやサービスを友人、家族、同僚に、熱心に推薦してくれる。カスタマーから推薦してもらうには、カスタマーライフサイクルの初期から働きかけることが不可欠だ。推薦プログラムは、会社全体へのメリットはもちろん、営業とマーケティングにとっての価値が大きい。『ハーバード・ビジネス・レビュー』の調査でも、84％のB2Bバイヤーが、推薦や紹介から購買プロセスを始めることがわかっている。そして、推薦が何らかのかたちで影響したB2Bの購買決定は90％以上なのだ。[1]

　カスタマーを推薦者に変えられるのは、会社の中でカスタマーサクセスマネジャーだけだ。効果的な推薦プログラムを構築するには、以下の項目すべてを実践する必要がある。どの項目からでも構わないので、とにかくスタートすることを強くお勧めする。

1. **価値を提供する**……これに尽きる！
2. **価値を証明する**……認識してもらわなければ始まらない！
3. **推薦へのマイルストーンを設定する**……率直に言おう。カスタマーにネガティブなことが生じればカスタマーサクセスマネジャーの責任とされる。ならば、プラスなことが生じたら、カスタマーサクセスマネジャーの手柄だと思ってもらおう。**表12.5**にあるイベントやマイルストーンはすべて、カスタマーサクセスマネジャーが直接関わったものなら、「カスタマーサクセスに起因する推薦（CSQA：Customer Success Qualified Advocacy）」または「カスタマーサクセスに起因するリード（CSQL：Customer Success Qualified Lead）」である。「マーケティングに起因するリード（MQL）」や「営業に起因するリード（SQL）」と同様に、カスタマーの推薦経由だと成約率が高いため、CSQLは格段に価値の高いリードと言える。ゲインサイトのカスタマーサクセスチームは、四半期ごとにCSQAとCSQLのターゲットを設定している。それらはポート

フォリオの成長と総合的な健全性を示す先行指標だからである。

4. **推薦者候補を特定する**……ヘルススコアとテクノロジーを使って手間と時間を圧縮しよう。ベースの指標は、利用状況、センチメント、NPS、達成内容、エンゲージメント、推薦意欲、サクセスプランの進捗、マーケティングやコミュニティイベント、オンラインフォーラムなどへの参加状況などだ。

5. **推薦者を管理する**……担当カスタマーの中から、優良カスタマーとして紹介することを依頼できそうなカスタマーを探す容易な方法をみつける。ただし、彼らに頼りすぎないようにし、また、そのつど許可を得ることを怠ってはならない。

6. **推薦者のメリットを用意してから依頼する**……この点について、カスタマーサクセスによる推薦獲得の第一人者、アップデートのクライアントサクセス担当副社長であるチャド・ホレンフェルト氏に解説をお願いしようと思う。

　「推薦を依頼するという行為は、イベントに出てスピーチをしたり、業界紙やウェブサイトに大々的に登場してもらったり、社内もしくは業界内の大物の知己を得たりといったメリットを、最も協力的なロイヤルカスタマーに供与することである。別の利点は、推薦を依頼する行為で、

表12.5　カスタマーサクセスに関連する推薦（例）

カスタマーサクセスに起因するリード（CSQL）	カスタマーサクセスに起因する推薦（CSQA）
・ 契約更新 ・ アップセル ・ クロスセル ・ 推薦	・ 事例紹介 ・ アダプションの改善 ・ ヘルススコアの改善 ・ トレーニングの修了 ・ カスタマーの推薦および第3者レビュー ・ NPS推奨者 ・ ベンダー主催イベントでの登壇

相手を高く評価していることを示すことだ。戦略的に重要なカスタマーのリテンションや売上拡大につながる秘密兵器と考えよう。このように双方向の関係を構築できれば、必要な時に必要なサポートをもらえる——同僚にあなたの会社を勧めてくれたり、現在進行形の商談に向けて推薦したりしてもらうことも不可能ではない」

7. **インパクトを報告する**……カスタマーサクセスマネジャーとして貢献した収益を、何らかのかたちで「見える化」したダッシュボードを構築すべきだ。営業機会に関し、担当カスタマーサクセスマネジャーの氏名とCSQAのタイプを入力する欄を追加するだけでいい。そうなれば、カスタマーサクセス部門の責任者が役員会で発表するレポートができあがるのだ。

* * *

　以上、カスタマーサクセスマネジャーの歴史と、職務を遂行するのに必要なスキルとコンピテンシーを紹介した。また、日常発生する様々な業務の概要についても解説した。次章では、カスタマーサクセスチームのリーダーに目を転じて、多彩な人材が揃うことの多いカスタマーサクセスチームをマネジメントするための洞察とベストプラクティスについて話したい。

原注

1. Minsky, L. and Quesenberry, K. (2016). How B2B sales can benefit from social selling. *Harvard Business Review* (8 November 2016).

第 4 部

Retaining and Developing the Best CSMs

優れたカスタマーサクセスマネジャーを育成し、流出を防ぐ

第13章 Managing a Customer Success Team

カスタマーサクセスチームの運営

　前章までは、カスタマーサクセスマネジャーが習得、実践すべきコアスキルとプロセスについて解説してきた。本章では、カスタマーサクセスチームを率いるリーダーに視点を移したい。カスタマーサクセスチームのリーダーにとって、優秀な人材を採用し、育成し、指導し、動機付けて流出を防ぐことは、カスタマーサクセスマネジャーとして業績をあげるのと同じくらい重要だ。そのために必要な3つの概念を紹介する。1つ目は、セグメンテーション戦略に基づいてカスタマーサクセスマネジャーの業務量と担当カスタマーのカバー率を管理する方法。2つ目は、部下がそれぞれの段階でしかるべき業務に注力するようしむける報酬（インセンティブ）制度の設計方法。そして3つ目は、プロセスの厳密な運用を促すレポートとダッシュボードの活用方法である。

カスタマーのセグメンテーションと
カスタマーサクセスマネジャーの適材適所

　セグメンテーションについては先の章で簡単に触れたが、実はセグメンテーションを効果的に活用するには少しだけ深い知識が必要だ。リーダーであるあなたの目標は、ビジネスのセグメンテーション戦略に基づいた、最適な「カスタマーサクセスマネジャー対カスタマー比率（ないしCSM比率）」を見出して運営することである。規模、収益額、成長機会、ニーズという点で様々に異なる多様なカスタマーを管理するには、共通の特性を見出して、適切に分類することが不可欠だ。第7章（**図7.4**）で、カスタマーを分類す

る最も一般的な切り口は「年次定期収益（ARR）」だと述べた。定期収益モデルではない事業の場合、カスタマーの「期待収益」がARRの代わりになるだろう。顧客基盤から収益が上がる事業の場合は、収益額の大小がカスタマーサクセスマネジャーの作業負荷、特に会議やカスタマー接点、エスカレーション（重点対応）の回数などに直結する傾向があるため、収益関連の指標を用いるのが最も一般的だ。

　セグメンテーションに基づいてカスタマーサクセスマネジャーを適材適所に割り当てることは、大企業はもちろん、中小企業にとっても重要な戦略だ。特に成長中の企業には非常に重要な戦略だ。絶対避けなければならないのは、カスタマーサクセスマネジャーの能力と事業成長とを阻害するセグメンテーションモデルを使ってしまうことである。このテーマを深く理解するため、ある2人を紹介しよう。1人目は、コーナーストーンオンデマンドのクライアントサクセス担当副社長であるパトリック・アイチェン氏だ。彼は、効率的かつ人材開発に重きをおいた業績マネジメントモデルを開発してきた経験豊かな人物である。

　パトリックはこう述べる。「カスタマーセグメンテーションは、カスタマーサクセスをスケールさせる上で最も重要です。ここに時間とリソースを投資すれば、カスタマー自身のこと、そして彼らが自社プロダクトからどんな価値を得るのかを深く理解できます。特に重要なのは、成功を目指すカスタマーが必要としていることを明確に定義できるセグメンテーションを使うことです。このアプローチを磨いていくと、セグメントごとにカスタマーが成功するのを支援するCSMとして備えているべき必須スキルが異なることに気付くでしょう。各カスタマーに最適なタイプのカスタマーサクセスマネジャーを割り当てる適材適所の配置は、全体的な枠組みの中で何より不可欠です」

　さらにパトリックは、コーナーストーンでは、非常に多くの時間を使って各市場セグメントのカスタマーペルソナを特定し、それが同社のセグメンテーションアプローチに大いに影響していると言う。同社では、収益額、社員数、業界といった典型的な分類軸だけでなく、カスタマーの人材マネジメントプロセスの成熟度や、カスタマーが同社のソフトウェアを用いるユースケースの複雑度なども分類軸として適しているかどうかを検討している。

「弊社のプロダクトを導入するカスタマー数が数千社規模になった現在は、通常どのようなサポートがクライアントに必要かを十分把握できています。そうした経験値を踏まえ、カスタマーサクセスをスケールさせることに成功しています」

2人目に紹介するのは、GE デジタルのカスタマーサクセス担当副社長、デビッド・コッチャーだ。GE デジタルは、産業用プラットフォームを提供する大手ソフトウェア会社である。同社はソフトウェア、アプリ、そしてデータ分析を産業用ビジネスと結びつけることで、業界インフラの形を作り変えてきた。デビッドと彼のチームは、収益額や ARR を用いたセグメンテーションモデルの域を超えて、カスタマーの「ニーズ」ベースのセグメンテーションを追求してきた。具体的には、以下の質問への答えを見出すことでセグメンテーション戦略を策定している。

A：時間を使うべきカスタマーは誰か？
B：いつ時間を使うべきか？
C：何に時間を使うべきか？

デビッドいわく、「どれも難しい質問ですが、プログラムを成功させるにはこうした質問に答えられることが非常に重要です」。本章では、GE デジタルが利用するアプローチを具体的に見ていこう。このシンプルなセグメンテーションを、GE デジタルでは「**優先順位に基づく実行**」と呼ぶ（**図13.1**）。

コッチャーによれば、このアプローチの前半、すなわち「優先順位づけ」が質問 A と B に対応する。優先順位づけのためのセグメンテーションには、「価値」と「カスタマーヘルス」の2軸を使う。この2点で各カスタマーの重要度と満足度がわかるため、優先順位をつけるにあたってそれらが中心的な指標となる。シンプルな分類法だが、ここから得られる洞察は非常に有用だ。踏まえて、最も効果的なカスタマーサクセス組織やカスタマーポートフォリオを組むといい。コッチャーによると、この手法でカスタマーサクセスチームを組織する場合、必要な対応によってカスタマーを「緊急」、「至急」、「計

画的」に分け、グループごとに最適な担当カスタマー数を設定する。

- **緊急**——年次定期収益（ARR）が大きいカスタマーの規模と推定される複雑性を踏まえ、膨大なカスタマー数を担当せず（＝低カバー率）、特定の高度なスキル（プロダクト、業界）を備えたカスタマーサクセスマネジャーによる緊急対応が必要なグループ
- **至急**—— 年次定期収益（ARR）がそれほど大きくなく複雑性も高くないカスタマーで、一般的なスキルを備えたカスタマーサクセスマネジャーによる迅速な対応が必要なグループ
- **計画通り**——カスタマーのジャーニーと定義された複雑性を踏まえて必要と思われる、ある程度限定された対応をカスタマーサクセスマネジャーが実施していくグループ。このグループのカバー率はカスタマーライフサイクルの段階と規模によって異なる

図 13.1　GE デジタルが使用するセグメンテーションの枠組み

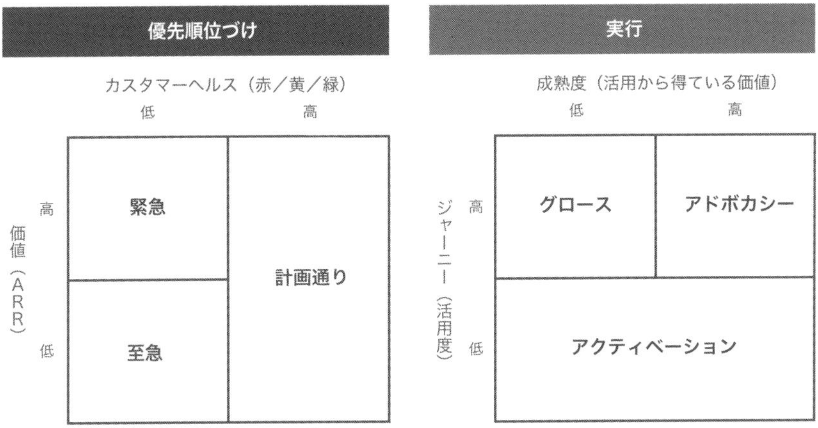

価値（ARR）……カスタマーが組織にもたらす年間の収益額（定性情報を補強する必要あり）

カスタマーヘルス（赤／黄／緑）……カスタマーが抱える課題や懸念に基づいて想定される（チャーンや悪評価などの）リスクの程度

ジャーニー（活用度）……カスタマーが購入したソフトウェア（ライセンス / サブスクリプション / 機能）を活用している度合い

成熟度（活用から得ている価値）……カスタマーがソフトウェアを利用することで実現しているメリットの度合

デビッドいわく、「各セグメントのカスタマー数が分かれば、ヘルススコアが高い、ないし低いカスタマーを、成熟度曲線のどこに位置するかを踏まえて、プロダクトを利用促進してもらうために、どのようなスキルをもつカスタマーサクセスマネジャーが何人必要なのか把握できます。ただし、こうしたシンプルなセグメンテーションを全アカウントに適用できるわけではありません。どの域値を超えたら例外的なカスタマーとするかなどを検討してカバレッジモデルを決めるために、追加の定性基準を用います」

　多様なカスタマーポートフォリオを管理するカスタマーサクセスマネジャーの現実の世界では、セグメンテーション間を移動（理想的には左から右へ移動）するアカウントが存在する。その場合、ヘルススコアの低いカスタマーはケアする優先順位が下がる。チャーンリスクの火種を直ちに消すには、より高い価値を提供できるカスタマーを優先的にケアすることが必須だ。つまり、ヘルススコアが健全なカスタマーのアダプションを支援しつつ、火消し要請のあるごく少数の重要カスタマーをケアするといった、バランスのとれた行為が必要になる。

　このアプローチの後半、つまり「実行」は、先の質問リスト C「何に時間を使うべきか？」に対応するものだ。上述の通り、ヘルススコアの低いカスタマーについてはリスクの是正に集中することが何より重要だ。問題の核心は何か（プロダクト、サポート、サービス提供、金銭的な条件？）を理解し、関係の修復計画を作り、アカウントチームとカスタマーとがその内容に合意する必要がある。加えて、修復計画が完了するまで、定期的にトラッキングを続けなければならない。

　GE では、チャーンリスクの低いカスタマーに対しては、この「実行」分類法を用いてプレイブックまたは「行動」を決めている。すなわち、「ジャーニー」つまり自社ソフトウェアの利用度と、「成熟度」つまり利用から得ている価値という 2 軸を用いてカスタマーを分類するのだ。

・アクティベーション——オンボーディング、活用支援、業績トラッキングなど、カスタマーが自社ソフトウェアに習熟し活用していくのをサポートする

- グロース──アップセルとクロスセルを通じて、アカウントの価値を維持・成長させる
- アドボカシー──カスタマーの社内外に対して、エンゲージメントの成果やメリットを発信する

　最後にパトリックは、カスタマーサクセスチームがセグメンテーション戦略を検討する際は、以下を自問すべしと言う。

- 自社の市場参入戦略は何か？　現時点の顧客基盤をベースとした時、どこまで成長を期待できるか？
- カスタマーに共通した特長は何か？　カスタマーの規模、業界、ユースケースは？
- 各カスタマーセグメントの最も一般的なサポートニーズは？　現時点でそうしたニーズに適切に対処できているか？
- カスタマーの成功をどう測定するか？　測定指標はカスタマーサクセスのビジョンとマッチしているか？
- CSM が各カスタマーセグメントのカスタマーへ上手く対処する上で必要なスキルは何か？

最適なカスタマーサクセスマネジャー 1 人当たり担当カスタマー数とそのプロファイルの設定

　大抵の企業では、カスタマーの収益規模に基づいた「大規模」「中規模」「小規模」の 3 分類を用いている。次に決めるべきは、自社リソース、つまりカスタマーサクセスマネジャーをそれぞれへどう配分するかだ。自社のカスタマーサクセスマネジャーがセグメント全体をどうカバーすれば、最高に費用対効果が高く、かつ最大の成功をもたらせるだろうか？　カスタマーサクセスマネジャー 1 人当たり何人のカスタマーを効果的に管理できるだろうか？

大規模セグメントにおけるカスタマーサクセスマネジャー1人当たりのカスタマー数とプロファイル

　過去の調査によると、カスタマーの分類法にはパターンが存在する。収益額の高いカスタマーを抱える大規模セグメントでは、カスタマーサクセスマネジャーが管理するARRの中央値は200万〜500万ドル。つまり、このセグメントを担当するカスタマーサクセスマネジャーは、ARR200万〜500万ドル規模のカスタマー、約10〜50件からなるカスタマーポートフォリオを担当している（**図13.2**）。

　大規模セグメントでは、大企業との取引に付きものの複雑さを管理できる経験豊富なカスタマーサクセスマネジャーが必要不可欠だ。大企業に存在する様々な利害関係、たとえば事業が異なることによる利害関係者や、機能組織が異なることによる利害関係者などをうまく収めて物事を進めるスキルが必須である。同時に、カスタマーの経営層に会って話したり、カスタマー社内で進む重要な変革に関与したりする必要も時にはある。また、第4章で説明したように、大企業カスタマーの属する業種ないし特定カテゴリーの専門家に同行することで、大きな価値を提供できる時もある。たとえばアカウ

図13.2　カスタマーサクセスマネジャー1人当たりのARRおよびカスタマー数——大規模セグメント

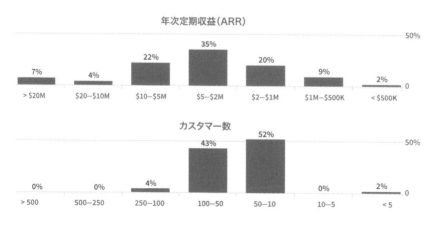

ント管理、エンタープライズプロジェクトマネジャー、エンタープライズソ
リューションコンサルタントまたはエンジニアなどだ。

　パトリックはコーナーストーンで、大企業向けカスタマーサクセスマネ
ジャーとして雇う人のタイプを非常に吟味してきたと言う。「大企業セグメ
ントのクライアントは、弊社のソフトウェアを実装するのに相当の金額を
投資します。弊社のプロダクトは非常に複雑で、大抵の場合、人材管理プロ
セスにおいて重要な位置を占めます。クライアントは高度な専門知識を持つ
人から日々サポートを受けられることを期待していますので、そうしたニー
ズを汲んで、最適なカスタマーサクセスマネジャーを確保し配置しています。
豊富な経験を持ち、技術に精通し、業界の深い専門知識と、適切な結果に導
くためのアカウント管理スキルなどを併せもった人物とパートナーを組んで
います。彼らは大抵、業界内の企業で上級職を歴任しており、プロダクト実
装経験もある人たちです。私たちは、お客さまが『カスタマーサクセスマネ
ジャーは、チームの一員かのごとく自分たちの立場に立って行動してくれる』
と感じるような環境を作るために、できる限りのことをしています」

中規模セグメントにおけるカスタマーサクセスマネジャー１人当たりのカスタマー数とプロファイル

　中規模セグメントを担当するカスタマーサクセスマネジャーに関する業
界の傾向値は、大規模セグメントとARRはほぼ同等だが、カスタマー数は
より多い。中規模セグメントにおいてカスタマーサクセスマネジャーが担
当するARRの中央値は200万～500万ドル、同担当カスタマーサクセス
マネジャーの58％が200万ドル以上のARRを管理している（図13.3）。ま
た、中規模セグメントを担当するカスタマーサクセスマネジャーは、中央値
約100～250件のカスタマーを担当している。

　想像通り、中規模セグメントの担当カスタマーサクセスマネジャーが大規
模セグメントと同等の負荷業務を各社に実施することはできない。したがっ
て、同セグメントでは「デジタルファースト」を基本とし、人の介在は「ジャ
ストインタイム」を基本とすることが何より不可欠だ。

中規模セグメントを担当するカスタマーサクセスマネジャーは、優先順位付けとタスク管理に長けていて、かつプロダクトにも精通している必要がある。管理対象のカスタマー数が膨大なため、何より迅速かつ効率的にプロジェクトを回せるプロジェクトマネジャーでなければならない。プロダクトの知識があり、プロダクトが属するカテゴリーに精通していることは大いにプラスに働く。カスタマーは、プロダクトがいかに自分たちのニーズに対して使える存在なのかを知りたい人ばかりだからだ。また、同業他社のカスタマーが何をしているのかも知りたがるので、このセグメントを担当するカスタマーサクセスマネジャーには、業界ウォッチャーになることをお勧めする。関連するスキルや経験を持つ適性人材プロファイルの例は、プロジェクトマネジャー、プログラムマネジャー、サポート担当者（特に、プロダクトが技術的に複雑な場合）、カスタマー対応プロダクトマネジャーなどである。

小規模セグメントにおけるカスタマーサクセスマネジャー1人当たりのカスタマー数とプロファイル

　収益規模が最も小さい小規模企業セグメントを担当するカスタマーサクセスマネジャーは、中央値約100万〜200万ドルのカスタマー、同カスタマー

図13.3　カスタマーサクセスマネジャー1人当たりのARRおよびカスタマー数──中規模セグメント

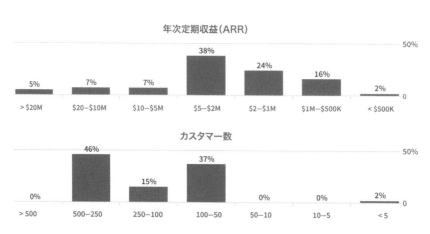

サクセスマネジャーの54%はARR 200万ドル未満のカスタマーを担当する。同様に、中央値100〜250件のカスタマー、同カスタマーサクセスマネジャーの37%は250件超のカスタマーを担当する（**図13.4**）。このセグメントでは、デジタル接点を徹底活用し、更新、拡大、アドボカシーの機会が高いカスタマーにカスタマーサクセスマネジャーの時間を集中させることが何より重要だ。またこのセグメントのチームはリアクティブな対応が基本になる。

　小規模企業セグメントを担当するカスタマーサクセスマネジャーは、優先順位付けに熟達している必要がある。プロダクトやサービスに技術的な能力が必要な場合でも、小規模カスタマーは通常、有料サービスを利用する予算の余裕がない。むしろ、カスタマーサクセスマネジャーが袖をまくって同社チームと協業することを期待している。その場合、技術スキルに長けた人材が望ましい。特にプロダクトが技術的に複雑な場合、関連するスキルや経験を持つ適性人材プロファイルの例は、ソリューションアーキテクト、セールスエンジニア、サポート担当などだ。プロダクトのセットアップが容易な場合は、インサイドセールス、事業開発マネジャー、アカウントマネジャーがこの役割をうまくこなす。

図13.4　カスタマーサクセスマネジャー1人当たりのARRおよびカスタマー数——小規模セグメント

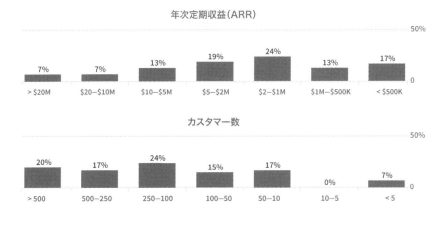

「共有」または「プール」されたカスタマーサクセスチームを置く会社もある。そうしたチームでは、中小企業のカスタマーに固定のカスタマーサクセスマネジャー担当を割り当てない。代わりに、プールの中からその時々に動けるカスタマーサクセスマネジャーが対応する。コーナーストーンオンデマンドのパトリックは、同タイプのカスタマーサクセスチームについて述べている。「中小規模カスタマーに向けたカスタマーサクセスをスケールさせるため、弊社では『共有サポートモデル』を取り入れました。クライアントに専任担当者をつけず、同セグメントのカスタマーを担当するカスタマーサクセスマネジャーがチームとして対応します。この変更を英断した時、専任者がいなくてもカスタマーが希望する結果を達成する上で私たちのことを『頼れる存在だ』と感じてもらうようにすることが重要でした。また通常、小規模なカスタマーはリソースが限られているため、プロダクトを利用するスキルをレベルアップするのに多くの時間を費やせません。そこで、クライアントに確実に成功してもらうため、カスタマーサクセスマネジャーが様々なオンラインの取り組みを主催し、スキルアップの機会を提供します。同セグメントのカスタマーは、そうした取り組みを通じて専門家から必要な支援を得ます」

パトリックはさらに言う。「このモデルに転換するために、多大な投資をして新しい人材採用プロセスを構築しました。様々なバックグラウンドをもつ潜在的なカスタマーサクセスリーダー候補を精査するだけでなく、面接プロセスでは個別状況ベースの質疑を実施し、候補者が現場で遭遇しうる状況を経験できるようにしています。そうすることで、その候補者が成功に必須の特定スキル(プロダクト知識、プレゼンテーションスキル、異論を克服する能力など)を備えているかどうか見通せると同時に、候補者は、組織に参画後のCSMとしての生活や1日についてイメージを持つことができます。また、このモデルをとった結果、社内の人材モビリティが向上しました。共有チームのサポートとして雇われたカスタマーサクセスマネジャーが、成長機会を経て、最終的に大企業カスタマー向けのより献身的な役割を担うまでに成長しました」

最後に、最適なカスタマーサクセスマネジャーのカバレッジ率を決める際

の注意事項を述べておこう。まず、カスタマーサクセスマネジャーに収益ノルマ（カスタマーサクセスマネジャー 1 人当たり 200 万ドルなど）を設定したり、その逆をしたりすることは絶対に避けてほしい。そんなことをすれば、実現すべき望ましい成果が得られないどころか、最初から失敗するだろう。リテンションや収益成長に関する理想の目標の数字がまずあって、それを達成するのに必要な最低限のエンゲージメントは何かを明確にするための分析をしなければならない。別の言い方をすると、カスタマーサクセスマネジャーの活動のうち、業績目標に最も大きな影響を与える活動が特定され、異なるセグメントごとに必要なカスタマーエンゲージメントの頻度とそれに要する労力が明確になれば、結果的に、収益目標および成長目標を達成するのに必要なカスタマーサクセスマネジャーの人数が判明する。それは、営業部門の責任者が計画を立てる際に経験することと全く同じである。

カスタマーサクセスマネジャーの報酬制度を整える

唯一絶対の万能な報酬制度はない。また、各チームの運営目的に応じても、最適な報酬制度は異なる。**図 13.5** は、フェーズごとに目標として用いる指

図 13.5　カスタマーサクセスマネジャーの報酬を決める指標

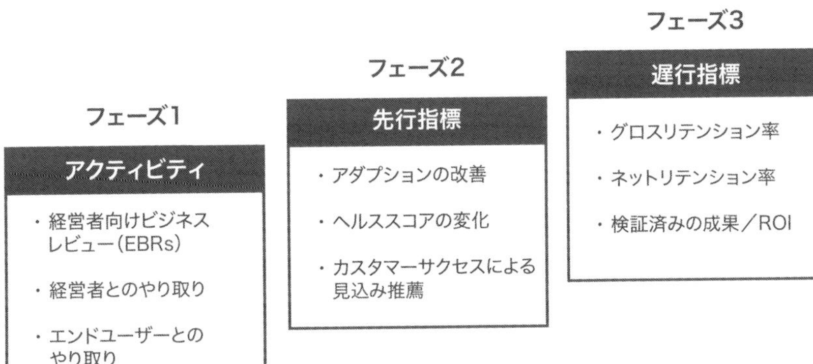

フェーズ1

アクティビティ

・経営者向けビジネス
　レビュー（EBRs）

・経営者とのやり取り

・エンドユーザーとの
　やり取り

フェーズ2

先行指標

・アダプションの改善

・ヘルススコアの変化

・カスタマーサクセスによる
　見込み推薦

フェーズ3

遅行指標

・グロスリテンション率

・ネットリテンション率

・検証済みの成果／ROI

標が異なり、従って報酬制度の設計も時の経過に応じて進化させる必要があることを示している。

　報酬制度の設計において、多くの企業が採用している原則は、チームの報酬を固定部分で設計し、そこに可変部分を上乗せするやり方である。最も一般的なのは、報酬全体の70〜80％を固定部分に、残り20〜30％を可変部分にするモデルだ。たとえば、更新取引とアップセル取引の管理が主な役割のカスタマーサクセスマネジャーの場合、営業の報酬制度のように、コミッション額などをベースに変動報酬を上乗せする。多くの企業でこうしたタスクはアカウントマネジャーの仕事だ。こうしたボーナスベースの報酬体系を採用することで、営業機能との違いを報酬面で明確にすることができ、かつ時間の経過とともに指標を柔軟に進化させることも可能になる。

　モデルが決まったら次は、可変報酬を算出するための指標を決めなければならない。カスタマーサクセスチームが比較的新しく成熟度が低い場合、主な目的は活動の一貫性と予測可能性を高めることである。この段階では、マネジメントビジネスレビュー、オンボーディングプロセス、更新マイルストーン、カスタマーとのアダプションレビュー会議などの主要イベントの完了有無に可変報酬を結びつけることで、チームの「カスタマーサクセス筋肉」を確実かつ適切に強化させるのが得策だ。この段階はすべての基礎を成す時期なので、プロセスと指標を高度に進化させる前に、皆で基本操作を経験することが大切である。

　組織が成熟し、より予測可能かつ一貫性ある活動をとれるチームに成長すると、チームの活動からどのような結果がもたらされるかを予測できるようになる。その段階にあるカスタマーサクセスチームは、様々なパターンを認識ずみで、状況に応じて様々なプレイブックを選択する能力を備えている。そうなると、チームの活動をモニターするだけでは不十分だ。先行指標をモニターし、活動の結果として生まれるインパクトを可視化し始める必要がある。インパクトの例としては、プロダクトアダプション指標やヘルススコア、推薦してくれるカスタマー数などの改善、または契約拡張リード数（訳注：リード・ジェン〔リード・ジェネレーション〕。リードとは販売機会〔プロダクトに関心を寄せる顧客候補〕のこと）の増加などである。こうしたインパクトを

確認できるということは、カスタマーが長期的に成功に向かっていて、ゆえに自社ビジネスの収益も維持＆成長に向かっていることを意味する。この段階は、主要指標の結果達成度に変数報酬を結びつけることで、チーム活動の有無を確認する段階から、チーム活動がカスタマーへ与えたインパクトを確認する段階へと、チームの視点が進化する段階とも言える。

　最後に、読者の皆さんは恐らく営利企業で働いていることと思うが、であれば、カスタマーを成功に導くカスタマーサクセスマネジャーの存在は必要不可欠だ。なぜならば、カスタマーの成功こそが自社収益の維持・成長に直結するからだ。組織が成熟してきたら、全社の財務インパクトを最適化する活動や、先行指標をトラッキングしよう。財務インパクトは遅行指標なので、その数字を左右しうる活動はすべて実行済みである。組織が成熟したこの段階では、グロスリテンション率、ネットリテンション率、アップセルやクロスセルの収益など、主な遅行指標である財務インパクトの達成度に可変報酬を結びつけることで、先行指標よりも全社の財務インパクトを意識してチームが活動する段階へと進化させるのがよい。ここで注意すべきは、チームの「存在価値」を明示するために、最初から遅行指標の財務インパクトに紐づけてカスタマーサクセスマネジャーの活動を測定したり報酬制度を設計したりしてはいけない、という点だ。そうしたくなるかもしれないが、絶対にその誘惑には打ち勝ってほしい。基本プロセスを経験する前に一足飛びで本来成熟した組織が採用すべき高度なプロセスと指標を取り入れようとすると、チームおよび会社全体に不利益をもたらす結果を招くことになり、それはチームにとっても会社にとっても百害あって一利なしである。

　この成熟度曲線に挑戦するのが初めての人に向けて、評価指標を変更する標準的なタイミングを以下に紹介しておこう。

- 最低でも最初の6カ月間は、アクションに基づいた評価をつづけよう。6カ月というのは、チームがプロセスや指標に慣れるのに最低限必要な期間だからだ
- 次の、先行指標で評価する期間は最低6カ月、できれば12カ月間とろう。この間に、チームの活動とその結果におけるパターン認識をなるべく数

多く経験してほしい

・会社の抱える主な課題がチャーン防止である場合、グロスリテンション率またはチャーン率に基づいてチームの活動を測定し報酬を決めよう。カスタマーサクセスマネジャーの報酬額を、各人の担当アカウントのポートフォリオないし契約金額に紐づけられると理想だ。全体プールがそれほど大きくないか、予測精度が低い場合、まずは会社全体のリテンションないしチャーンの目標に報酬を結びつけることから始めよう。会社の主な課題が顧客基盤の拡大である場合、契約金額のアップセルないしクロスセルの額に基づいてカスタマーサクセスマネジャーの報酬制度を設計するといいだろう。

カスタマーサクセスチームを管理するためのダッシュボード

カスタマーサクセスチームのリーダーとして、チームを効果的に管理するために必要ないくつかの異なるタイプのダッシュボード（レポート）がある。**表13.1**は、その一覧だ。

四半期別の更新期日を迎える契約

このレポート（**図13.6**）をみれば、カスタマーサクセスチームのリーダーは、四半期ごとに更新を迎える契約の収益額を把握できる。カスタマーの数と収益額の両方を確認することが不可欠だ。なぜなら、更新予定のカスタマー数は多くても、収益額は少ないことがあるからだ。その場合、数が多いためチームリーダーは各更新にあまり関与できない。一方、カスタマー数は比較的少なくても収益総額は大きい場合がある。その場合、チームリーダーは、高額な契約の更新を迎えるカスタマーに密接に働きかけることが必要かどうかを事前に確認するなど、更新期日のかなり前から積極的に動いていく必要がある。

表 13.1　カスタマーサクセスチームの管理用ダッシュボード

ダッシュボード	内容	目的
四半期別の更新期日を迎える契約	当期および次期以降の四半期に更新期日を迎える契約の総 ARR	当期および次期以降の四半期別にどれだけの ARR に喪失リスクがあるかを理解する
当四半期のチャーンリスク高および要注意なカスタマー	当四半期におけるチャーン確定および同リスク高な契約の総 ARR	当四半期の「最悪シナリオ」で喪失する ARR を理解する
ライフサイクルステージ別カスタマー数	ライフサイクルステージ別のカスタマー数	ライフサイクルのどこにどれだけカスタマーが位置するかを把握する
平均ネットプロモータースコア（NPS）	全カスタマーの平均 NPS	あらゆるカスタマーによるカスタマー体験スコアを評価する
カスタマーサクセスマネジャーごとの担当アカウントと年次定期収益（ARR）	様々なカスタマーサクセスマネジャーが担当する総アカウント数および ARR	カスタマーサクセスマネジャーごとの時間的余裕の有無を特定する

図 13.6　四半期別の更新期日をむかえる契約

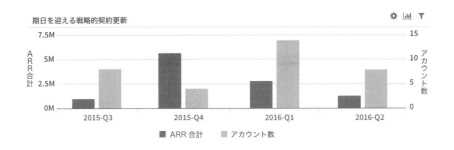

現四半期のチャーンリスク高および要注意なカスタマー

契約更新レポートの応用として、カスタマーヘルススコアに基づき、現四半期のチャーンリスクを把握できる。もし精緻なモデルが構築できたならば、カスタマーヘルススコアは、最終的に更新可能性の指標になるはずだ。更新情報とカスタマーヘルスを組み合わせて1つの表（図13.7）に統合すれば、現在および将来の四半期（図13.8）にチャーンのリスクが高い更新金額をシンプルに評価し、そうしたカスタマーへ手遅れになる前に必要なアクションをとることができようになる。

ライフサイクルステージ別カスタマー数

このレポート（図13.9）は、チームリーダーが、様々なライフサイクルステージにあるカスタマーの分布状態を理解するのに役立つ。また、あるチームの作業が他のチームに与える影響も確認できる。カスタマーが特定ステージで長いこと立ち往生している場合には対応を検討することが必要である。

平均ネットプロモータースコア（NPS）

このレポート（図13.10）では、ネットプロモータースコアの時系列トレンドを見ることで、カスタマー体験の評価が改善しているのか、それとも悪化しているのかを確認できる。

図13.7　セグメント別ヘルススコア（リスク）別契約更新数

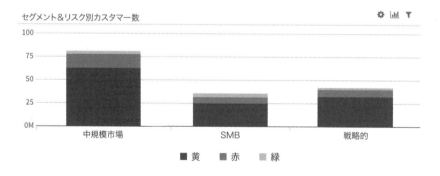

図 13.8　リスクの高い大口カスタマー

リスクの高い高額ARRカスタマー

カスタマー名 ▾	ARR	カスタマースコア評価	カスタマーサクセスマネジャー
~	==	~	~
ヤフー	$ 166 000.08	黄色	ロバート　メドフォード
ベライゾン	$ 1 560 000.00	緑	サリー　マクフィールド
ウーデミー	$ 2 325 999.96	赤	サリー　マクフィールド
トムフェイ	$ 165 999.96	黄色	キャサリン　ドーシー
TIBCO	$ 151 200.00	黄色	コーエン　デイリー
シネックスコーポレーション	$ 110 000.04	赤	ライアン　アンダーソン
スティングレイデジタルグループ	$ 113 400.00	黄色	タラ　ハーツ

◄◄ ◄ Page 1 of 1 ► ►► 100◆　　　　　View 1 - 34 of 34

図 13.9　ライフサイクルステージ別カスタマー数

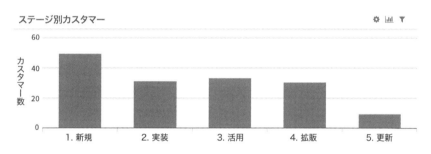

図 13.10　ネットプロモータースコアの変遷

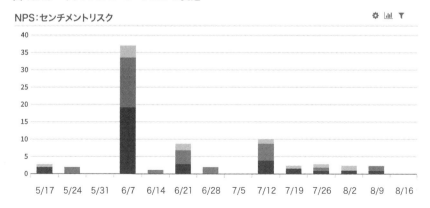

カスタマーサクセスマネジャーごとの担当アカウントと年次定期収益(ARR)

　このレポート（**図13.11**）では、特定のカスタマーサクセスマネジャーに仕事が「偏っている」かどうかが可視化される。今後の人材計画に活用できるだけでなく、特定のライフサイクルステージもしくはヘルススコアのカスタマーが集中していて、いつ仕事量が急増しても不思議のないカスタマーサクセスマネジャーがいるかどうかも簡単に把握できる。

＊　　＊　　＊

　本章では、カスタマーサクセスのチームリーダーに視点を移し、カスタマーのニーズとチームで利用できるスキルに応じた最適なチームを編成するのに役立つツールを提供した。また、カスタマーサクセスマネジャーに適切な行動を奨励したりチームを管理したりするのに役立つダッシュボードや図表の作り方も紹介した。こうしたツールを活用する際は、あなたの組織に最も適した形へカスタマイズすることを躊躇しないでほしい。使っていく中で、各社のカスタマーサクセスマネジャーに最適なキャリアパスを設計したり、キャリアパスの進捗を測定したりするのに有効なフレームワークが見出されていくだろう。

図 13.11　カスタマーサクセスマネジャーごとの担当アカウントの状況（例）

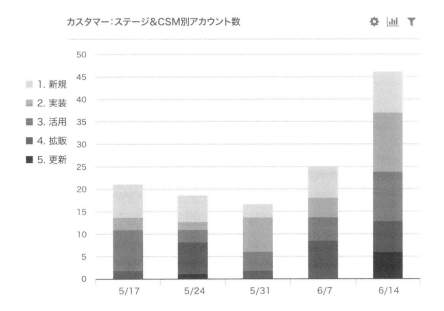

カスタマー：ステージ&CSM別アカウント数　⚙ 📊 🔽

- 1. 新規
- 2. 実装
- 3. 活用
- 4. 拡販
- 5. 更新

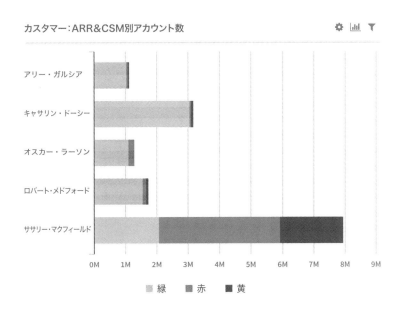

カスタマー：ARR&CSM別アカウント数　⚙ 📊 🔽

アリー・ガルシア
キャサリン・ドーシー
オスカー・ラーソン
ロバート・メドフォード
ササリー・マクフィールド

🟩 緑　🟫 赤　⬛ 黄

カスタマーサクセスマネジャーの
キャリアパスをつくる

　前章では、カスタマーサクセスチームには複数タイプのカスタマーサクセスマネジャーが必要だと説明した。セグメントごとに異なるカスタマーのニーズに応じてメンバーの役割は異なり、それに応じて備えるスキルやキャリア願望も異なってくる。本テーマは、1章設けて議論するのに値するだけでなく、著者の数だけ違う議論が展開されるテーマでもある。そこで本章では、ゲインサイトのカスタマーサクセスで「チームメイトサクセス」を担当するディレクター、ナダフ・シェム＝トーブに登場してもらうことにした。彼は、ゲインサイトの一員になって以来、カスタマーサクセスの知識があり、かつカスタマーサクセスマネジャーのキャリアパス構築に向けた制度の整備もできる彼の能力を存分に発揮すべく、チームメイトサクセスという役割を戦略的に担ってくれている。彼はかつてカスタマーサクセスマネジャーとして働き、カスタマーサクセス部門を責任者としてリードした経験もある。実務者個人の視点よりも大きな、カスタマーサクセスマネジャーのキャリアパスの全体像を語れる者として、私たちの知る限り、彼以上の適任者はいない。

キャリアとしてのカスタマーサクセスマネジャーに
ついて考える

ナダフ・シェム＝トーブ

　ゲインサイトでカスタマーサクセス組織を構築し拡大していくなかで、キャリアパスに関する問題に直面したのは一度ではなかった。カスタマーサ

クセスマネジャーたちが経験を積んでいくと、自分の能力を活かせる新たな挑戦にふさわしい将来の展望を望むようになる。現場で実務をやり続けることを望む人もいれば、管理職につきたいと思う人もいる。Ｃのつく役職への野心をもつ人もいる。思い描くゴールが何であれ、全員が、自分に求められる役割や期待値が明確になることを望んだ。また、経験や実績を積み成長するにつれて、自分に期待される役割や期待値がどう変わるのかも明確にしてほしいと語った。つまり、カスタマーサクセスチームにとり、明確なキャリアパスをもつことは不可欠だったのだ。以下に、私たちがとったアプローチを紹介しよう。それはゲインサイトの個別ニーズ向けに調整されてはいるが、人事（ピープルチームとも呼ぶ）の成功事例のコラージュである。急速に発展し驚異的なスピードで進化しているこの職種の世界で、トップクラスの人材を採用し流出を防ぐための一助になれば幸いだ。

　キャリアパスを設計するとは、カスタマーサクセスチームの多様な仕事や役割をスッキリと体系化する首尾一貫したフレームワークを構築することを意味する。まず始めにすべきは、多様な仕事や役割を１つ１つの塊に分類し、特定のスキル、期待、肩書、報酬体系に関連付けてレベル分けすることだ。こうしたフレームワークがあれば、チーム１人ひとりとキャリアに関する有意義な会話を交わしたり、彼ら自身が明確な道筋をもってキャリアを自己開発したりすることができる。こうした首尾一貫した客観的フレームワークがあれば、チームメイトが自分のキャリアと次のレベルに到達するのに何が必要かをより可視的に把握でき、さらに改善に向けた取り組みも促進される。また同フレームワークは、一貫性と同一賃金性を備えたダイバーシティ＆インクルージョンの高い職場に近づくことにも役立つだろう。

カスタマーサクセス機能に関わる
キャリアパスを設定する

　キャリアパスの包括的な枠組みづくりと聞くと、とても難しい一大プロジェクトのように思われるかもしれない。しかし、私たちの経験に基づくと、

まずはシンプルな枠組みをつくって、運用しながら改善するアプローチをお勧めする。最近は、ピープルチームの中にカスタマーサクセスチームの担当者――「ピープルビジネスパートナー」と呼ばれることもある ―― をおく企業も増えてきた。ピープルチームの責任者と密に連携し、急速に進化しているこの職種に関する機微を理解してもらうよう努めてほしい。以下に、ゲインサイトのキャリアパス構築手法を紹介する。

ステップ1　社内に存在するカスタマーサクセスの「仕事」を定義する

　最初のステップは、自社組織内に存在するあらゆるカスタマーサクセスの仕事を定義することである。通常、最低でも2タイプある。現場の実務者（インディビジュアルコントリビューター：IC）であるカスタマーサクセスマネジャーの仕事と、カスタマーサクセスチームを管理するマネジャーまたはリーダーの仕事である。

　大きな組織だと、上記以外のタイプの仕事もあるだろう。例えば、カスタマーサクセスアーキテクトである。一般的なカスタマーサクセスマネジャーよりも技術的な側面が強い仕事だ。また、カスタマー対応よりも戦略、業務、武器（エネイブルメント）づくりに特化したカスタマーサクセスオペレーションズマネジャーという仕事もある。

　同じカスタマーサクセスマネジャーの仕事でも、中小規模セグメント担当と大規模セグメント担当のように、どのセグメントを担当するかによって、その仕事の内容は大きく異なる。これをまったく別の**仕事**と見るか、同じ仕事だが**実際のやり方**が異なると考えるかは、それぞれの仕事の内容とその独自性による。具体的にいうと、その仕事をするのに必要なスキルが同じか違うかによる。例えば、中小規模セグメント担当のカスタマーサクセスマネジャーと大規模セグメント担当とでは必要なスキルは類似しているものの、後者にはより高い習熟度が求められる。この点については、本章で話を進めていくなかでより詳しく説明しよう。

ステップ2　各仕事の「レベル」を定義する

　仕事を定義したら、次はその「レベル」を定義する。仕事のレベルとは、

それを遂行するのに必要な影響力、期待値、経験年数などを反映したものだ。一般的なキャリアのレベルを規定するフレームワークでは、カスタマーサクセスマネジャーのような現場実務者の仕事だと6段階のレベルを設定する。彼らの上長であるチーム責任者やディレクターのような管理職、ないし経営職の場合、レベルはさらに多く設定され、多い場合は8段階まで設定する企業もある。レベルの数は、組織のマネジャー階層全体を視野に入れて決める必要がある。最下位はチーム組成後間もないカスタマーサクセスチームのリーダー、最上位はCCOまでの全体だ。

　さて今、あなたのカスタマーサクセス組織には、カスタマーサクセスマネジャー（実務者）とカスタマーサクセスマネジャーの上長（マネジャー）の2つの仕事が存在するとしよう。次は、それぞれの仕事のレベルを定義する番だ。レベルは、責任、範囲、肩書、必要な経験、スキルなどの視点で明確に定義しよう。6段階のレベルの違いが明確になれば、チーム内の個々人の担う役割が綺麗に整理されたマップが完成し、それは同時に個々人の将来展望を示す透明性の高い指針にもなる（**表14.1**および**表14.2**参照）。

　上述の例では、2つのキャリアトラック（実務者、管理者）ごとにキャリアパスを用意することが重要だ。なぜなら、そうすることで、技術面ないしカスタマー対応スキル面の観点から実務者としてカスタマーサクセスマネジャーの仕事を極めたい人と、いずれ管理職になりたい人と、それぞれのキャリアパスを明確に示すことができるからだ。

　仕事のレベルごとに、世の中の相場も踏まえ相応な給与水準などを定めた報酬制度を用意する必要がある。相場は勤務地によって異なることもあるので注意しよう。標準的な枠組みを用意したら、次は自社の定義が世の中一般の定義と合致するかどうかを確認する。これは、報酬額など、ベンチマークとして参照したデータが適切だったかどうかも確認できるので、とても大切なことだ。ただし、カスタマーサクセスのような急進中の職種では、給与といった広く利用されているベンチマークデータすら完璧ではないことを忘れないでほしい。カスタマーサクセスの仕事を適切にマッピングできない可能性もあるので、報酬額の幅を決めるにあたっては、ピープルチームとよく相談することをお勧めする。

注意が必要なのは、カスタマーサクセス組織の人材戦略や人材モデルによっては、上述したほどに多くのレベル設定が不要な場合もある点だ。組織計画、プロダクトの複雑性、業界の成熟度、ビジネスモデル、予算など、多岐にわたる要素を勘案し、それぞれのレベルの仕事に割り当てる人数を決めよう。

ステップ3　各仕事に必須な「スキル」を定義する

　カスタマーサクセスの仕事とそのレベルを定義したら、次はそれぞれに必須の「スキル」を定義する。めざす成果の達成に必要なスキルを特定するのだ。基本スキルは同じでも、レベルが上がるにつれ期待値も要件も高くなる。**表14.2**をご覧いただきたい。スキルには、第3章で紹介したカスタマーサクセス担当の3つのコアコンピテンシー──ナレッジの駆使、課題解決、カスタマーとの関係構築──は、どのような組み合わせにせよ、必ず含めてほしい。手始めに、カスタマーサクセスマネジャーの仕事ごとに5つの必須スキルを定義してみることをお勧めする。5というのは、包括的かつ柔軟でありながら、指導・トラッキングしやすい数だと思う。

　仕事ごとに必要なスキルをリスト化する時は、決めこみすぎず、おおまかすぎないバランス感が必要だ。カスタマーサクセスマネジャーとしてのコアコンピテンシーに関する包括リストが必要なのは言うまでもないが、自身のチームに固有の要件や条件も反映しよう。

　戦略的ないし大規模セグメントを担当するカスタマーサクセスマネジャーに不可欠なスキルの例を以下に紹介する。

- 業界の知見……業界の成功事例に関する深い知見をもち、自社の標準手法を活用してカスタマーごとの状況に応用する能力
- プロダクトとユースケースの知見……プロダクトに関する深い知識をもち、カスタマーの課題解決に向けた適用方法を特定する能力
- 課題解決力……めざす成果を達成するための業務プロセスを能動的に管理し責任を負う能力。仮説ドリブンなアプローチで主な課題を解決し、重要事項に集中して業務に優先順位をつける能力

表 14.1　カスタマーサクセスマネジャーの仕事 ― 実務者レベル

	CSM 1	CSM 2	CSM 3	CSM 4	CSM 5	CSM 6
タイトル	カスタマーサクセスアソシエイト	シニアカスタマーサクセスアソシエイツ	カスタマーサクセスマネジャー	シニアカスタマーサクセスマネジャー	カスタマーサクセスディレクター	シニアカスタマーサクセスディレクター
職務範囲	カスタマーサクセスマネジャー（CSM）の管理業務をアシスト	CSMをアシストしつつ自分のクライアントも担当開始	担当クライアントの契約全般を管理	より戦略的・複雑なクライアントの契約を管理	チームメンバーのメンター／コーチ役を担いつつより戦略的／複雑なクライアントの契約を管理	業界のソートリーダーとして貢献しつつ最も複雑なクライアントを管理
典型的な経歴	大学卒業直後で職歴なし	社会経験の浅い社員	CSMの経験がある社内プロフェッショナル	CSMの経験があるベテランでシニアなプロフェッショナル	非常に高度／ベテランなプロフェッショナル	経験豊富なエキスパート

表 14.2　カスタマーサクセスマネジャーの仕事 ― 管理者レベル

	管理者 1	管理者 2	管理者 3	管理者 4	管理者 5	管理者 6	管理者 7
タイトル	チーム責任者、カスタマーサクセス	シニアチーム責任者、カスタマーサクセス	マネジャー、カスタマーサクセス	シニアマネジャー、カスタマーサクセス	ディレクター、カスタマーサクセス	シニアディレクター、カスタマーサクセス	VP、カスタマーサクセス
職務範囲	経験の浅いメンバーの少ないチームを管理、メンバー業務と兼務の場合あり	複数メンバーのチームを管理、自身がメンバー業務と兼務の場合もある	複数のCSMからなるチームを管理	大人数のCSMからなるより戦略的なチームを管理	複数のCSMチームを管理、計画／戦略、優先順位を決めるチームを管理	複数のCSMチームを管理、計画／戦略、優先順位を決めるより複雑／戦略的なマネジャーチームを管理	全セグメントおよび複数のCSMチームを横断するカスタマーサクセス組織全体を管理
典型的な経歴	管理職になりたて	ジュニア管理職、メンバー業務と兼務の場合あり	マネジャー経験あり	カスタマーサクセスチームをうまく管理した経験あり	戦略／経営スキルを備えたシニアなマネジャー	ディレクターとして成功した実績あり	経営レベルの人材

- 処方的アプローチの推進力……カスタマーに対し、処方的アプローチに基づく主な利害関係者の意志統一と意思決定を促す能力。必要に応じて方向転換を決意させる説得力も含む
- 組織横断型協業の推進力……他のチームやメンバーと効果的に協力し、カスタマーと自社が共にめざす成果を達成できるよう導く能力

より高い技術スキルが求められたり、1人当たり担当カスタマー数が多かったりするカスタマーサクセスマネジャーに必要なのは以下のスキルだ。基本的に前述の内容と同じだが、プロダクトないし技術的な側面がより強く付加される。

- 業界の知見……業界の成功事例に関する深い知見をもち、自社の標準手法を活用してカスタマーごとの状況に応用する能力
- プロダクトとユースケースの知見……プロダクトに関する深い知識をもち、カスタマーの課題解決に向けた適用方法を特定する能力
- 技術スキル……カスタマーのめざす成果を考慮して自社プロダクトやサービスを設定する能力
- 課題解決力……仮説志向のアプローチを用いて主要な課題を検討し、優先順位に基づき重要事項から集中して解決にとりくむ能力（パレートの法則）
- 処方的アプローチの推進力……カスタマーに対し、処方的アプローチに基づく主な利害関係者の意志統一と意思決定を促す能力。必要に応じて方向転換を決意させる説得力も含む
- 組織横断型協業の推進力……他のチームやメンバーと効果的に協力し、カスタマーと自社が共にめざす成果を達成できるようリードする能力

ステップ4　各仕事のレベル別に必須なスキルをマッピングする

カスタマーサクセスの仕事別、レベル別に必要なスキルを明確に定義できたら、次はそれを適用する番だ。職位が上がれば、必要なスキルの習熟度も上がるように設計しよう。**表14.3**は、3段階にレベル分けしたカスタマー

表14.3　仕事のレベル別コアスキルマップ（例）

	CSM 3	CSM 4	CSM 5
必須スキル #5：処方的アプローチ	・カスタマーの利害関係者の名前、影響力、意思決定力をほぼすべて把握している ・カスタマーに行動を促すための働きかけに集中している ・たとえカスタマーの意見と異なる将来展望でも提示して理解を得られる（チャレンジャーマインド）；時に上司の支援や助言が必要	・不確実要素が多い状況下でもカスタマー社内で意思決定力を握るキーマンとその影響力を特定できる ・カスタマーに行動を促す働きかけに集中し、彼らに自分事化の意識を持たせることで行動を引き出せる ・たとえカスタマーの意見と異なる将来展望でも提示して理解を得られる（チャレンジャーマインド）；外部協力者の支援を得られ時期＆方法を分かっている	・カスタマー側のキーマンの名前、影響力、意思決定力を特定するエキスパート。全体像を速やかに分析・評価し、不確実下でもキーマンマップの一端に入り込める ・カスタマーに行動を促す働きかけに集中し、彼らに自分事化の意識を持たせることで行動を引き出せる ・たとえカスタマーの意見と異なる将来展望でも提示して理解を得られる（チャレンジャーマインド）；最大の配慮が必要な困難な状況でも可能 ・難度の高いカスタマー向けでも、チームメンバーのメンターとなり指導できる

サクセスマネジャーの業務内容および関連する必要スキルの例だ。

　各スキルが分かりやすく示めされれば、部下がキャリアを具体的に考える時の参考になる。例えば、「自分に向いている、ないし興味が持てるのは、実務者職と管理者職、どちらのトラックだろう？」、「カスタマーサクセスのプロフェッショナルとしてキャリアアップするには、どのようなスキルが必要だろう？」、「そのスキルをのばすには、どうしたらいいのだろう？」などを考える参考になる。

ステップ5　ロールアウトする

　最終ステップだ。設計した仕組みをロールアウト（運用開始）し、あらゆるステージに位置する社員に等しく適用する段階だ。シンプルに聞こえるかもしれないが、優秀なカスタマーサクセスマネジャーであればご存じの通り、

ロールアウトとチェンジマネジメントは、反復を要する大変なプロセスである。

　自社のチームに新しいキャリアパスの枠組みを導入する際の留意点を以下に紹介しよう。

- チームをリードする全マネジャーが新しい仕組みを細部まで熟知していることが必須だ。マネジャーがきちんと理解していれば、チーム全体が新しいプロセスに信頼をおくようになる。
- カスタマーサクセスマネジャーのキャリアパスが明確になるのはとても有用だが、一方で、実際の昇進に関して言えば、該当する各仕事やそのレベルに必要なスキルの習熟度以外にも様々な要素が関係してくる。例えば、その役職に空きがあるか、人材戦略や予算、人員計画などの面から補充が必要とされているか、などが大いに影響する。マネジャーに必要なスキルを有する人がいるからといって、マネジャーを増員する必要があるとはかぎらない。つまり、昇進に必要なスキルを習得しているというのは、前提を満たしているというのにすぎず、事業上のニーズと合致しなければ昇進はない。
- 人材戦略や人材計画において、各キャリアパスや各レベルに、昇進に関する概算タイムラインが設定されていることが望ましい。CSM3からCSM4へは12〜24カ月で昇進するなどである。むろん、自社固有の事情により詳細は変わるだろう。

包括的な人材レビュープロセスを実施する

　キャリアパス、昇進や業績などに関しては、定期的に人材レビューを実施してチームの現状をしっかりと把握し、行動計画に落としこむことをお勧めする。そうしたプロセスが全社レベルで整っている会社は多い。もし読者の皆さんの勤務先がそうではない場合、カスタマーサクセスチームだけでもそうしたプロセスを導入することは可能なはずだ。

図 14.1　9 ブロックモデルによる人事考課（例）

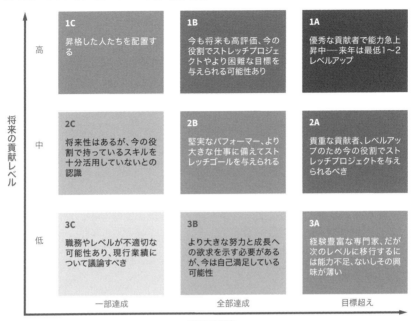

	一部達成	全部達成	目標超え
高	**1C** 昇格した人たちを配置する	**1B** 今も将来も高評価、今の役割でストレッチプロジェクトやより困難な目標を与えられる可能性あり	**1A** 優秀な貢献者で能力急上昇中——来年は最低1〜2レベルアップ
中	**2C** 将来性はあるが、今の役割で持っているスキルを十分活用していないとの認識	**2B** 堅実なパフォーマー、より大きな仕事に備えてストレッチゴールを与えられる	**2A** 貴重な貢献者、レベルアップのため今の役割でストレッチプロジェクトを与えられるべき
低	**3C** 職務やレベルが不適切な可能性あり、現行業績について議論すべき	**3B** より大きな努力と成長への欲求を示す必要があるが、今は自己満足している可能性	**3A** 経験豊富な専門家、だが次のレベルに移行するには能力不足、ないしその興味が薄い

（縦軸）将来の貢献レベル
（横軸）現在の業績

　現在、広く利用されている枠組みは、1970 年代にマッキンゼーとゼネラル・エレクトリック（GE）が開発した 9 ブロックモデルである（**図 14.1**）。今では、バージョン違いや解釈違いもたくさん存在する。基本的には、チームの全メンバーを、**現在**の業績と**将来的または潜在的**な貢献レベルという 2 軸でマッピングするものだ。各軸は様々な名称で呼ばれるが、ここでは「業績」と「昇進可能性」としよう。

　9 ブロックモデルは、社内のあらゆる戦略的人材プログラムに適用すると特に効力を発揮するが、自分のチーム内で部下の昇進、考課、育成などに利用するだけでも効果はある。

　自分のチームで人材レビュープロセスを始めるにあたっては、以下のステップをお勧めする。

1. **揃える**。会社組織で利用している枠組みに合わせる。具体的には、レビュープロセスで用いる評価軸と評価基準だ。基準が具体的なほど、関係のない無意識な先入観に考課が影響される可能性を抑えられる。特に「業績」については、先述のステップ 4 で作成したマッピング結果を活用し、各人のレベルに応じて期待される特定スキルを考課の基準とすべきだ。

2. **評価する**。2 軸に基づいて部下 1 人ひとりを評価する。あなた、ないし彼・彼女の直属上司が評価を行うのがよい。「業績」は、「一部達成」、「全部達成」、「目標超え」など、「昇進可能性」であれば「低」、「中」、「高」などで評価する。

3. **調整する**。経営陣も交えた協議を通じて評価を調整する。部門によって評価基準がばらつくのを回避する非常に重要なステップだ。調整が適切に行われれば、一次考課の際にありがちな先入観をあぶりだせるだけでなく、なくす方向にもっていける。

4. **マッピングする**。調整した考課結果を 9 ブロックモデルに落としこみ、チームの全体像を 1 枚に図示する。**図 14.1** を参照されたい。

5. **対策をとる**。人材レビュー結果に基づいた対策をとる。部下を 9 ブロックモデルに落としこむと、必要な対策が明確になると同時に、昇進させるべき部下がいるかどうかもはっきりする。たとえば（**図 14.1** では）、ブロック 1A の部下は次年度内に昇進させるべきである一方、ブロック 2B の人は最低 1 年間は昇進対象にしてはいけない。こうした対策を具体的な行動計画に落としこもう。そうしなければ、一連の作業は無駄な徒労作業に帰してしまう。

   ・9 ブロックモデルの右側に振り分けられた部下の育成または昇進プラン
   ・9 ブロックモデルの左側に振り分けられた部下の改善および育成プラン

6. **定期的に更新する**。一連の作業を年 2 回、簡易な見直しを四半期ごとに実施することをお勧めする。

部門横断のキャリアパスを設定する

　ここまで、カスタマーサクセス機能に閉じたキャリアパスの構築法について述べてきたが、これは出発点にすぎない。さらに一歩踏み出し、カスタマーサクセスの人材プールをより戦略的に捉え、他の機能部門の人材の異動先、すなわち**コンシューマー**であると同時に、他部門に優れた人材を供給する**サプライヤー**であるとする先鋭的な企業もある。

　カスタマーサクセスのリーダーであれば、入社間もないカスタマーサクセスマネジャーが慣れるまでの我慢の時――会社とその仕組み、プロダクト、業務プロセスなどを理解する期間――があるのは承知だろう。特に、カスタマーから担当者の割り当てを催促されているアカウントがある時は、それは必要以上に長く感じられる期間である。それを短縮する方法があるとしたら、皆さんは知りたいだろうか?

　私たちが考えるその答えは、社内の人材に目を向けることだ。自明と思われるかもしれないが、カスタマーサクセスマネジャーを増員しようという時、社内の人材には目もくれず、社外に人材を求めるカスタマーサクセスのリーダーは多い。しかし、社内の他部門からカスタマーサクセスへの内部異動を奨励すれば、業務方法やプロダクトなど会社固有の事情に慣れるまでの時間を短縮できるので一考の価値がある。

　まず、(本章の冒頭で紹介したように)カスタマーサクセスの仕事ごとに定義された必要スキルを確認し、必要スキルが重複していたり、業務でそのスキルが身についたりする部門が他にないか見てみよう。営業開発担当(SDR)、サポートエージェント、アカウントマネジャー、契約更新担当、ソリューションコンサルタント、プロジェクトマネジャー、ビジネスアナリストなどに目を向けるといい。

　カスタマーサクセスに異動したら活躍するだろうと思う職種の見当がついたら、同チームのリーダーとカスタマーサクセス担当の人材チームに相談し、カスタマーサクセスへの内部異動を奨励するプログラムの策定にとりかかるといい。この場合に留意すべき点は以下の通りだ。

- **マイルストーン**。カスタマーサクセスマネジャー候補に名乗りをあげるのに必要なマイルストーンやタイミングを具体的に設定する。たとえば、カスタマーサクセスマネジャーに応募するには、18カ月以上の営業開発担当経験が必要、などだ。
- **プロセスと意思決定基準**。マイルストーンを満たす内部候補者がいた場合の面談や評価のプロセスを決める。また、評価基準や移行方法も明確にしておくといいだろう。
- **スキル開発**。良いプログラムは、公式非公式を問わず、スキルギャップを埋める学習・育成の機会を設定している。たとえば、ある営業開発担当が、カスタマーサクセスマネジャーに必要なスキル5種類のうち3種類までを有しているとする。その時、正式なトレーニングコース、またはメンターやシャドーイングプログラムがあれば、残りのスキルを補足できるはずだ。
- **ポジショニング**。カスタマーサクセスというキャリアパスを社内に周知させるにはどうしたらいいだろうか？　他の職種に現在ついている人に対し、カスタマーサクセス職を価値あるキャリアの選択肢だと思わせるには、どうマーケティングすべきか？

おわりに

　読者の皆さんとご一緒するジャーニーも終わりに近づいてきた。しかし、これにて全幕の終了、ではない。カスタマーサクセスの成功事例、戦術、実践上のヒント、マネジメントやオペレーションの枠組みといったことがらは、世界中で今でも日々開発され、精緻化され続けている。本書はそうした検討内容の表面を概観したにすぎない。もっとも、経験豊富なリーダーの洞察や、現場から届いた貴重なラーニングを紹介することはできたと思う。

　ソフトウェアのクラウド化とサブスクリプション経済の登場に伴い深刻になった、カスタマーが求めることとベンダーが提供することとのギャップから生まれたのがカスタマーサクセスである。それまでは、カスタマーがめざす成果の達成に責任を負う部門はベンダー内に存在しなかった。より問題なのは、カスタマーのチャーンを防いで契約を増額させる業務の責任者すら不在だった点だ。現代のカスタマーが求めるのは、素晴らしいカスタマー経験に加えて成果の達成を確実に請け負ってくれる存在である。

　このようなビジネス界の革命の最中に、カスタマーに価値を提供できる人材として救世主のごとく登場したのがカスタマーサクセスマネジャーだ。この職業には、これまで様々な部署に散在していたコンピテンシーと専門性を新たな視点で組み合わせたような包括的な能力が要求される。そんなカスタマーサクセスマネジャーという職種は、責任範囲がきわめて広く、かつカスタマーに近い存在であるため、スピード昇進への近道になった。そんな事態を誰も想像しなかったのは、全くもって不思議であるが——しかし、この職種こそ、#successforall（訳注：全員にとっての成功）なのである。

　カスタマーサクセスマネジャーはやりがいのある素晴らしい職業だ。他者の成功と事業の成長とに寄与することができ、心からの喜びを味わえる。人と関わることが好きで、複雑な課題解決を楽しいと思える野心家にとって、これ以上の適職はないだろう。ただし、覚悟も必要だ。カスタマーサクセスマネジャーの仕事は簡単ではない。担当するカスタマー全員がめざす成果を

達成し、素晴らしいカスタマー体験をしたと感じてもらうには、絶え間ない努力が欠かせない。この仕事についたばかりの読者の皆さんにとって、本書が優秀なカスタマーサクセスマネジャーになるための指針やコンパスとなるなら幸甚である。

あなたがもし、カスタマーサクセスチームを管理する立場なら、自分のチームにしかるべき方向性を示し、日常的な業務遂行の障壁をなくし、部下の長期的なキャリア形成を一緒に考える、といった課題に直面していることだろう。本書で紹介した枠組み、プロセス例、業務内容などが、優秀な人材が集まり、流出を防ぐための一助となることを心から願う。

最後に、カスタマーサクセスマネジャーは非常に人間的な側面の強い職種だ。この仕事で孤軍奮闘しているのはあなただけではない。あなたは決して孤独な存在ではないのだ。あなたが順調にキャリアアップした暁には、ぜひカスタマーサクセスで切磋琢磨する仲間に知恵を授けてほしい。あなたの経験を共有してほしい。新たにカスタマーサクセスを職業とした人に、自らの成功談を話し、熱意を伝えてほしいのだ。近隣の、またはバーチャルのカスタマーサクセスコミュニティに参加するのもいいだろう。そこで、自分がかかえている課題や考えているアイディアを共有してほしい。ブログなどで自分が経験から学んだことを紹介し、後に続く人の役にたつようにしてほしい。そして、私たちと一緒に、カスタマーサクセスという職業の可能性を底上げし、その水準をアップさせてほしい。皆さんの今後の健闘をお祈りする。

謝辞

アシュヴィン・ヴァイドゥヤネイサンより

　本書の執筆の話をいただいた時、大変だがやりがいのあるプロジェクトになるだろうという予感がした。ラバゴと私に与えられたのは、長年我々が積み重ねてきたノウハウとカスタマーサクセスコミュニティがビジネスに与える影響を書きとめておくという責任とチャンスだった。だから、自身のカスタマーを成功に導くため日々時間を惜しまず粉骨砕身している、カスタマーサクセスを生業とするすべての人々に、限りない感謝を捧げる。彼らは、自身が犯したミスから学んだことをカスタマーサクセス業界に広くシェアすることで、世界中のカスタマーサクセス担当者がカスタマーと自身とをより高みに導けるよう貢献してくれている。本書を通して、我々も自身の気づきをシェアさせていただいた。

　自分だけでは考えもおよばなかった場所に手をのばすよう触発してくれた素晴らしいメンターに出会えたことは、職業人として非常に幸運だった。私をサイプレスセミコンダクタ——初めてのシリコンバレーでの仕事——で雇ってくれた、カマル・ハダッド、レイ・ケイシー、ジェームズ・ディロン、バドリ・コサンダラマンには、感謝してもしきれない。新しい職種にチャレンジするよう私の背中を押し、カスタマーと共に難題を解決するという仕事の魅力を教えてくれた。また、様々なことを学ばせてくれ、解決できない課題はないと信じる強さを身につけさせてくれたマッキンゼー・アンド・カンパニーにも感謝を申しあげる。マーク・シンガー、ダン・リーバーマン、アレクシス・クリフコヴィッチ、ブライアン・グレッグ、ロクサーヌ・ディヴォル、モニカ・アドラクタス、ロバート・バーン、バリー・エイミス、アビッド・モーシン、アルフォンソ・プリド、カウシック・ラジゴパルは、上級職者に対するコミュニケーションや課題解決に対する独創的なアプローチを教えてくれた。ミスを犯しそこから学ぶ機会を与えてくれたのも、彼らだった。

　次に、ゲインサイトという素晴らしい会社で出会った多くの人たちに感謝

を捧げたい。ニック・メータとアリソン・ピッケンスは、私を信じ、めざま
しい成長を遂げつつあった新しい職種の最前線に加えてくれた。メータは、
これまで一緒に仕事をしたCEO、いやひとりの人間としても最も感銘を受
けた人物だ。人間ファーストの姿勢を貫きながらビジネスで成功する術と率
先垂範の重要性を教えてもらった。ピッケンスには、数えきれないほどのチャ
ンスを与えてもらった。私に一から物事をつくりあげる余地を与え、ミスを
した私を見守り、メモやアイディアの交換にはいつでも応じてくれた。ナダ
フ・シェム＝トーブ、ガネッシュ・スブラマニアン、タイラー・マクナリー、
ケリー・カポーテ、ケリー・デハート、バー・モーゼス、イーストン・テイラー、
エミリー・マクダニエル、ピーター・ライド、ダニエル・レバイン、トニー・
スマート、スリダー・ゴラパリ、エレイン・クリアリー、セス・ウィリー、リッチ・
ブッシュ、ダヴィ・ショーターをはじめとする、これまで一緒に仕事をした
人たちは、カスタマー、投資家、そして私たち自身を成功に導いた原動力だ。
また、本書にとっても多大な貢献をしてくれたゲインサイト・エレメンツの
開発を率いたアリソン・ピッケンス、プリヤンカ・スリニヴァサン、セス・ウィ
リーには、特別な感謝の意を表する。

　ワイリーの編集チームのサポートなしでは、本書を出版までこぎつけるこ
とはできなかったろう。特に、リチャード・ナラモア、ヴィッキー・アダン
グ、ヴィクトリア・アンロには助けられた。彼らのガイダンスがあってこそ、
私の処女作が世に出たのだ。そして、ディベロプメンタルエディターである
マータ・アイシャー・ラバゴは、私の走り書き、アイディア、思いつきを、しっ
かりとしたかたちにしてくれた。心が折れそうになった時にも、忍耐強く励
ましてくれた。すみずみまで配慮のゆきとどいた書籍を完成させることがで
きたのは、マータのおかげである。

　本書の序文を引き受けてくれたブライアン・ミルハムにも深く感謝する。
セールスフォース・ドットコムを立ちあげたミルハムが、カスタマーサクセ
ス担当という職種の発展に与えた影響ははかりしれない。

　謝辞の締めくくりとして、最大の感謝の意を表したい人たちにふれたいと
思う。まず、私の妻ラジニと娘のシャイラ。ふたりのおかげで私は良き人間
でいられる。自分たちを二の次にして、私に本書に取り組ませてくれた。執

筆に没頭してふたりのそばにいられなかった週末が多々あったことを、この場を借りて詫びたい。ふたりの限りないサポートと愛は何にも代えがたいものだった。ふたりと共に人生を歩める幸運に感謝する。そして、私という人間をつくってくれた両親。彼らが様々な犠牲をはらってくれたおかげで、今の私がある。世界一の両親をもった私はほんとうに幸せ者だと思っていることを、どうか忘れないでほしい。

本書がカスタマーサクセスコミュニティのさらなる進化に役立つことを切に願う。読者諸氏が本書を価値あるものと感じられたなら、どうか友人や同僚にシェアしていただきたい。皆に成功を！

ルーベン・ラバゴより

ヴァイドゥヤネイサンと書籍を共同執筆する話が決まった時、成功の要件がひとつ欠けているとすぐに気づいた。読み継がれていく書籍には、必ず優れた装丁がしてある。背骨となって、書籍が折れることなく自立できるよう支える。そして、すべてのページをまとめて、ひとつのものとして成立させる糊となる。また、章から章へと読み進めるために柔軟性と耐久性が求められるため、フレキシブルであることも重要だ。このプロジェクトに取り組んだ期間、そして 30 年間の結婚生活をとおして、私の装丁は妻であるマータだった。私が自信をなくしかけた時には勇気づけ、もう書くことがなくなったと思った際には言葉を引き出してくれた。私の仕事に無私の精神で協力し、週に 80 〜 90 時間を仕事にあてていた私がとりこぼした、家族に対する義務をすべて引き受けてくれた。妻がいなければ、このプロジェクト、いや私のキャリアそのものも、成功してはいないだろう。本書の著作権ページには、妻の才能のひとつであり本プロジェクトで彼女が果たした役割であるディベロプメンタルエディターとして、マータの名がクレジットされている。心からの感謝を捧げる。

私の子どもたちの自己犠牲の精神とサポートには、いつもインスピレーションをもらった。けっして夢を諦めず、予測のつかない人生というものを楽しんでほしい。私の両親は、実に多くのものを無条件の愛で与えてくれ、それが現在の私の基礎となっている。感謝の気持ちを忘れることはないだろう。

兄は寛大な心で、常に私と私の家族の幸せを願ってくれた。今は亡き義理の両親は、地に足のついた姿勢と知恵で、本書に関する相談にのってくれた。啓示のほんとうの意味を教えてくれたのも彼らである。親戚や友人は、自分のことのように協力を惜しまなかった。特にジョアン・ジョンソンは、2週間缶詰になって執筆するために南カリフォルニアの家を使わせてくれた。おかげで非常に集中できた。ジョアンに神のご加護を。私の最高のメンターであるイザック・ベン＝ズヴィは、常に私を信じ、ウィンウィンにならない状況はないという真理を教えてくれた。

アンソニー・ケナダは真の友情を発揮し、広く推薦（と本書の扉のアイディア出し）をしてくれた。私の人生を変えてくれたと言ってもいいだろう。私をゲインサイトに採用してくれたダン・スタインマンは、大西洋の向こう側から幾多の相談に応えてくれたメンターでもある。ニック・メータは、常に自分自身であり続け、人間ファースト（#humanfirst）のリーダーとは何かを身をもって示してくれた。面接したその日からゲインサイトファミリーの一員として迎えてくれたのは、彼である。共にこのプロジェクトに取り組む機会をくれたアシュヴィン・ヴァイドゥヤネイサンにも、心から感謝する。そして、ゲインサイトの創業者であるジム・エバーリンとスリーダー・ペディネニがいなければ、このプロジェクト自体が存在しなかったことは言うまでもない。

本書は、ゲインサイトが過去から現在まで積みあげてきたものが基になっている——私は筆をとったにすぎない。私の最初のカスタマーサクセス仲間である、エレイン、ケリー・D、トレーシー、ジュリア、ポール・P、ニッカには、本書は自分たちの成果物でもあると思っていただきたい。フェニックス時代の同僚、特にPHX2号として一緒に働いてくれた良き仲間のマイク・マンハイマーにも深謝する。スコット・サルキンから借りたノーススコッツデールのオフィス兼倉庫で仕事をした日々は、楽しいことばかりだった。（3回も）中心街に引っ越し、その時空腹だったというだけで新しい会議室にメキシコ風肉料理の名前をつけたこともあった。マイクとローレン・ソマーズは、私の背中を押し、納期に猶予を与え、フルタイムの仕事を3つ以上かけもちしなくてすむよう、3カ月間新規案件を止めてくれた。マービン・ジョンは、

「パルス＋」の立ちあげをサポートし、本書執筆中の関連業務を一手に引き受けてくれた。ライアン・アンダーソンは、50点以上の画像や数字の収集や整理を、とてつもないスピードで実行してくれた。プリヤンカ・スリニヴァサン、セス・ウィリー、アリソン・ピッケンス、アシュヴィン・ヴァイドゥヤネイサンには、本書の随所に貢献してくれたゲインサイト・エレメンツを監修してもらった。マシュー・クラッセンは、本書の推敲とクリエイティブワークのメイン担当をしてもらった。クラッセンの温かく遊び心ある精神は、ゲインサイトの名で発表される文章に息づいており、本書も例外ではない。

　ワイリーのチーム、特にリチャード・ナラモア、ヴィッキー・アダング、ベーラ・ジャクリン、ヴィクトリア・アンロは、素晴らしいガイダンスと励ましをくれた。かけだしの執筆者に向けた「カスタマーサクセス」のベストプラクティスを、カスタマー側として目のあたりにできたことは、何にも代えがたい経験だった。

　快く序文を引き受けてくれたブライアン・ミルハムにも、心からの謝意を伝えたい。カスタマーサクセスという職種が誕生したそもそもの理由は、彼の率いるセールスフォース・ドットコムの成功である。

　最後に、本書に寄稿してくれた各界のリーダーならびにカスタマーサクセスコミュニティ全体に、心からの敬意を表する。我々の意見をシェアする機会を与えられたことに感謝する。本書が読者諸氏をいくらかでも啓発できたことを願う。皆に成功あれ！

[著者]

アシュヴィン・ヴァイドゥヤネイサン
Ashvin Vaidyanathan

カスタマーサクセス企業ゲインサイト（Gainsight）CCO。カスタマーサクセス、プロフェッショナルサービス、エデュケーション、テクニカルサポートの各チームを統括している。カスタマーサクセスマネジャーとして同社に入社した当初はカスタマーサクセスマネジャー向けの新規プロセス策定を担当。入社前はマッキンゼー・アンド・カンパニーでマーケティング、営業、カスタマー体験のトランスフォーメーションについてのコンサルティングに従事。プライベートでは、ドキュメンタリー映画やニューメディアを通じて差別やいじめの根絶をめざすNPO「ノット・イン・アワ・タウン」のアドバイザーも務める。妻子とともにサンフランシスコ在住。

ルーベン・ラバゴ
Ruben Rabago

ゲインサイトのチーフストラテジスト。世界各国でのカンファレンス、CxO サミット、地域別のカスタマーサクセス担当者の交流会、講演など、同社のカスタマーサクセスプログラム「パルス」の技術顧問を務める。世界最大のカスタマーサクセス担当職の教育および資格認定プログラムの後継版である「パルス＋」を立ちあげ、複数の大学の関連カリキュラム監修にも携わる。カスタマーサクセス担当職の多様性拡大を目的として、ゲインサイトが立ちあげたコミュニティアウトリーチのリーダーも務める。ゲインサイトの最初のカスタマーサクセスマネジャーのひとりであり、20 年以上にわたって、従来型および SaaS ベースの企業向けに、カスタマーチームやプロダクトチームを組織し率いてきた。妻子とともにノース・フェニックス在住。

（略歴・肩書は原書発行当時のもの）

[訳者]

弘子ラザヴィ
Hiroko Razavi

経営コンサルタント。サクセスラボ株式会社代表取締役。一橋大学経営大学院修士課程修了。大学 3 年次に日本公認会計士二次試験合格。公認会計士として数多くの企業実務に触れたのち、経営コンサルタントに転じる。ボストンコンサルティンググループでは全社変革・企業再生プロジェクトを、シグマクシスではデジタル戦略プロジェクトを多数リード。2017 年、スタンフォード経営大学院の起業家養成プログラム Ignite に参加するためシリコンバレーに在住した時にカスタマーサクセスに出会う。帰国後、サクセスラボ株式会社を設立。シリコンバレーで築いたネットワークを活かし、カスタマーサクセスに本気で取り組む日本企業を支援している。また日本で活躍するビジネスパーソンに向けた情報サイト「Success Japan（https://success-lab.jp/successjp）」の運営などを通じ、カスタマーサクセス市場の活性に努めている。著書『カスタマーサクセスとは何か』（英治出版）。

[英治出版からのお知らせ]

本書に関するご意見・ご感想を E-mail (editor@eijipress.co.jp) で受け付けています。
また、英治出版ではメールマガジン、Web メディア、SNS で新刊情報や書籍に関する記事、イベント情報などを配信しております。ぜひ一度、アクセスしてみてください。

メールマガジン：会員登録はホームページにて
Web メディア「英治出版オンライン」：eijionline.com
ツイッター：@eijipress
フェイスブック：www.facebook.com/eijipress

カスタマーサクセス・プロフェッショナル
顧客の成功を支え、持続的な利益成長をもたらす仕事のすべて

発行日	2021 年 3 月 31 日　第 1 版　第 1 刷
	2022 年 4 月 1 日　第 1 版　第 2 刷
著者	アシュヴィン・ヴァイドゥヤネイサン、ルーベン・ラバゴ
訳者	弘子ラザヴィ（ひろこ・らざゔぃ）
発行人	原田英治
発行	英治出版株式会社
	〒150-0022 東京都渋谷区恵比寿南 1-9-12 ピトレスクビル 4F
	電話　03-5773-0193　　FAX　03-5773-0194
	http://www.eijipress.co.jp/
プロデューサー	高野達成
スタッフ	藤竹賢一郎　山下智也　鈴木美穂　下田理　田中三枝
	安村侑希子　平野貴裕　上村悠也　桑江リリー　石﨑優木
	渡邉吏佐子　中西さおり　関紀子　齋藤さくら　下村美来
翻訳協力	久木みほ／株式会社トランネット（www.trannet.co.jp）
校正	株式会社ヴェリタ
装丁	英治出版デザイン室
印刷・製本	中央精版印刷株式会社

未来を実装する　テクノロジーで社会を変革する4つの原則
馬田隆明著

今必要なのは、「社会の変え方」のイノベーションだ──。電子署名、遠隔医療、Uber、Airbnb…世に広がるテクノロジーとそうでないものは、何が違うのか。数々の事例と、ソーシャルセクターでの実践から見出した「社会実装」を成功させる方法。(定価：本体 2,200 円+税)

恐れのない組織　「心理的安全性」が学習・イノベーション・成長をもたらす
エイミー・C・エドモンドソン著　野津智子訳

なぜ「心理的安全性」が重要なのか。この概念の提唱者であるハーバード・ビジネススクール教授が、ピクサー、フォルクスワーゲン、福島原発など様々な事例を分析し、対人関係の不安がいかに組織を蝕むか、そして、それを乗り越えた組織のあり方を描く。(定価：本体 2,200 円+税)

カスタマーサクセス　サブスクリプション時代に求められる「顧客の成功」10 の原則
ニック・メータ他著　バーチャレクス・コンサルティング訳

あらゆる分野でサブスクリプションが広がる今日、企業は「売る」から「長く使ってもらう」へ発想を変え、データを駆使して顧客を支援しなければならない。シリコンバレーで生まれ、アドビ、シスコ、マイクロソフトなど有名企業が取り組む世界的潮流のバイブル。(定価：本体 1,900 円+税)

カスタマーサクセスとは何か　日本企業にこそ必要な「これからの顧客との付き合い方」
弘子ラザヴィ著

「売り切りモデル」が行き詰まり、新たな経済原理が支配する世界で日本企業はなぜ、どのように変わらなければならないのか。これからのビジネスにおける最重要課題を明解に語る。リクルート、メルカリ、Sansan の事例を紹介。(定価：本体 1,800 円+税)

サブスクリプション・マーケティング　モノが売れない時代の顧客との関わり方
アン・H・ジャンザー著　小巻靖子訳

所有から利用へ、販売から関係づくりへ。Netflix、セールスフォース、Amazon プライム……共有型経済とスマートデバイスの普及を背景に、あらゆる分野で進むサブスクリプション(定額制、継続課金)へのシフト。その大潮流の本質と実践指針をわかりやすく語る。(定価：本体 1,700 円+税)

プラットフォーム革命　経済を支配するビジネスモデルはどう機能し、どう作られるのか
アレックス・モザド、ニコラス・L・ジョンソン著　藤原朝子訳

Facebook、アリババ、Airbnb……人をつなぎ、取引を仲介し、市場を創り出すプラットフォーム企業はなぜ爆発的に成長するのか。あらゆる業界に広がる新たな経済原理を解明し、成功への指針と次なる機会の探し方、デジタルエコノミーの未来を提示する。(定価：本体 1,900 円+税)

ティール組織　マネジメントの常識を覆す次世代型組織の出現
フレデリック・ラルー著　鈴木立哉訳

上下関係も、売上目標も、予算もない!?　従来のアプローチの限界を突破し、圧倒的な成果をあげる組織が世界中で現れている。膨大な事例研究から導かれた新たな経営手法の秘密とは。歴史的スケールで解き明かす組織の進化と人間社会の未来。(定価：本体 2,500 円+税)